Maîtriser

la grammaire

anglaise

Niveaux B1/B2
du Cadre Européen Commun de Référence pour les Langues
(lycée et début des études supérieures)

Michèle Malavieille

Agrégée de l'Université
Professeur h. au lycée Lakanal (Sceaux)

Wilfrid Rotgé

Agrégé de l'Université
Professeur de linguistique anglaise
à l'université Paris Sorbonne

Pour écouter les fichiers audio
au format mp3 associés à l'ouvrage et signalés
par le pictogramme 🔊 , rendez-vous sur le site
www.editions-hatier.fr/maitriser-la-grammaire/anglais.

 Ce **flash code** vous permet aussi d'accéder
directement à tous les documents audio
à partir de votre smartphone ou de votre tablette.

Iconographie : Hatier Illustration
Conception graphique et réalisation : Marc&Yvette
Les auteurs remercient David Pauli, PhD (Stanford University) pour sa relecture attentive.

© Hatier, Paris, juin 2013
ISBN 978-2-218-97133-4

Maîtriser la grammaire anglaise est destiné aux lycéens, étudiants et adultes de niveau B1 à B2 (lycée/université).

LES 82 FICHES

Tous les **points clés** de la grammaire anglaise y sont traités en 82 fiches.

des renvois systématiques aux explications de la page de gauche

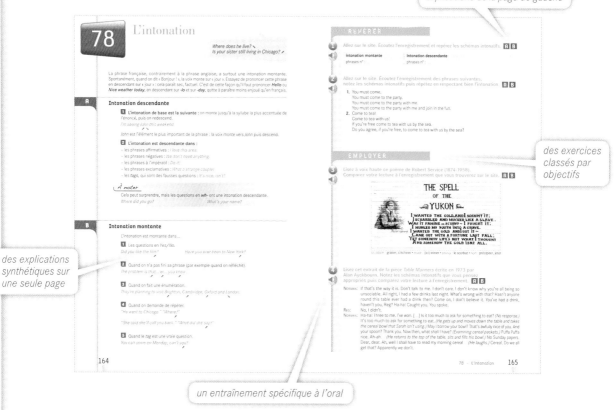

des explications synthétiques sur une seule page

des exercices classés par objectifs

un entraînement spécifique à l'oral

❯ En page de gauche, **les points clés vous sont réexpliqués**. En page de droite **vous vous entraînez** de manière ciblée.

❯ Chaque fiche fonctionne **indépendamment**. Vous pouvez donc commencer par les points de grammaire sur lesquels vous pensez avoir des difficultés. Si vous ne connaissez pas vos lacunes, faites le test « Par où commencer ? » (p. 6) et laissez-vous guider.

L'ENTRAÎNEMENT ORAL

Dans cette édition, l'accent a été doublement mis sur **l'entraînement oral**.

❯ Les **fiches 76-82** sont exclusivement réservées à la grammaire de l'oral. Elles traitent de la prononciation et de tous les pièges spécifiques à l'oral.

❯ Tout au long de l'ouvrage, les **nombreux exercices** signalés par le pictogramme 🔊 ont pour support un document audio qui figure sur le site www.editions-hatier.fr/maitriser-la-grammaire/anglais. Vous y trouverez le fichier son et le script.

ET AUSSI...

❯ **41 tableaux de synthèse** pour une révision rapide sur le verbe, le nom, la phrase

❯ Un **glossaire** des termes grammaticaux français/anglais

❯ Le **corrigé** de tous les exercices

❯ Un **index** détaillé.

Sommaire

La phrase

De l'écrit à l'oral

Par où commencer ?

Si vous ne savez pas par où commencer, repérez et corrigez les erreurs suivantes. Puis révisez les fiches en fonction de vos erreurs.

Corrigé p. 200

1 *How long are you teaching english?* → FICHES 13 ET 54

How long est-il compatible avec le présent en *be + V-ing* ?
Comment écrit-on les adjectifs de nationalité ?

2 *We didn't learn a lot on our book.* → FICHE 74 → TABLEAU 35

Quelle préposition employer pour indiquer le lieu où l'on se situe ?

3 *Last year I had seen a lot of movies.* → FICHE 15

S'intéresse-t-on à deux moments passés dans cette phrase ?

4 *The texts were not interestant.* → FICHES 52 ET 54

La terminaison *-ant* peut-elle être ajoutée à un verbe pour former un adjectif ?

5 *I expect to be interesting in English.* → FICHE 52

Un adjectif terminé en *-ing* a-t-il un sens passif ou actif ?

6 *I saw in video Oliver Twist.* → FICHE 1

En règle générale, peut-on séparer le COD de son verbe ?

7 *I never red all book in English.* → FICHES 12, 19 ET 46

Le verbe est-il correct ?
Quel adjectif convient pour exprimer l'idée de « tout entier » ?

8 *We enjoyed with this book.* → FICHE 1

Enjoy est-il un verbe transitif direct ou indirect ?

9 *the way to learn English the most interesting* → FICHES 52 ET 54

Où se place l'adjectif épithète en anglais ?

10 *It wasn't enough grammar lessons.* → FICHE 3

Quelle tournure sert à constater « l'existence de… » ?

11 *Last year I have got the book called "x".* → FICHE 9

Quel temps doit-on employer avec *last year* ?

12 *I am here because I am not dead during the holidays.* → FICHE 9

Dead est un adjectif décrivant un état. Quel verbe désigne l'action de mourir ?

13 *I think the best way will be to sing news songs.* → FICHE 52

Les adjectifs portent-ils la marque du pluriel en anglais ?

14 *I want progress in English.* → FICHE 64

Quelle est la construction de *want* ?

15 *I liked this book because he was illustrated.* → FICHE 57

Par quel pronom reprend-on un nom inanimé (ici *book*) ?

16 *I do often mistakes.* → FICHES 5 ET 75

Dans cette phrase, faut-il utiliser *do* ou *make* ?
Où se placent les adverbes de fréquence ?

17 *I enjoyed use this book.* → FICHE 62

De quelle forme verbale *enjoy* est-il suivi ?

18 *I study English to can speak.* → FICHE 20

Les modaux ont-ils une forme infinitive ?

19 *The cover of the book was purple with a photo of an students' group.* → FICHES 39 ET 50

Devant quel son emploie-t-on *an* ?
Utilise-t-on un génitif pour désigner une quantité *(group)* de quelque chose ?

20 *Our teacher didn't used it.* → FICHE 9

De quelle forme du verbe l'auxiliaire *did* est-il suivi ?

21 *I would like improve my English.* → FICHE 64

Ce qui suit *like* a peut-être été omis : comment doit-on construire *like* ?

22 *We have not worked in English last year.* → FICHE 12

Le *present perfect* est-il compatible avec *last year* ?

23 *I'd like to go in England to study.* → FICHE 74 → TABLEAU 35

Quelle préposition emploie-t-on après *go* ?

24 *I don't remember very well subjects we studied.* → FICHE 40

Que faut-il employer devant un nom défini par une proposition relative ?

25 *I expect from you to... for having my exam.* → FICHE 70

Quelle tournure emploie-t-on pour exprimer un but ?

26 *We studied the problems between English and Irish.* → FICHE 54

Que doit-on employer devant un adjectif substantivé ?

27 *It is a document which deal with hooligans.* → FICHES 6 ET 66

À quelle personne le verbe *deal* est-il employé ?

28 *The book dealed with many interesting subjects.* → FICHE 19

Le verbe *deal* est-il régulier ?

29 *I expect that you teach me all important points.* → FICHES 73 ET 46

Comment le verbe *expect* se construit-il ?
S'agit-il de *important points* en général ?

30 *I'm agree with this idea.* → FICHE 6

Agree est-il un adjectif ou un verbe ?

31 *My hobby is the tennis.* → FICHE 38

Quel article employer devant les noms désignant des sports en général ?

32 *This book teached at us phonetics.* → FICHES 19 ET 1

Le verbe *teach* est-il régulier ? Comment se construit-il ?

33 *We studied others things.* → FICHE 52

Other est un adjectif. Est-il variable ?

34 *I'm interested in USA.* → FICHE 40

Le nom *USA* comprend un nom commun. Que faut-il employer pour désigner ce pays ?

35 *She didn't use the book for every lessons.* → FICHE 46

Every est-il suivi d'un singulier ou d'un pluriel ?

36 *I like read the science fiction books.* → FICHES 63 ET 38

Lorsque *like* rend l'idée de « aimer faire » comment se construit-il ?
S'agit-il de livres de science-fiction particuliers ?

37 *If I would have to choose…* → FICHE 69

Lorsque *if* est suivi d'un verbe se référant à du non réel dans le présent, à quel temps ce verbe est-il conjugué ?

38 *It's worth to try.* → FICHE 62

De quelle forme verbale *worth* est-il suivi ?

39 *most of time* → FICHES 40 ET 56

S'agit-il du temps en général ? Comment dit-on « la plupart du temps » ?

40 *I study English since four years.* → FICHES 13 ET 74

Quel temps employer pour établir un lien entre le présent et le passé ?
Quelle préposition est employée pour indiquer la durée d'une action ?

41 *to lose less time as possible* → FICHE 55

Quel verbe est employé pour signifier « perdre »/« gâcher » ?
Quelle est la tournure employée pour construire un comparatif d'égalité ?

42 *I wish I would be a vet.* → FICHE 10

Wish est suivi de *would* + V lorsque l'action désignée par le verbe ne dépend pas de la volonté de celui qui parle. Est-ce le cas ici ?

43 *Have you gone to the USA?* → FICHE 9

Peut-on poser cette question à quelqu'un qu'on a devant soi ?

44 *I can to play piano very well.* → FICHES 20 ET 38

De quelle forme verbale les modaux sont-ils suivis ?
Lorsque l'on désigne un instrument de musique, que doit-on employer devant le nom ?

45 *Two years ago I am a pupil in this lycée.* → FICHE 9

Two years ago situe l'action dans le passé. Quel temps faut-il employer ?

46 *Right now I write answers to your stupid questions.* → FICHE 8

Quel temps est utilisé pour décrire une action en cours de déroulement ?

47 *Right now I have hungry.* → FICHE 3

Quel verbe emploie-t-on pour attribuer une caractéristique au sujet ?

48 *I'm afraid to speak into the class.* → TABLEAUX 22 ET 35 → FICHES 1 ET 74

De quelle préposition *afraid* est-il suivi ?
De quelle forme verbale toutes les prépositions sont-elles suivies ?
Y a-t-il un changement de lieu comme l'implique la préposition *into* ?

49 *I want have my bac.* → FICHE 64

Comment le verbe *want* doit-il se construire ?

50 *The baccalauréat is not a end in itself.* → FICHE 39

End commence par un son de voyelle. Quel article faut-il employer ?

Les 82 fiches

Verbes intransitifs et verbes transitifs

> The ship disappeared.
> I love you. I care for you.

A | Intransitifs/transitifs : définitions

1 Les **verbes intransitifs** n'admettent pas de complément.
Les **verbes transitifs** admettent un complément.

intransitif	transitif
Queen Victoria died in 1901.	*We've bought a new house.*
La reine Victoria est morte en 1901.	Nous avons acheté une nouvelle maison.

Le verbe *buy* est **transitif direct** car il est suivi directement d'un complément *(a new house)*.
Attention ! Le COD n'est généralement pas séparé du verbe.

2 Une préposition peut s'intercaler entre le verbe et son complément. On parle alors de verbe **transitif indirect**.

He looked at his sister for a long while.
      V prép. complément
Il regarda sa sœur pendant un long moment.

Le verbe *(look)* est transitif indirect. **Transitif** parce qu'il est suivi d'un complément et **indirect** parce qu'il n'est pas relié directement à son complément.

B | Comparez le français et l'anglais

1 De nombreux verbes sont transitifs indirects en anglais **et** en français.
care about sth/sb : s'intéresser beaucoup **à** qqch./qqn
rely on sth/sb : compter **sur** qqch./qqn
think of sth/sb : penser **à** qqch./qqn

2 Certains verbes sont transitifs indirects en anglais mais transitifs directs en français.

account for sth : expliquer qqch.	*look at sth/sb* : regarder qqch./qqn
aim at sth : viser qqch.	*look for sth/sb* : chercher qqch./qqn
deal with sth : traiter qqch.	*stare at sth/sb* : regarder fixement qqch./qqn
hope for sth : espérer qqch.	*pay for sth* : payer qqch.
listen to sth/sb : écouter qqch./qqn	*wait for sth/sb* : attendre qqch./qqn

3 Certains verbes sont transitifs directs en anglais **mais** transitifs indirects en français.

discuss sth : discuter **de** qqch.	*remember sth/sb* : se souvenir **de** qqch./qqn
enter sth : entrer **dans** qqch.	*trust sb* : faire confiance **à** qqn

C | Préposition suivie d'un verbe

1 Quand une préposition est suivie d'un verbe, il doit apparaître à la forme en V-*ing*.

*He doesn't care **about failing** his exams.*	*I feel **like going** home.*
Ça lui est égal de rater ses examens.	J'ai envie de rentrer chez moi.

2 *To* peut être une préposition. Dans ce cas, il est suivi de V-*ing*. Ne le confondez pas avec le *to* de l'infinitif (→ **p. 136**).

*I object to **spending** money.*	*I am used **to going** to bed late.*
Je ne veux pas que l'on dépense d'argent.	J'ai l'habitude de me coucher tard.

1 Classez les verbes soulignés en trois catégories :
intransitifs, transitifs directs, transitifs indirects. **A**

The people who <u>moved</u> westward in the 19th century <u>hoped</u> for a better life. The journey to Oregon <u>took</u> four to five months and a wide variety of problems <u>faced</u> them on their journey… […] Many emigrants were not used to the firearms they <u>carried</u>. Guns did not <u>have</u> safeties. As a result they sometimes <u>shot</u> themselves or others when they accidently <u>hit</u> the trigger. Diseases <u>spread</u> rapidly because they did not <u>know</u> much about sanitation. Fortunately, many emigrants <u>dealt</u> effectively with all the problems and were able to make it to their "Promised Land".

After *Reading, Writing and Riding along the Oregon-California Trails*,
Used by permission of the Oregon-California Trails Association.

"<u>Use</u> the American Express Card to <u>pay</u> for five nights and <u>get</u> two Free Fridays. In the U.S. or around the world.
<u>Stay</u> five nights at any of our hotels or resorts between now and February 29, 2000, <u>pay</u> with the American Express Card and we'll <u>reward</u> you with two Free Fridays."

After an advert for the American Express Card, *The Economist*, January 2000.

2 Complétez les phrases à l'aide d'une préposition
si nécessaire. Signalez l'absence de préposition par le signe Ø. **B**

1. You've not answered ...... my question.
2. He never listens ...... the radio.
3. He believes ...... God.
4. You're telling ...... me a lie: I don't believe ...... you.
5. I don't remember ...... seeing her before.
6. This article deals ...... global warming.
7. What did the lecturer talk ...... ?
8. How much did you pay ...... your car?
9. It's rude to stare ...... people.
10. She doesn't approve ...... my coming back home after 11.
11. We should stop discriminating ...... these people.
12. Mr Officer, I saw the Fergusons enter ...... their apartment at 5:40.

3 Traduisez les phrases suivantes. **B** **C**

1. Je cherche la sortie.
2. Écoute-moi quand je te parle.
3. Il a payé le journal.
4. J'ai besoin d'un nouvel ordinateur.
5. Il est entré *(enter)* dans la pièce après elle.
6. J'ai hâte de *(look forward)* vous revoir.
7. Ne touche pas à cette prise *(plug)*.
8. Est-ce que tu as bien profité de *(enjoy)* tes vacances ?
9. Il n'obéit à personne.
10. Elle n'a pas pardonné à cet homme.
11. Nous avons envie d'aller en Inde.
12. Je ne leur fais pas confiance.

Verbe + particule

give up : abandonner
break down : tomber en panne

A Rôle de la particule

1 Une particule peut être ajoutée à un verbe. Elle en modifie plus ou moins le sens. Comparez.

get : obtenir • *get up* : se lever
put : poser • *put off* : remettre à plus tard
keep : garder • *keep on* : continuer
rush : se précipiter • *rush out* : sortir précipitamment
lie : être allongé • *lie down* : s'allonger

2 Les principales particules sont : *about*, *across*, *along*, *around/round*, *away*, *back*, *down*, *in*, *off*, *on*, *out*, *over*, *through*, *up*.
Pour en connaître le sens, reportez-vous au tableau 40 (→ **p. 196**).

B Particules et prépositions

En dehors de *away* et *back*, les particules peuvent aussi être des prépositions. Il est important de ne pas confondre particules et prépositions.

1 **Les prépositions** introduisent nécessairement un **groupe nominal**, alors que **les particules** peuvent se construire **sans complément**. Les prépositions ne modifient pas le sens du verbe, contrairement aux particules.

*The bus turned **into** Oxford Street.*
Le bus a tourné dans Oxford Street.
[*Into* est une préposition qui introduit *Oxford Street*. Elle ne change pas le sens du verbe *turn*.]

*The bus turned **over**.*
Le bus s'est retourné.
[Il n'y a pas de complément après *over*. *Turn* = tourner • *turn over* = se retourner.]

2 On trouve aussi la combinaison **verbe + particule + préposition + nom**.

I look forward to next week.
verbe   part.   prép. complément
Il me tarde d'être à la semaine prochaine.

I can't put up with bad manners.
verbe part. prép.   complément
Je ne supporte pas les mauvaises manières.

C Place de la particule

1 Si le verbe est **suivi d'un complément**, on peut avoir :

verbe + particule + complément	verbe + complément + particule
Drink up your glass.	*Drink your glass up.*
Videz votre verre.	Videz votre verre.

2 Toutefois, si le complément est un pronom *(him, her, them, that, this, it...)*, il se place toujours **avant** la particule.

*Let **him** in.*
Faites-le entrer.

*Don't wake **me** up tomorrow.*
Ne me réveillez pas demain.

*Put **that** down.*
Posez ça.

1 Le terme souligné est-il une préposition ou une particule ? **A** **B**

1. The plane took <u>off</u> on time.
2. He fell <u>off</u> his chair.
3. My cat shows <u>up</u> when she feels like it.
4. I tried to call you but I couldn't get <u>through</u>.
5. She has gone <u>through</u> difficult times.
6. They live <u>on</u> a farm.
7. Turn the tap <u>on</u>.
8. Put it <u>in</u> your pocket.
9. She opened the door and looked <u>in</u>.
10. Fill <u>in</u> the blanks <u>with</u> the right preposition.

2 Complétez les phrases en employant la particule qui convient. **A**

1. Alright. I take ...... everything I said. *(away/in/back/over)*
2. He believed every word I said: he was completely taken .... *(in/about/up/through)*
3. I sat ...... till three a.m., that's why I'm tired! *(down/up/by/back)*
4. He spoke so fast that I couldn't make ...... what he said. *(up/over/out/for)*
5. It's time she made ...... for all the time she's wasted. *(up/through/over/off)*
6. Come ......, we're late! *(along/by/off/up)*
7. They refused to give ...... to the threats. *(away/in/out/over)*
8. Don't give ...... hope. *(up/away/out/in)*
9. I saw him yesterday: he just dropped ...... for a chat. *(in/on/away/out)*
10. Things are changing so fast, I can't keep .... *(in/away/through/up)*

3 Composez des phrases à l'aide des éléments proposés. **C**

1. I won't read this magazine. *(You can/it/away/throw.)*
2. I want the party to be a real success: *(about/I don't care/the expense)*.
3. Mary started shouting. *(I tried/to calm/down/her.)*
4. Could you please *(this form/fill/in)*?
5. He always keeps his promises. *(rely/him/you can/on.)*
6. I asked him *(the lights/out/to put)*.
7. The dog is barking. *(Please/out/him/let.)*
8. I don't believe this story: I am sure *(you/it/up/made)*.
9. Here is my letter. *(Would you just/over/it/look/to see if there are any mistakes?)*
10. I didn't know this word. *(I had/up/it/to look/in a dictionary.)*

4 Traduisez les phrases suivantes. **B** **C**

1. Regarde ! - Regarde-la !
2. Attends ! - Attends-moi !
3. Va-t'en ! - Va-t'en d'ici !
4. Asseyez-vous ! - Asseyez-vous dans ce fauteuil !
5. Écoutez ! - Écoutez ce CD !
6. Reviens ! - Reviens à la maison !
7. Continue ! - Continue à faire des efforts !
8. Excuse-toi ! - Excusez mon erreur *(I …)* ! *(apologize)*
9. Réfléchis ! - J'y réfléchirai plus tard.
10. Réveille-toi ! - Ne réveille pas le chien.

Le verbe *be*

It's snowing.
I am hungry.

A Formes

Pour réviser les formes, reportez-vous aux tableaux 1 et 2 (➜ **p. 176**).

B *Be* auxiliaire

1 *Be* peut être **auxiliaire**. Il fonctionne alors comme un **outil** : il sert à fabriquer les conjugaisons en ***be* + V-*ing*** et le **passif**.

I was reading a detective novel. | *The President was re-elected three times.*
Je lisais un roman policier. | Le Président a été réélu trois fois.

2 On trouve aussi *be to* pour parler d'un programme officiel dans l'avenir.

The minister is to meet his Canadian colleague next week.
Le ministre doit rencontrer son collègue canadien la semaine prochaine.

C *Be* verbe lexical

Alors qu'un auxiliaire est un verbe outil, un verbe **lexical** a un **sens particulier**.

1 *Be* lexical signifie « **être** », « **se trouver** ».

She's at work. | *I'm in New York at the moment.* | *John is furious.*
Elle est au travail. | Je suis à New York en ce moment. | John est furieux.

2 Dans certaines tournures, on a ***be* + adjectif** en anglais, là où en français on trouve « avoir » + nom.

be hungry/thirsty : avoir faim/soif | *be 20* : avoir 20 ans
be right : avoir raison | *be witty* : avoir de l'esprit

3 On rencontre parfois la structure **auxiliaire *be* + *being*** pour décrire une action, un comportement temporaire.

You are stupid. | *You're being stupid.*
Tu es idiot. | Tu fais l'idiot.

She's American. | *She's being American.*
Elle est Américaine. | Elle fait son Américaine.

4 On dit *be a doctor*, *a teacher*, *a judge* (article *a* obligatoire, ➜ **p. 86**) mais « être médecin », « être enseignant », « être juge » en français (sans article).

D La structure *there is/there are* (il y a)

1 Elle est **variable en nombre** : *there is* + nom singulier/*there are* + nom pluriel. Elle se **conjugue à tous les temps**. « Il y avait » se traduit par *there was* + nom singulier/*there were* + nom pluriel. « Il y aura » se traduit par *there will be*.

*There **is** a man in the garden.* | *There **were** over twenty ships on the river.*
Il y a un homme dans le jardin. | Il y avait plus de vingt bateaux sur le fleuve.

2 Cette tournure n'a rien à voir avec « il y a » temporel (➜ **p. 26**).

*I was there five years **ago**.* | J'étais là-bas **il y a** cinq ans.

1. Traduisez en français. A B C

1. He is a doctor.
2. I was sick yesterday.
3. I was disappointed by the show!
4. You will be late if you don't hurry.
5. It is very cold in winter.
6. She has forgotten her cardigan, that's why she is very cold.
7. Are you kidding?
8. How old is she?
9. Where are my keys?
10. They are not thirsty.

2. Traduisez en anglais. B C

1. Tu es en avance.
2. C'est un bon professeur.
3. Elle a toujours raison.
4. Il n'a pas toujours tort.
5. Ils sont ravis.
6. Est-ce que tu as faim ?
7. Il fait chaud.
8. Arrête ! Tu n'es pas drôle.
9. Je n'ai pas faim.
10. C'est ici.

3. Comment prononcer *be* : forme faible (–) ou forme pleine (+) ? (→ fiche 79). Vérifiez vos réponses sur le site. A

1. I am fed up! I failed my driving test again.
2. "Is it worth watching?" "Oh yes, it is very interesting."
3. "I think these paintings are very expensive." "Yes indeed, they are and they aren't very good, are they?"
4. How pale he is! He is going to faint!
5. "The man was very kind." "He was generous." "Yes, he was. Extremely generous."

4. Les formes suivantes sont-elles correctes ? Corrigez les erreurs et expliquez votre correction. C

I'll be shopping. → Correct : *be* + V-*ing*
He is go. → Incorrect : *be* jamais suivi du verbe non précédé de *to*.

1. She's reading.
2. He was hurt.
3. She was astonish.
4. Was she come?
5. They are to visit Canada.
6. I am hurry.
7. I have not been warned.
8. He is been sick.
9. I have been running.
10. He could be reading his paper.

5. Soulignez les phrases où « il y a » pose l'existence de quelque chose. D

Il y a 100 pence dans une livre. → Il y a 100 pence dans une livre.
Il y a quinze jours qu'il pleut. → « Il y a » ne pose pas l'existence de qqch. « Il y a » est temporel ici.

1. Il y a trente-six élèves dans cette classe.
2. Il y a quatre ans que je ne l'ai pas vue.
3. Il y avait plus de trois cent millions d'Américains en 2010.
4. Il y a cinq ans, je vivais en Australie.
5. Il y a trente ans, elle a quitté le Canada.
6. Il y avait beaucoup d'embouteillages.
7. Il y avait un arbre de Noël.
8. Il y avait dix ans que je ne l'avais pas vue.
9. Il y a de beaux magasins dans cette ville.
10. Il y a deux ans que je suis professeur.

Traduisez les phrases que vous avez soulignées.

Le verbe *have*

She hasn't arrived yet.
She didn't have any money.

On trouve deux emplois de **have** : *have* **auxiliaire** et *have* **verbe lexical**.
Have ne se conjugue pas de la même façon selon le cas, alors qu'en français « avoir » se conjugue toujours de la même façon, qu'il soit auxiliaire ou verbe lexical.

A   *Have* auxiliaire

1 Pour réviser les formes (*I have not* ≠ *I don't have*), reportez-vous au tableau 3 (**➜ p. 176-177**).

2 *Have* auxiliaire est un **outil** pour construire le **present perfect** et le **past perfect**.

present perfect (**➜ p. 32**)   past perfect (**➜ p. 38**)
I have seen a good film.   *I had met them before.*
J'ai vu un bon film.   J'avais déjà fait leur connaissance.

B   *Have* verbe lexical

1 *Have* verbe lexical signifie très souvent « **avoir** », « **posséder** ». Il **se conjugue avec *do***, comme tous les verbes lexicaux. Pour réviser les formes, reportez-vous au tableau 4 (**➜ p. 177**).

*Do we **have** enough money?*
On a assez d'argent ?
*I **don't have** much time.*
Je n'ai pas beaucoup de temps.

2 Au présent, *have* verbe lexical peut être remplacé par **have got**. On peut donc dire :

*I **have** a tablet./I've **got** a tablet.* (= J'ai une tablette.)
*I **don't have** a tablet./I **haven't got** a tablet.*
*Do you **have** a tablet?/**Have** you **got** a tablet?*

À noter

Attention : **have got se conjugue sans *do*** (tableau 5 **➜ p. 177-178**).

Au prétérit, *had got* est rare. On dira donc *I had a headache* pour « j'avais mal à la tête ».

3 *Have* verbe lexical a aussi le sens de « **prendre** », « **consommer** », « **obtenir** ». Il peut dans ce cas se conjuguer à la forme en *be* + V-*ing* mais il ne peut pas être remplacé par *have got*.

have dinner : dîner   *have* a shower : prendre une douche
have tea, a drink : boire du thé, un verre   *have* a good time : se payer du bon temps
have a dream : faire un rêve   *have* a holiday : prendre des vacances

I'm having dinner alone tonight.
Je dîne tout(e) seul(e) ce soir.
She's having coffee with her best friend.
Elle prend le café avec son meilleur ami.

4 *Have to* exprime l'obligation. Comme *have* dans *have to* est un verbe lexical, il **se conjugue avec *do***.

*Dentists **have to** be patient.*
Les dentistes doivent être patients.
*Do we **have to** go now?*
Faut-il que nous partions maintenant ?

Have to + verbe est proche du modal **must** (**➜ p. 60**)

1 Mettez les phrases à la forme interrogative puis négative. **A** **B**

1. The book has two thousand pages.
2. She has a sports car.
3. My computer has a colour screen.
4. He has dumped his new girlfriend.
5. Your cat has put on weight.
6. They've got plenty of time.
7. Sandra had a row with her parents.
8. Our neighbours have got bad manners.

2 Soulignez les phrases dans lesquelles « avoir » est un verbe lexical (au sens de « posséder »). **A** **B**

Elle a trois enfants. → <u>Elle a trois enfants.</u>
Il a regardé par la fenêtre. → Il a regardé par la fenêtre.

1. J'ai dépensé beaucoup d'argent.
2. Il a une superbe voiture.
3. Elle n'a pas compris.
4. Tu as le permis *(driving licence)* ?
5. Tu as souri.
6. Il y a trois élèves absents.
7. Ils ont trois chats.
8. Elle avait une belle maison.

Traduisez les phrases que vous avez soulignées.

3 Remplacez *have (has)* par *have got (has got)* lorsque c'est possible. **B**

I think you have lovely children. → *I think you've got lovely children.*
We had wonderful holidays. → On ne peut pas remplacer *had* par une tournure avec *got*.

1. Look! Helen has a new sweatshirt.
2. She has written a new book.
3. Do you have a computer?
4. Did you have a good time?
5. He doesn't have an answer phone.
6. Does she really have a party every Saturday night?
7. My cat has green eyes.
8. I have never met her.
9. We don't have much time.
10. She has a bath every day.

4 Comment prononcer *have* : forme faible (−) ou forme pleine (+) ? (→ **fiche 79**). Vérifiez vos réponses sur le site. **A** **B**

1. Thank you for everything you have done.
2. "I have an appointment with Ms Bond at 11." "Are you sure? She went out at 9."
3. "The bus has gone already, Max." "It must have gone early, unless my watch has stopped."
4. "Hi, John. Where have you been?" "Where have **you** been?"
5. I must say I had expected something different.

Le verbe *do*

On distingue *do* **verbe lexical** (avec un sens particulier) et *do* **auxiliaire** (outil).

A *Do* verbe lexical

1 *Do* lexical a le sens général de « **faire** ». Il se conjugue comme tous les verbes lexicaux, par exemple au présent avec l'auxiliaire ***don't/doesn't*** **dans les phrases négatives** et avec ***do/does*** **dans les interrogatives**. Reportez-vous au tableau 7 (→ **p. 179**).

He **does** his homework every night.	He **doesn't do** his homework every night.	**Does** he **do** his homework every night?
Il fait ses devoirs tous les soirs.	Il ne fait pas ses devoirs tous les soirs.	Est-ce qu'il fait ses devoirs tous les soirs ?

2 *Do* et *make* ne sont pas interchangeables. ***Do*** a un sens général lié à une **activité**. *Make* exprime une idée de **fabrication**, de création.

do the cooking : faire la cuisine   *do* 100 kilometres an hour : faire 100 km/heure
do the dishes : faire la vaisselle   *do* one's best : faire de son mieux

make a cake : faire un gâteau   *make* a mistake : faire une faute
make one's bed : faire son lit   *make* a noise : faire du bruit
make an effort : faire un effort   *make* some tea : faire du thé
make a fire : faire un feu   *make* money : se faire de l'argent

B *Do* auxiliaire

1 *Do* auxiliaire sert à construire la **négation**, l'**interrogation** et l'**interro-négation** au présent simple (tableau 8 → **p. 179**). Au prétérit, on emploie *did*.

*I **don't** like that play.*   *Do you like that play?*   ***Don't** you like that play?*

2 *Do not (Don't)* sert à former l'**impératif négatif** : *Don't do that!* Ne fais pas ça.

3 On utilise *do* auxiliaire pour **insister** sur ce que l'on dit. Il a une valeur emphatique et il est accentué. L'équivalent français est souvent l'adverbe « bien ».

*"I didn't know he was married." "Well, I **did** tell you."*
« Je ne savais pas qu'il était marié. – Pourtant je te l'avais **bien** dit. »

C *Do* de reprise

1 *Do*, comme « faire », permet de **reprendre un verbe ou un groupe verbal**.
I know you want to get a divorce. Let me know if you do.
Je sais que vous voulez divorcer. Faites-moi savoir si vous le faites.
[*(if you) do* reprend *get a divorce*]

2 On trouve ce *do* de reprise dans les **tournures comparatives**.
They look younger now than they did last year (ou : *than last year*).
Ils ont l'air plus jeunes maintenant que l'année dernière.

3 On trouve fréquemment *do so / do it / do that* dans les **reprises**. *Do so / do it / do that* permettent de ne pas répéter un verbe et ses compléments.
He spat at me. He had never done so/it/that before.
Il m'a craché dessus. Il n'avait jamais fait ça avant.

1 Conjuguez *do it* à la forme indiquée. **A**

1. he présent simple affirmation
2. it présent simple négation
3. we prétérit simple interrogation
4. I *present perfect* négation
5. you présent en *be* + V-*ing* interrogation
6. they prétérit en *be* + V-*ing* affirmation

REPÉRER

2 Soulignez *do* lorsqu'il est lexical. **A** **B**

1. Don't worry, I'll do my best.
2. I'll see what I can do.
3. "These Japanese tourists did Europe in six weeks." "Oh, they did. Isn't that a bit fast?"
4. I did believe what he told me.
5. What did you do last night?

EMPLOYER

3 Complétez les phrases en employant *do* ou *make* à la forme qui convient. **A**

1. His watch is .... of gold.
2. .... love, not war!
3. Yesterday, I .... a lot of hard work.
4. Does it .... a difference?
5. Two plus two .... four.
6. We don't have to .... the dishes, I've got a dishwasher.
7. .... nothing until I call you.
8. It's not worth .... a fuss.
9. I have to .... my English tonight.
10. We've only .... three miles today.

4 Analysez les fonctions de *do* sur ces pancartes. **B** **C**

Le présent simple

I often play tennis.

Avec le présent simple, on n'exprime pas son point de vue. On s'intéresse aux **faits bruts**. On sous-entend : « Voici les faits. »

A Formes, prononciation et orthographe

Pour réviser les formes, la prononciation et l'orthographe, reportez-vous au tableau 8 (➜ **p. 179**).

B Valeurs

Comme le présent simple permet d'énoncer un fait brut, sans le commenter, on le rencontre en particulier avec les valeurs suivantes.

1 Pour énoncer une **vérité générale**/une caractéristique indépendante de celui qui parle.
Women live longer than men.
Les femmes vivent plus longtemps que les hommes.
Sandy works for NASA.
Sandy travaille pour la NASA.
Joshua comes from New York.
Joshua est de New York.

2 Pour décrire une **action habituelle ou qui se répète**. On a très souvent dans ce type d'énoncé des marqueurs de la répétition *(on Saturdays, every month, usually, always…)*.
*Heather goes to Chicago **every month**.*
Heather va à Chicago tous les mois.
*It rains **a lot** in Scotland.*
Il pleut beaucoup en Écosse.
*I **usually** get up at 6.*
Je me réveille habituellement à 6 heures.

3 Pour décrire une **action soudaine** qui a lieu au moment où l'on parle : on se contente dans ce cas de **rapporter l'action sans commentaire**.
Owen passes the ball to Paoli. He goes forward. He shoots and scores!
Owen passe la balle à Paoli. Il s'avance. Il tire et marque !
On trouve souvent cet emploi du présent simple dans les reportages, à la radio ou à la télévision.

4 Pour rendre **un récit plus vivant**, notamment dans les histoires drôles.
It's about a man who goes into a pub and asks for a glass of water.
C'est l'histoire d'un homme qui entre dans un pub et qui demande un verre d'eau.

5 Pour exprimer une **action à venir décrite comme un programme objectif**, par exemple un horaire de trains, un emploi du temps (➜ **p. 68**).
The train leaves at 8:30 tomorrow morning.
Le train part à 8 h 30 demain matin.
Tonight the office closes at 6 p.m.
Ce soir, le bureau ferme à 18 heures.

6 Certains verbes (exprimant la perception involontaire, l'activité mentale…) ne s'emploient qu'avec la forme simple (➜ **p. 22**).

1 Conjuguez le verbe donné à la forme du présent simple indiquée. **A**

run (he)/interrogation → does he run?

1. go (we)/affirmation
2. think (you)/interrogation
3. agree (she)/négation
4. cry (he)/affirmation
5. wash (she)/affirmation
6. change (it)/interrogation
7. ask (they)/affirmation
8. annoy (it)/affirmation
9. cost (they)/interrogation
10. expect (you)/négation

2 Classez les verbes suivants selon la prononciation du -s
de la troisième personne : /s/, /ɪz/ ou /z/. **A**

gives • teaches • stops • makes • starts • talks • says • sits • goes • advises

/s/ .... /ɪz/ .... /z/ ....

Vérifiez vos réponses sur le site.

3 Lisez cet extrait du poème de Sylvia Plath, *Mirror* (Le miroir). **A**

Now I am a lake. A woman bends over me,
Searching my reaches for what she really is,
Then she turns to those liars, the candles
  or the moon.
I see her back, and reflect it faithfully.
She rewards me with tears and an agitation
  of hands.
I am important to her. She comes and goes. Each
  morning it is her face that replaces the darkness.
  In me has drowned a young girl, and in me an
  old woman
Rises towards her day after day, like a terrible fish.
	À présent je suis lac. Une femme se penche vers moi,
	Fouillant ma surface pour se connaître vraiment
	Puis elle se tourne vers les menteurs que sont
	  les bougies ou la lune.
	Je vois son dos et je le reflète fidèlement.
	Elle me récompense de ses larmes et de l'agitation
	  de ses mains.
	Je suis important à ses yeux. Elle va et vient. Chaque
	  matin c'est son visage qui remplace l'obscurité.
	  En moi une jeune fille s'est noyée, en moi une
	  vieille femme
	Monte vers elle, jour après jour, tel un horrible poisson.

Collected Poems by Sylvia Plath,
Faber and Faber Ltd.

Posez les questions correspondant aux réponses suivantes
(la question doit porter sur l'élément souligné).

She bends over the mirror. → *What does she do?*

1. She wants to know <u>if she has changed</u>. → What ....
2. At night it reflects <u>darkness</u>. → What ....
3. Each morning <u>her face</u> replaces the darkness. → What ....
4. The mirror makes her realize <u>that growing old is terrible</u>. → What ....
5. I think <u>it's an extremely pessimistic vision of life</u>. → What ....

4 Justify the use of the simple present in this poem.
How far is it in keeping with the meaning of the poem? **B**

Le présent en *be + V-ing*

Kate's surfing the Internet at the moment.

Avec le présent en *be + V-ing*, **le locuteur exprime son point de vue d'observateur** : il regarde une action, action qu'il rattache au moment précis où il parle. On parle parfois d'**aspect** pour décrire *be + V-ing*. L'aspect en grammaire est la façon particulière dont on regarde quelque chose.

A Formes et orthographe

Pour réviser les formes et l'orthographe, reportez-vous au tableau 9 (→ **p. 180**).

B Valeurs

1 Très souvent, avec le présent en *be + V-ing*, on se focalise sur un moment d'une action **en cours de déroulement**.

(Au téléphone…)

*"What **are you doing**, Sarah?" "Nothing much. I'**m watching** television."*
« Qu'est-ce que tu fais, Sarah ? – Pas grand-chose. Je regarde la télévision. »
[Action perçue comme temporaire : on n'emploie donc pas le présent simple.]

2 Le présent en *be + ing* peut aussi être employé pour exprimer une **action à venir énoncée comme un programme personnel** qu'on a l'intention de réaliser (→ **p. 68**).

I'm leaving tomorrow. *I'm seeing Ken tonight.*
Je pars demain. Je vois Ken ce soir. [*I see Ken tonight.*]

C Verbes peu compatibles avec *be + V-ing*

Certains verbes sont peu compatibles avec *be + V-ing* parce qu'ils **expriment un résultat**. Ils ne peuvent donc pas exprimer une action en cours de déroulement.

1 **Verbes de perception involontaire** : *hear* (entendre), *see* (voir), *smell* (sentir), *sound* (sembler [à l'oreille]), *taste* (sentir [le goût de]).

"Why are you looking at me like this?" "Well, I see you're not well."
« Pourquoi est-ce que tu me regardes comme ça ? – Je vois que tu ne vas pas bien. »

2 **Verbes exprimant une activité mentale** (croyance, opinion, goût) : *believe* (croire), *doubt* (douter), *forget* (oublier), *hate* (haïr), *know* (savoir), *like / love* (aimer), *mean* (vouloir dire), *remember* (se souvenir), *suppose* (supposer), *understand* (comprendre), *want* (vouloir), *wish* (souhaiter)…

I know what you mean.
Je sais ce que tu veux dire.

3 **Verbes exprimant l'appartenance** : *belong* (appartenir), *consist of* (consister en), *contain* (contenir), *own / possess* (posséder)…

4 **Verbes exprimant l'apparence** : *look like* (ressembler à), *seem* (sembler)…

5 **Certains verbes d'état** : *cost* (coûter), *depend* (dépendre), *deserve* (mériter)…

It all depends on the weather.
Tout dépend du temps.

You deserve a holiday.
Tu mérites des vacances.

1 Conjuguez les verbes à la forme demandée et au présent en *be* + V-*ing*. **A**

1. smile (he)/interrogation
2. pick (she)/affirmation
3. laugh (they)/négation
4. open (it)/affirmation
5. dig (you)/interrogation
6. hide (we)/affirmation
7. get (it)/interrogation
8. lie (she)/affirmation
9. write (you)/interrogation
10. complain (I)/négation

2 Traduisez en anglais. (→ *fiche 8 C*) **B**

1. Arrête, tu me fais mal *(hurt)* !
2. Je t'assure, je m'amuse bien *(enjoy)*.
3. On pourrait éteindre la radio : personne n'écoute. *(We could switch off the radio: …)*
4. Il faut toujours qu'elle fasse l'intéressante *(show off)* !
5. Elle cherche constamment à faire de l'esprit *(try to be funny)*.

3 Relevez les verbes employés ci-dessous au présent en *be* + V-*ing*. Justifiez l'emploi de cette forme. **B**

Présent simple ou présent en *be* + V-*ing* ?

Kate surfs the Internet like a professional.
Kate's surfing the Internet at the moment.

Avec le présent simple, on énonce un **fait brut** : une action habituelle, une caractéristique, un programme officiel, une perception.
Avec le présent en *be* + V-*ing*, on a un **point de vue d'observateur** : on focalise son regard sur une action en cours de déroulement.

A Comparez

*Nadya **comes** from Manchester.*	*Nadya **is coming** from Manchester.*
Nadya vient de Manchester.	Nadya arrive de Manchester.
[Elle est de Manchester. C'est sa ville natale.]	[Elle fait le voyage depuis Manchester.]
*What **do you read** when you're on holiday?*	*What **are you reading**?*
Qu'est-ce que tu lis quand tu es en vacances ?	Qu'est-ce que tu lis ?
[Qu'est-ce que tu lis en général ?]	[Qu'est-ce que tu es en train de lire en ce moment ?]
*David **lives** in Denver.*	*David **is living** in Denver for the moment.*
David vit à Denver.	David habite à Denver pour l'instant.
[Situation générale.]	[Fait temporaire *(for the moment)*.]
*Chris **works** as an accountant.*	*Chris **is working** as an accountant at the moment.*
Chris travaille en tant que comptable.	En ce moment, Chris travaille dans la comptabilité.
[C'est son métier.]	[C'est ce qu'elle fait en ce moment, mais c'est temporaire.]
*Water **boils** at 100° Celsius.*	*Careful! The water **is boiling**.*
L'eau bout à 100° Celsius.	Attention ! L'eau bout.
[C'est une caractéristique générale de l'eau.]	[Action de bouillir à un moment précis.]

B Présent simple et présent en *be* + V-*ing* avec *see, think, taste*...

Parfois, le sens même du verbe change selon qu'il est au présent simple ou en *be* + V-*ing*.

*I **see** what you mean.*	*I **think**.*	*The milk **tastes** OK.*
Je vois ce que vous voulez dire.	Je pense.	Le lait est bon. [On peut le boire.]
*I'm **seeing** Pat tonight.*	*I'm **thinking**.*	*I'm **tasting** the milk to see if it's OK.*
Je dois voir Pat ce soir (j'ai un rendez-vous).	Je réfléchis.	Je goûte le lait pour voir s'il est bon.

C Présent simple ou présent en *be* + V-*ing* avec *always*

Avec *always (continually, constantly, forever)*, le sens de l'énoncé varie selon que le verbe est au présent simple ou en *be* + V-*ing*.

*Paul **always smokes** while eating.*	*Paul's **always smoking** while eating.*
Paul fume toujours en mangeant.	Paul fume toujours en mangeant.
[C'est un simple fait que je constate.]	[C'est un commentaire : je reproche à Paul de toujours fumer en mangeant.]

Always (comme « toujours ») est accentué dans ce cas.

1 Dans quels cas emploierez-vous un présent en *be* + V-*ing* ?
Justifiez vos réponses puis traduisez les phrases concernées. **A** **B**

Elle parle quatre langues. → Fait brut, sans commentaire/présent simple.
« Je te parle, tu veux bien écouter ? » → Le locuteur montre qu'il observe une action, un fait
en cours de déroulement/présent en *be* + V-*ing*. *I'm talking to you, will you listen, please?*

1. Il ne peut pas vous répondre. Il prend son bain.
2. Combien de temps ça prend d'aller de Paris à Anchorage par avion ?
3. Tu aimes ton travail ?
4. Qu'est-ce que tu fais le dimanche ?
5. Tu fais toujours la même faute, réfléchis !
6. Qu'est-ce que tu fais dimanche ?
7. Tiens ! Tu travailles ?
8. Il promène toujours son chien vers neuf heures.
9. Je pense qu'il viendra.
10. Je pense sérieusement à partir aux États-Unis.

2 Voici huit situations. Écoutez maintenant les huit phrases sur
le site. Faites correspondre chaque phrase entendue à une situation. **A** **B**

Vous demandez à quelqu'un s'il a l'intention de venir. → *"Are you coming or not?"*
Vous renseignez quelqu'un sur le passage du facteur tous les jours. → *"He comes every day at 9."*

1. Des amis sont partis en Angleterre pour apprendre l'anglais.
2. Vous confirmez que vous êtes d'accord.
3. Vous ne rêvez pas, vous réfléchissez !
4. Vous dites où travaille un ami.
5. On vous raconte une histoire et vous demandez la suite.
6. Temporairement, un ami a trouvé du travail.
7. Vous entrez dans une pièce où il y a un bruit assourdissant.
8. On vous demande quelle langue des amis apprennent au lycée.

Phrases a. ...... **b.** ...... **c.** ...... **d.** ...... **e.** ...... **f.** ...... **g.** ...... **h.** ......

3 Employez le présent simple ou le présent en *be* + V-*ing*. **A** **B** **C**

"What (do) ...... this cat ...... here?" I asked my wife one day. "Nothing in particular. What (do) ......
cats ...... ? It's a very nice cat." This remark puzzled me. "What (mean) ...... you ...... a very nice cat?
Aren't all cats the same? A cat is a cat." A few days later, I asked my wife: "Has Cica been in?"
"Who's Cica?" "Cica is the Hungarian word for pussy. As I (not know) ...... her name, I've given her
a name." "How (spell) ...... you ...... Cica?" "I (spell) ...... it C-I-C-A." "That (sound) ...... Chinese to
me." "Never mind. Has she been in?" "(miss) ...... you ...... her, by any chance?" "Of course not but
why (not/come) ...... she ...... now?" "Because she's a cat. She (come) ...... when she (feel) ...... like
it." "Whose cat is she?" I asked. "No idea. She (visit) ...... everybody. I (see) ...... her go in and out of
all the houses."

After George Mikes, *Tsi-Tsa, The Biography of a Cat*,
Copyright © 1978 by George Mikes.

09 Le prétérit simple

Pete talked to me this morning.

Le prétérit exprime une **rupture par rapport au présent** à la différence du *present perfect* qui exprime un lien entre le présent et le passé.

A

Formes, prononciation et orthographe

Pour réviser les formes, la prononciation et l'orthographe, reportez-vous au tableau 10 (➔ **p. 180-181**).

B

Le prétérit simple : rupture avec le présent

Le prétérit décrit un fait ou une action **classé dans un passé révolu**. Ce fait ou cette action est donc détaché du présent.

1 Le prétérit décrit un **fait appartenant au passé**.

We lived in California when I was a child.
Nous habitions en Californie quand j'étais enfant.

2 Le prétérit décrit une **action dans le passé**. Le prétérit est par excellence le **temps du récit au passé**.

I woke up in the middle of the night when I heard an owl. I immediately got up. That's when I saw it.
Je me suis réveillée au milieu de la nuit quand j'ai entendu une chouette. Je me suis immédiatement levée. C'est à ce moment-là que je l'ai vue.

3 Le prétérit simple s'emploie pour décrire une **habitude passée**.

I smoked a lot when I was young. [~~I was smoking~~ impossible ici.]
Je fumais beaucoup quand j'étais jeune.

4 Prétérit ou *present perfect* ? Le **prétérit** exprimant une **rupture entre le passé et le présent**, il s'impose avec les indications temporelles qui signalent une rupture par rapport au moment présent : *yesterday* (hier), *in 2012* (en 2012), *three months ago* (il y a trois mois), *during the war* (durant la guerre), *formerly* (autrefois).

Le ***present perfect*** (*have* + participe passé) permet de se retourner vers le passé. Il **crée un lien entre le passé et le présent**.

I made your bed this morning before going to work.
J'ai fait ton lit ce matin avant d'aller au travail.
[*this morning before going to work* signale une rupture avec le présent]

You don't have to stay in a hotel. I have made a bed for you.
Tu n'as pas besoin d'aller à l'hôtel. J'ai fait un lit pour toi.
[bilan présent : le lit est fait, tu peux rester]

À noter

« Être allé » = *have been* ou *have gone*. *Been* suppose un retour, *gone* un aller simple.

Ron is on holiday. He's gone to Africa.
Ron est en vacances. Il est parti en Afrique. [Il n'est pas revenu.]

Ron is a great traveller. He's been to Africa, Asia and Australia.
Ron est un grand voyageur. Il est (déjà) allé en Afrique, en Asie et en Australie.

Pour la traduction du passé composé, ➔ **p. 32**.

1 Transposez ces phrases au prétérit, à l'oral ou à l'écrit (attention aux verbes irréguliers).

1. I love him.
2. I meet her every day.
3. He speaks slowly.
4. You eat too much.
5. They teach English.
6. They agree.
7. It costs $10.
8. They travel.
9. He runs well.
10. He sings beautifully.
11. I think so.
12. She feels sick.
13. He falls.
14. It rises at 6.
15. She cries.
16. He prefers not to come.
17. She reads every day.
18. They drink tea.
19. He loses.
20. He chooses the best.

 Transposez ces mêmes phrases à la forme interrogative puis à la forme négative. Vérifiez vos réponses sur le site.

2 Classez les verbes suivants selon la prononciation de -*ed* : /t/, /ɪd/ ou /d/. **A**

opened • stopped • missed • changed • walked • looked • started • patted • refused • dropped

/t/ .... /ɪd/ .... /d/ ....

Vérifiez vos réponses sur le site.

3 À partir des éléments donnés, rédigez une courte biographie. **B**

be born • spend • attend • marry • be • have • move • become • enjoy • retire • live • die

William Shakespeare
Birth: 1564. Early life in Stratford-upon-Avon. Local grammar school. Marriage with Anne Hathaway at 18. Four children. 1584: London, a playwright. Fame and prosperity. 1610: back to his birth-place. A country gentleman. Death: 1616.

4 Choisissez la traduction qui convient pour le groupe verbal. (→ **fiche 12 B**) **B**

1. Je n'ai jamais vu ça.
2. Je l'ai vu hier.
3. J'ai rêvé de lui il y a trois jours.
4. J'ai toujours rêvé d'avoir deux voitures.
5. J'ai oublié ma clef. Qu'est-ce que je dois faire ?
6. Comme j'ai oublié ma clé, j'ai dû dormir à l'hôtel !
7. Regarde ! Tu as encore oublié d'éteindre l'ordinateur.
8. Tu es allé en Australie cet été ?
9. Je ne suis jamais allé en Irlande.
10. Tu l'as manqué, il est parti à la poste.

- saw/have seen
- saw/have seen
- have dreamed/dreamed
- have dreamed/dreamed
- forgot/have forgotten
- forgot/have forgotten
- forgot/have forgotten
- have you been/did you go/have you gone
- never went/have never been
- has been/has gone/went

Le prétérit après *if, wish, would rather, it's time…*

> *If you loved me…*
> *It's time the government did something.*

Le prétérit ne sert pas seulement à renvoyer au passé. Après *if* et après certains verbes ou expressions verbales, on emploie le prétérit pour signaler que **quelque chose n'est pas réalisé** (« prétérit du non réel » ou « prétérit modal »).

Le prétérit, qu'il renvoie au passé ou au non réel, exprime toujours une rupture : une **rupture** par rapport au passé ou par rapport au réel.

A · Le prétérit après *if*

1 On peut trouver le prétérit après *if*, lorsqu'il exprime une **hypothèse**. Cet emploi du prétérit se traduit par l'**imparfait** en français. L'imparfait, comme le prétérit, permet soit un renvoi au passé, soit un renvoi à l'hypothétique.

*If I **had** the money…*
Si j'avais l'argent…

*If he **knew** the truth…*
S'il connaissait la vérité…

*If I **spoke** German, it would be easier for me to find a job here.*
Si je parlais allemand, je trouverais plus facilement un travail ici.

2 *What if* + **prétérit** correspond à « Et si… ».

*What if I **came** tomorrow instead of tonight?*
Et si je venais demain plutôt que ce soir ?

B · Le prétérit après certains verbes ou expressions verbales

Ces verbes ou expressions verbales décrivent quelque chose qui n'est pas vrai, qui est **en rupture avec la réalité**.

1 *Wish* + **prétérit** (j'aimerais…/je regrette…).

*I wish you **were** here.*
J'aimerais que tu sois ici.

*I wish I **spoke** German.*
J'aimerais parler allemand.

On a souvent recours au verbe *wish* pour traduire « regretter » en anglais. Remarquez qu'à une affirmation en français correspond une négation en anglais et inversement.

Nous **regrettons** d'être souvent absents.
*We **wish** we **weren't** often away.*

Je **regrette** que Linda **ne** soit **pas** là.
*I **wish** Linda **were** here.*

2 *Would ('d) rather* + **prétérit** (je préférerais…).

*She'd rather you **sent** her an email.*
Elle préférerait que tu lui envoies un courriel.

3 *It's time* + **prétérit** (il est temps que…).

*It's time they **paid** their debts.*
Il est temps qu'ils règlent leurs dettes.

À noter

Après *if*, *wish* et ces autres expressions verbales, on peut utiliser **were** à toutes les personnes, y compris après *I, he, she* et *it*.

*If I **were** you, I wouldn't sign it.*
Si j'étais toi, je ne le signerais pas.

*I wish my wife **were** richer.*
J'aimerais que ma femme soit plus riche.

Toutefois *was* s'emploie aussi après *I, he, she* et *it*. *I wish my wife was richer.*

1 Quelle est la valeur du prétérit dans la légende de ce dessin.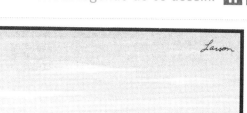

Suddenly, Bobby felt very alone in the world.

What does Bobby wish?

He wishes .... (they/be here)
.... (they/not be extinct)
.... (they/can play baseball with him)
.... (his mates/can answer)
He thinks: "If only .... " (be alone)

2 Traduisez en anglais.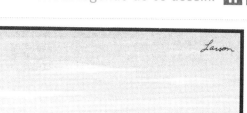

1. Si je savais, je te le dirais.
2. J'aimerais qu'il puisse venir. *(I wish…)*
3. Il est temps que tu penses à l'avenir.
4. Si j'étais plus jeune, j'achèterais des patins à roulettes.
5. Tu n'aimerais pas qu'il soit là ? *(Don't you wish…)*
6. Je préférerais que tu ne lui dises pas. *(I'd rather…)*
7. Que se passerait-il s'il échouait *(fail)* ?
8. Il aimerait avoir davantage d'argent. *(He wishes…)*
9. Je regrette que nous ayons cours d'anglais le samedi. *(I wish we…)*
10. Ils regrettent d'avoir à travailler le dimanche. *(They wish they…)*

Le prétérit en *be* + V-*ing*

He was shouting.
The tourists were driving too fast.

Avec le prétérit en *be* + V-*ing*, on décrit une action en cours dans le passé. On le traduit presque toujours par un imparfait. Pour réviser les formes, reportez-vous au tableau 11 → **p. 181**.

A Le prétérit en *be* + V-*ing* : valeurs

1 Le prétérit en *be* + V-*ing* signale qu'une **action était en cours** à un moment du passé.

*He **was driving** too fast. That's why he had an accident.*
Il conduisait trop vite. C'est pour ça qu'il a eu un accident.

*"What **were** you **doing** last night?" "I **was watching** TV."*
« Que faisiez-vous hier soir ? – Je regardais la télé. »

2 On l'emploie souvent pour signaler qu'une action (au prétérit simple) **a eu lieu à l'intérieur d'une autre action** (au prétérit en *be* + V-*ing*).

*We **were having** dinner when we **heard** that the Prime Minister had resigned.*
On dînait quand on a appris que le Premier ministre avait démissionné.

*Esther **was surfing** the Internet when the light **went out**.*
Esther était en train de surfer sur Internet lorsque la lumière s'est éteinte.

[Ici l'action *Esther was surfing* a été interrompue par *the light went out*.]

B Prétérit simple ou prétérit en *be* + V-*ing* ?

prétérit en *be* + V-*ing*	prétérit simple
*Paul and Les **were driving** to Paris.*	*Paul and Les **drove** to Paris.*
Paul et Les étaient en route pour Paris.	Paul et Les sont allés à Paris en voiture.
[À un moment du passé, Paul et Les étaient dans l'action de conduire. On ne sait pas s'ils sont arrivés à destination.]	[Action vue de façon globale. Elle est présentée comme achevée, terminée : Paul et Les sont arrivés à Paris.]

C Comment traduire l'imparfait ?

valeur de l'imparfait	traduction en anglais
action en cours dans le passé Elle lavait sa voiture, quand un garçon l'appela. Il neigeait ce jour-là.	***was/were* + V-*ing*** *She **was washing** her car when a boy called her.* *It **was snowing** on that day.*
action qui s'est répétée dans le passé Elle lavait sa voiture tous les jours la première année. J'allais au cinéma une fois par semaine quand j'étais étudiant.	**prétérit simple** *She **washed** her car every day the first year.* *I **went** to the cinema once a week when I was a student.*
état ou fait passé Ma grand-mère, qui était russe, parlait cinq langues. [« parlait cinq langues » ne signifie pas « était en train de parler cinq langues »]	**prétérit simple** *My grandmother, who was Russian, **spoke** five languages.*
après « si » exprimant l'hypothèse Je m'évanouirais, s'il me parlait maintenant.	**if + prétérit simple** *I would faint if he **spoke** to me now.*

1 Employez le verbe donné entre parenthèses au prétérit en *be* + V-*ing*. **A**

1. My husband and I (talk) ...... about you the other day.
2. Are you going to London? I thought you (go) ...... to Edinburgh.
3. "What (do) you ...... ast night at ten?" "I (watch) ...... a sitcom on TV." "I (play) ...... a video game."
4. When I first met him he (work) ...... in a bank.
5. Who (talk) ...... to you when I came in last night?
6. She suddenly realized that she (drive) ...... in the wrong direction.
7. He did not pay attention to where he (go) ....
8. When I arrived at the airport nobody (wait) ...... for me.
9. Everybody (enjoy oneself) ...... when I entered the room.
10. It was very cold: some people (wear) ...... polar fleeces *(des polaires)*.

EMPLOYER

2 Employez le verbe donné entre parenthèses
au prétérit simple ou au prétérit en *be* + V-*ing*. **A** **B**

1. You (look) ...... very busy last night when I (see) ...... you: what you (do) ...... ?
2. What (happen) ...... when she (realize) ...... he (lie) ...... to her?
3. I (not/be) ...... sorry I (have to) ...... leave early because actually I (not/enjoy) ...... myself.
4. Why (you/lend) ...... him my laptop *(ordinateur portable)*? I (think) ...... of sending a few e-mails during the weekend.
5. I last (see) ...... him at the airport. I (ask) ...... him where he (go) .... He (tell) ...... he (fly) ...... to Los Angeles. I (not/believe) ...... him: there (be) ...... no scheduled flights *(vols réguliers)* to Los Angeles on that day.
6. She (wear) ...... no hat. At that moment, she (be) ...... very beautiful. Her eyes (go) ...... to Arbuthnot for a minute – just a minute. She (say) ...... to Poirot: "(you/wish) ...... to see me?" "I (wish) ...... to ask you, Mademoiselle, why you (lie) ...... to us this morning?" "(I/lie) ...... to you? I don't know what you mean." "You (conceal) ...... the fact that at the time of the Amstrong tragedy you (actually live) ...... in the house."

After Agatha Christie, *Murder on the Orient Express*, 1934.

3 Traduisez les phrases suivantes. **C**

1. En ce temps-là, tous les trains s'arrêtaient dans cette gare. *(In those days…)*
2. « Quel temps faisait-il ce jour-là ? – Il pleuvait. »
3. Si je changeais mon ordinateur, je te demanderais ton avis.
4. Si tu restais un peu plus longtemps, nous aurions le temps d'aller au cinéma.
5. « Tes parents étaient très sévères, non ? Qu'est-ce qui se passait quand tu étais en retard ? »
6. L'homme m'a dit qu'il faisait un sondage d'opinion *(carry out a survey)*.
7. On n'a pas beaucoup dormi la nuit dernière : les voisins faisaient une fête.
8. « Qu'est-ce que tu faisais avant d'obtenir ce poste *(get this job)* ? »
9. Si je pouvais, je partirais tout de suite.
10. La salle d'attente était pleine : une femme lisait un magazine, un homme regardait fixement devant lui *(stare)*, un petit garçon se rongeait les ongles *(bite one's nails)*.

Le *present perfect* simple

I have missed my train.

Le *present perfect* exprime un **lien entre le passé et le présent**. Le locuteur se retourne vers le passé et fait un **bilan présent**. La notion de **perfect** (« parfait ») est liée à l'aspect : avec le *perfect*, on regarde à la fois le présent et le passé.

A

Formes

Pour réviser les formes, reportez-vous au tableau 12 (**→ p. 181**).

B

Le *present perfect* : lien entre le passé et le présent

1 Avec le *present perfect*, **le locuteur pense toujours à la fois au passé et au présent**. Il s'intéresse au résultat présent d'une action passée.

Abdel can't come: he's broken his leg.
Abdel ne peut pas venir. Il s'est cassé la jambe.
[Bilan présent : sa jambe est maintenant cassée, il ne peut plus marcher.]

You can borrow my book. I've finished it.
Tu peux emprunter mon livre. Je l'ai terminé.
[Bilan présent : le livre est terminé maintenant, je peux te le prêter.]

À la radio / télévision, on utilise le *present perfect* pour rapporter des faits récents.

The euro has risen against the dollar.
L'euro est en progression par rapport au dollar.

2 **Comment traduire le passé composé ?** Le passé composé français a deux valeurs (**résultat** présent ou **rupture** temporelle avec le présent).

résultat → *present perfect*	rupture → prétérit
Tu as vu Pat ?	Tu as vu Pat ?
[Je cherche Pat maintenant.]	[À un moment auquel je pense.]
Have you seen Pat?	*Did you see Pat?*
J'ai reçu une lettre.	Qui t'a donné cette lettre ?
[Résultat présent : j'ai une lettre.]	[Je m'intéresse à un acte passé : *Who gave…*]
I've received a letter.	*Who gave you that letter?*

N'oubliez pas : dans un récit, on privilégie le prétérit simple.

3 Le *present perfect* s'emploie avec **just** (venir de), **not yet** (pas encore), **already**, **ever** (jamais), **never** (ne jamais), **it's the first time**. Ces expressions sont étroitement associées au **présent**. Elles permettent de regarder le passé en le parcourant et de dresser un bilan présent.

*"Where are they?" "They've **just** gone."*
« Où sont-ils ? – Ils viennent de partir. »

*I don't want to see that film. I've **already** seen it.*
Je ne veux pas voir ce film. Je l'ai déjà vu.

It's the first time I've seen Trafalgar Square.
C'est la première fois que je vois Trafalgar Square.

*The guests haven't arrived **yet**.*
Les invités ne sont pas encore arrivés.

*Have you **ever** used a tablet?*
Avez-vous jamais utilisé une tablette ?

*I've **never** eaten snails.*
Je n'ai jamais mangé d'escargots.

Notez que, sous l'influence de l'américain, on emploie de plus en plus le prétérit avec *just*, *already* et *never*.

1 Conjuguez le verbe donné à la forme indiquée du *present perfect* simple. **A**

be (you)/interrogation → *Have you been?*

1. drink (he)/affirmation
2. tell (I)/négation
3. leave (she)/interrogation
4. forget (we)/négation
5. travel (they)/affirmation
6. watch (you)/interrogation
7. have (she)/affirmation
8. spend (he)/négation
9. come (you)/affirmation
10. think (you)/interrogation

2 Les phrases suivantes donnent-elles un renseignement sur
le résultat présent ou sur ce qui s'est passé à un moment donné révolu ? **B**

J'ai acheté un nouveau CD. → Renseigne sur le fait que j'ai maintenant en ma possession un nouveau CD.
Hier, j'ai fait des courses dans une nouvelle galerie marchande. → Renseigne sur mes activités
passées (hier).

1. J'ai lu ce livre.
2. Je l'ai lu quand j'étais au lycée.
3. Tu as pensé à les inviter à dîner ?
4. Hier, j'ai pensé que je ne le reverrais sans doute jamais.
5. Il s'est cassé le bras.
6. Il s'est cassé le bras il y a quatre ans.

3 Les phrases suivantes donnent-elles un renseignement sur
le résultat présent ou sur ce qui s'est passé à un moment donné révolu ? **B**

I have never met such a selfish guy. → Renseigne sur le fait que jusqu'à présent je ne connaissais
personne d'aussi égoïste : maintenant, j'en connais un !
I met him yesterday. → Renseigne sur la date à laquelle je l'ai rencontré.

1. I called him about a month ago.
2. I've called you several times.
3. Have you ever been to Australia?
4. I went to Australia five years ago.
5. See what you've done!
6. I'm sure he did it!
7. He hasn't turned up *(arriver)* yet.
8. He turned up five hours late.

4 Employez le verbe entre parenthèses au prétérit ou au *present perfect*. **B**

1. I (begin) ...... to go to school alone from the age of six.
2. "Where is he?" "I'm afraid he (go) .... I think he (leave) ...... about an hour ago."
3. It's the most beautiful experience I (ever have) ...... : I (feel) ...... as if I (be) ...... the smartest
   person in the world!
4. He (buy) ...... a new tablet yesterday. In fact it is the first time he (use) ...... one. He (already
   start) ...... trying to use it but he (not read) ...... the instructions yet!
5. Yesterday I (be trying) ...... to get a drink from the dispenser *(distributeur)* in the staff room.
   I (put) ...... several coins in, but with no result. A colleague of mine (draw) ...... near me and
   (say) ...... : "Those machines never work. Try shaking it." "I (try) ...... but I (already lose) ......
   several coins." "Why don't you give it a kick ?" "I (not try) ...... , well, let's!" I (give) ...... a gentle
   kick and it (work) ...... : I (get) ...... coffee mixed with orange juice.

Le *present perfect* avec *for, since* (depuis) et *how long*

> *Paul has known Robin for ten years.*
> *Paul has known Robin since 2010.*

« Depuis » a deux sens en français. Il indique soit une **durée** (depuis dix ans), soit un **point de départ** (depuis 2010). Il se traduit par *for* + durée ou *since* + point de départ (par exemple une date).
depuis novembre : *since November*   depuis dix mois : *for ten months*

A. Le *present perfect* avec *for* et *since*

Avec *for* et *since*, le *present perfect* signale qu'un fait ou une action continue jusqu'au moment présent. **Il se traduit par un présent en français.**

I have been here since 2 p.m.
Je suis ici depuis 2 heures de l'après-midi.

I have been here for four hours.
Je suis ici depuis quatre heures./Cela fait quatre heures que je suis ici.

They have been married since last week/for seven days.
Ils sont mariés depuis la semaine dernière/depuis sept jours.

B. *For* ou *since* ?

1 *For* **est suivi de l'expression d'une durée** : *for three hours / for ten days / for six months / for fifty years...* *For* se traduit par « **depuis** » (avec le *present perfect*), « **pendant** » (avec le prétérit) ou « **pour** » (avec le présent).

I've lived here for ten months.   *I am here for ten days.*
J'habite ici **depuis** dix mois.   Je suis ici **pour** dix jours.

I lived here for ten years.
J'ai habité ici **pendant** dix ans. [durée dans le passé + rupture : je n'habite plus ici.]

2 *Since* **introduit un point de départ.** Ce point de départ peut être :
- une heure : *since 5:30* (depuis 5 h 30) ;
- une date : *since July 21* (depuis le 21 juillet) ;
- un groupe nominal : *since my wedding day* (depuis mon mariage), *since this morning* (depuis ce matin) ;
- une proposition : *since I met you* (depuis que je t'ai rencontré).

3 Les expressions « **Ça fait** » + **durée** + « **que** »… /« **Il y a** » + **durée** + « **que** »… sont proches de « **depuis** » + **durée**. On les traduit donc logiquement par *for*.

Ça fait trois ans que je les attends.
Il y a trois ans que je les attends.   *I've been waiting for them for three years.*
Je les attends **depuis trois ans**.

On trouve aussi la structure *It is… since* + prétérit.

It is ten years since she left me. ou *It's been ten years since she left me.*
Cela fait dix ans qu'elle m'a quitté.

C. *How long…* + *present perfect*

« Depuis combien de temps ? » se traduit par *how long* + *present perfect*. On répond par *for* (durée) ou *since* (point de départ). À l'oral, on peut aussi dire *since when*.

"How long have you been here?" "I've been here since January."
« Depuis combien de temps êtes-vous ici ? – Depuis janvier. »

"How long have you taught history?" "I've taught it for thirty years."
« Depuis combien de temps enseignez-vous l'histoire ? – Je l'enseigne depuis trente ans. »

1 Dans les phrases suivantes, soulignez l'indice qui permet de déceler si le présent français correspond à un *present perfect*. Indiquez Ø s'il n'y a pas d'indice. **A**

Elle travaille comme une malade. → Ø Fait brut, sans commentaire : pas de *present perfect*.
Elle travaille dans cette société depuis 2005. → « Depuis 2005 » : lien passé/présent → *present perfect*.

1. Il regarde toujours son courrier électronique avant d'aller se coucher.
2. Ça fait deux jours qu'il n'a pas regardé son courrier électronique.
3. Ça fait combien de temps qu'il ne te parle plus ?
4. Je ne le vois plus.
5. Depuis quand est-il mort ?
6. Ils sont en grève depuis le mois dernier.
7. Je dors mal.
8. Je dors mal depuis que je sais qu'il ne reviendra pas.

2 Employez *for* ou *since* devant les expressions données. **B**

.... 1998 • .... two years • .... last year • .... my last holidays • .... I met her • .... a month • .... a long time • .... over two weeks • .... I got married • .... Tuesday

3 Justifiez l'emploi de *since* dans le dialogue suivant. Traduisez-le en français.

Repérez les mots accentués dans le texte des bulles ci-dessus puis vérifiez vos réponses sur le site. **A**

4 Transformez les phrases en employant le *present perfect* avec *for* ou *since*. **A B**

I last saw him at Christmas. → *I haven't seen him since Christmas.*

1. I last saw John on his wedding day.
2. It's years since I last spoke German.
3. It's two months since he called me.
4. The last time I was abroad was in February 2010.
5. They last ate meat a year ago.
6. I last saw her when she broke her leg.

5 Traduisez en anglais. **A B C**

1. Je le connais depuis 1999.
2. Je le connais depuis dix ans.
3. J'ai vécu pendant deux ans à Oxford.
4. Cela fait des années *(ages)* que je ne l'ai pas vu.
5. Il n'est ici que depuis une semaine.
6. Il est arrivé dimanche. Il ne m'a pas parlé depuis.
7. Cela fait combien de temps qu'il est parti ?
8. Elle a travaillé au Canada deux mois puis elle s'est installée aux États-Unis.

Le *present perfect* en *be* + V-*ing*

He's been eating my cake.

Avec le *present perfect* en *be* + V-*ing*, on signale qu'il existe des **traces actuelles d'une activité passée**.

A · Formes

Pour réviser les formes, reportez-vous au tableau 13 (→ **p. 181**).

B · Le *present perfect* en *be* + V-*ing* : valeurs

1 Avec le *present perfect* en *be* + V-*ing*, on voit encore des **traces** (des indices) **d'une activité passée**.

It's been raining.
Il a plu.
[traces présentes : on voit des flaques d'eau]

She's hoarse. She's been singing all night.
Elle est enrouée. Elle a chanté toute la nuit.
[traces présentes : elle est enrouée]

2 Cette activité peut s'être terminée tout récemment.

You've been watching the nine o'clock news. [À la télévision.]
Vous venez de voir le journal de neuf heures.
[Sous-entendu : maintenant, vous connaissez les nouvelles.]

3 Suivis d'un complément, le *present perfect* simple et le *present perfect* en *be* + V-*ing* ne s'interprètent pas de la même façon.

present perfect simple	*present perfect* en *be* + V-*ing*
Philip has eaten my cake. Philip a mangé mon gâteau. [On s'intéresse au **résultat présent** : le gâteau a été mangé. Il n'y en a plus.]	*Philip's been eating my cake.* Philip a mangé de mon gâteau. [On s'intéresse à **l'activité** : à un certain moment, Philip mangeait mon gâteau. Il peut rester du gâteau.]

Avec le ***present perfect* simple**, on s'intéresse au **résultat** et donc à **l'objet** *(my cake)*.
Avec le ***present perfect* en *be* + V-*ing***, on s'intéresse à l'**activité** et donc au **sujet**.

4 Le *present perfect* en *be* + V-*ing* peut exprimer une accusation, un reproche.

Somebody's been smoking in here!
Quelqu'un a fumé ici !

You've been drinking!
Tu as bu !

C · Le *present perfect* en *be* + V-*ing* avec *for* et *since* (depuis)

1 Avec *for* et *since*, on préfère nettement employer le *present perfect* en *be* + V-*ing* (plutôt que le *present perfect* simple) car c'est l'**activité** qui importe. Avec *for* et *since*, le *present perfect* en *be* + V-*ing* se traduit par un présent.

I've been waiting for two hours.
J'attends depuis deux heures.

I've been reading since I got home from work.
Je lis depuis que je suis rentrée du travail.

2 Les verbes qui ne s'emploient pas avec *be* + V-*ing* (→ **p. 22**) ne s'emploient pas non plus avec le *present perfect* en *be* + V-*ing*.

I've known her for ten months.
Je la connais depuis dix mois.

1 Conjuguez le verbe donné à la forme indiquée du *present perfect* en *be* + V-*ing*. **A**

1. sing (she)/affirmation
2. rain (it)/négation
3. try (you)/interrogation
4. get (it)/affirmation
5. smoke (you)/interrogation

6. wait (they)/affirmation
7. shop (he)/affirmation
8. eat (I)/affirmation
9. do (you)/interrogation
10. search (they)/négation

2 Classez les phrases en quatre colonnes selon la valeur du verbe souligné. **B C**

Moment où une action a eu lieu	Résultat présent d'une action passée	Activité dont les traces sont encore visibles	Action commencée dans le passé et qui continue
Hier, il a passé une heure au téléphone. n° :	*Il m'a appelé : il ne vient pas.* n° :	*Tu as couru, toi !* n° :	*Ça fait une heure qu'il est au téléphone !* n° : ....

1. J'en ai assez : ça fait une heure que j'essaie de l'appeler.
2. Ils font des soldes, j'ai acheté trois paires de chaussures.
3. « Tu as l'air vraiment fatigué. – J'ai fait des courses toute la journée. »
4. J'ai fait des tas de courses quand j'étais à Londres cet été.
5. Pour une fois, c'est lui qui a fait la cuisine hier soir.
6. Ça sent rudement bon, tu as fait de la cuisine ?
7. Ça fait des années que je n'ai pas fait de cuisine.

3 Traduisez les phrases de l'exercice 2. **B C**

4 Mettez le verbe entre parenthèses au *present perfect* simple ou au *present perfect* en *be* + V-*ing*. **B C**

1. You (drive) ...... for three hours. Let me drive now.
2. He (speak) ...... for an hour. I hope he'll soon draw to the conclusion *(en arriver à la conclusion)*.
3. She stood for a while blinking at the body ... . All right she told herself. So I (kill) ...... him.
4. "Why do you keep turning round?" "I think that car (follow) ...... us from the airport."
5. (you/finish) ...... using the video recorder?
6. They (spot) ...... us, quick, cut across country!
7. "You know what. Asterix? I think a tunnel between Gaul and Britain would be a good idea…" "We (think) ...... of a tunnel ourselves, we (even start) ...... digging one, but it looks like taking a jolly long time!"
   "I've got a first cousin living in Gaul. His village (hold out) ...... against the Romans for ages. I heard they've got a magic potion."

   Goscinny/Uderzo, *Asterix in Britain*, Dargaud, 1966.

8. "We (come) ...... to arrest the three Gauls, by order of the Queen."
   "Master, they won't go on with the job! I think someone (stir) ...... them up against you *(stir up sb against sb : monter qqn contre qqn)*!"

   Goscinny/Uderzo, *Asterix and Cleopatra*, Dargaud, 1963.

15 Le *past perfect* simple

I had hoped.

Le *past perfect*, comme le *present perfect*, signale **un lien entre deux moments**.
Avec le *past perfect*, ces deux moments appartiennent au passé.

A Formes

Pour réviser les formes, reportez-vous au tableau 14 (➜ **p. 182**).

B Le *past perfect* simple : lien entre deux moments du passé

1 Les faits décrits à l'aide du *past perfect* sont toujours **vus par rapport à un autre moment du passé**. Le *past perfect* se traduit le plus souvent par le **plus-que-parfait** français.
I had already talked to him twice that day when he told me the news.
Je lui avais déjà parlé deux fois ce jour-là lorsqu'il m'a annoncé la nouvelle.
[*I had already seen him twice* **antérieur à** *he told me the news*]
Leslie didn't want to see the play because she had seen it before.
Leslie ne voulait pas voir cette pièce car elle l'avait déjà vue.
[*she had seen it before* **antérieur à** *Leslie didn't want to see the play* + **résultat** : au moment *she didn't want to see the play*, Leslie connaissait déjà la pièce]

2 L'adverbe *just* employé avec le ***past perfect*** correspond à « **venait de** ».
They had (only) just arrived.
Ils venaient (tout) juste d'arriver.

C Le *past perfect* avec *for* et *since* (depuis)

Avec *for* et *since*, le *past perfect* signale qu'un fait commencé dans le passé **continue jusqu'à un autre moment du passé**. Il se traduit par un **imparfait**.
*At that time my father **had known** my mother **for** six years.*
À cette époque, mon père connaissait ma mère depuis six ans.
*They **had been** together **since** 2010 when he decided to leave.*
Ils étaient ensemble depuis 2010 lorsqu'il a décidé de partir.

D Le *past perfect* après *if, wish, would rather...*

Après *if*, *wish* (souhaiter), *would rather* (préférer au conditionnel), le *past perfect* exprime **quelque chose qui ne s'est pas réalisé dans le passé** (« irréel du passé »).
*If the witness **had known**, he would have said nothing.*
Si le témoin avait su, il n'aurait rien dit.
[Le témoin ne savait pas ce que ses paroles entraîneraient.]
*I wish Paul **had told** them the truth.*
Si seulement Paul leur avait dit la vérité. / Je regrette que Paul ne leur ait pas dit la vérité.
[*I wish* + *past perfect* exprime un **regret** concernant le passé ; il est proche de *If only* + *past perfect*, d'où la traduction à l'aide de « Si seulement ».]
*I would ('d) rather you **hadn't told** me.*
J'aurais préféré que tu ne me le dises pas. / Je préférerais que tu ne me l'aies pas dit.

1 Prenez connaissance de la situation. Utilisez les mots
entre parenthèses pour produire une phrase d'explication. **B**

Ça ne me dit rien de revoir ce film. *(see it before)* → *I have seen it before.*
Ça ne me disait rien de revoir ce film. *(see it before)* → *I had seen it before.*

1. Je l'ai invité mais il ne viendra pas. *(he/arrange something else)*
2. Je l'avais invité mais il n'est pas venu. *(he/arrange something else)*
3. Tu es en retard. *(the lesson/already/begin)*
4. Hier, il a eu beaucoup de retard. *(the lesson/already/begin)*
5. « Je te rends ce livre… » *(I/really enjoy reading it)*
6. Je lui ai rendu le livre et je lui ai dit que… *(I/really enjoy reading it)*

Après avoir corrigé vos réponses, lisez les phrases
à voix haute puis écoutez l'enregistrement sur le site. **A** **B**

2 Les faits suivants sont énoncés dans l'ordre chronologique. Reformulez
en modifiant les formes verbales de manière à changer de point de vue :
au lieu d'aller du passé vers le présent, allez du présent vers le passé. **A** **B**

He came back from his holidays a few days ago. He called me immediately. He was very relaxed.
→ *Yesterday, he called me. He was very relaxed: of course, he ...... back from holidays a few days
before. Of course, he had come back.*

1. He's always on the move: in 2010, he spent a month in Philadelphia, in 2011 he <u>visited</u> relatives
   in Australia.
   → He's always on the move: in 2011 he **visited** relatives in Australia. The year before he ......
2. She lived in Leeds for a year. Then she <u>decided</u> to move to London.
   → She ...... when she **decided** to move to London.
3. He wrote to me for the first time in 2010. I didn't hear from him for a year. I <u>got</u> a letter from
   him yesterday.
   → I was glad I **got** a letter from him yesterday: imagine, he ...... and I ....
4. "Will he come to the party?" "Sure, I met him on Monday and he said yes, then I <u>saw</u> him again
   on Wednesday and <u>reminded</u> him not to forget."
   → "Will he come to the party?" "Sure, I **saw** him on Wednesday and **reminded** him not to
   forget but anyway, I ...... already on Monday and he .... "
5. Yesterday, I got up at six and yet I <u>was late</u> at school because on the way, I was stuck in a traffic jam.
   → Yesterday, I **was late** because I ...... stuck in a traffic jam and yet ....

3 Mettez les verbes entre parenthèses
au temps qui convient : prétérit ou *past perfect*. **B** **C**

There (be) ...... six of us at dinner that night: Mike and his wife and daughter, my wife and I, and a man
called Richard Pratt. Richard Pratt (be) ...... a famous gourmet. I (be) ...... to dinner at Mike's twice
before when Richard Pratt (be) ...... there, and on each occasion Mike and his wife (go) ...... out of
their way to produce a special meal for the famous gourmet. And this one, clearly, (be) ...... to be no
exception.
As we (sit) ...... down, I (remember) ...... that on both Richard Pratt's previous visits Mike (play) ......
a little betting game with him over the wine, challenging him to name its vintage. Pratt (reply) ......
that that should not be difficult provided it (be) ...... one of the great years. Mike (then bet) ...... him
a case of the wine in question that he (can) ...... not do it. Pratt (accept) ...... , and (win) ...... both
times. Tonight I (feel) ...... sure that the little game would be played over again.

Roald Dahl, *Taste*, in *Someone Like You*, Copyright © Roald Dahl, 1961.

16 Le *past perfect* en *be* + V-*ing*

I had been standing there for hours.

Avec le *past perfect* en *be* + V-*ing,* on parle d'une **activité en cours** qui a eu lieu à un moment passé, antérieur à un autre moment passé.

A Formes

Pour réviser les formes, reportez-vous au tableau 15 (→ **p. 182**).

B *Past perfect* simple ou *past perfect* en *be* + V-*ing* ?

Avec le *past perfect* en *be* + V-*ing,* on parle d'**une activité dans le passé** et de son incidence sur un autre moment du passé.

past perfect simple	*past perfect* en *be* + V-*ing*
I had repaired my car and I was pleased with the work. J'avais réparé ma voiture et j'étais contente du travail. [On parle d'un **résultat** dans le passé : la voiture a été réparée.]	*I had been repairing my car and I was tired.* J'étais en train de réparer ma voiture et j'étais fatiguée. [On parle d'une **activité** en cours dans le passé : *had been repairing my car* et de son incidence : *I was tired*]
He felt sick because he had drunk four pints of beer. [résultat] Il se sentait mal parce qu'il avait bu quatre pintes de bière.	*He felt sick because he had been drinking beer.* [activité en cours avant *he felt sick*] Il se sentait mal parce qu'il avait bu de la bière.

C Le *past perfect* en *be* + V-*ing* avec *for* et *since* (depuis)

1 Avec *for* et *since,* on préfère nettement employer le *past perfect* en *be* + V-*ing* (plutôt que le *past perfect* simple).
Attention : le *past perfect* se traduit par l'**imparfait** dans ce cas.
I felt exhausted because I had been walking since breakfast.
J'étais épuisé parce que je marchais depuis le petit déjeuner.
Attention : l'imparfait peut correspondre à *had been* + V-*ing* (avec *for* ou *since*) ou alors à *was/were* + V-*ing*. Comparez :
*They **had been living** in a tent **for** six weeks when they were relocated.*
Ils **vivaient** sous une tente depuis six semaines lorsqu'ils ont été relogés.
[*Had been living* marque l'antériorité d'un moment du passé (six semaines auparavant) par rapport à un autre moment du passé (lorsqu'ils ont été relogés).]
*They **were living** in a tent when they were relocated.*
Ils **vivaient** sous une tente lorsqu'ils ont été relogés.
[Il n'y a pas de marque d'antériorité dans cet énoncé.]

2 Les verbes qui ne s'emploient pas avec *be* + V-*ing* (→ **p. 22**) ne s'emploient pas non plus avec le *past perfect* en *be* + V-*ing* : *I **had known** her for ten months.*

3 « **Depuis combien de temps** » + **imparfait** se traduit par *how long* + *past perfect* le plus souvent en *be* + V-*ing*.

How long had he been crying?
Depuis combien de temps pleurait-il ?

How long had it been raining?
Depuis combien de temps pleuvait-il ?

1 Conjuguez le verbe donné à la forme indiquée du *past perfect* en *be* + *V-ing*. **A**

1. read (I)/affirmation
2. listen (he)/interrogation
3. live (they)/négation
4. write (you)/affirmation
5. drive (she)/affirmation

6. run (they)/interrogation
7. lie (he)/négation
8. dream (she)/affirmation
9. show (you)/interrogation
10. do (we)/affirmation

2 Employez le verbe donné entre parenthèses
au *past perfect* simple ou au *past perfect* en *be* + *V-ing*. **B**

1. He turned round to see who (already arrive) ....
2. She looked very annoyed, I wondered how long she (wait) ....
3. When he (cry) .... for half an hour, he felt better.
4. Her cheeks were wet: I could guess she (cry) ....
5. Dorothy was someone I thought I knew: she (help) .... Dad to bring me up.
6. I was glad to come across her: we (not/see) .... each other for ages.
7. There was a smell of cigarettes. Somebody (smoke) .... in the room.
8. After 1947, most of the countries which (make up) .... the British Empire became members of a Commonwealth of Nations.
9. As I was cleaning the room I found the shoes he (wear) .... the day of the accident. I was glad that I (find) .... them and not his mother.

3 Mettez le verbe donné entre parenthèses
au prétérit en *be* + V-*ing* ou au *past perfect* en *be* + V-*ing*. **B C**

1. When they came home, they were covered in mud: they (play) ...... rugby.
2. I (wait) ...... for over three hours and I was about to give up and leave when suddenly, in she came.
3. As she (speak) ...... , she heard her husband coming.
4. Of course, I really had no right to be surprised. I (foresee) ...... and (dread) ...... this moment since landing in the US.
5. I (work) ...... as an investigator for the past five years, and during that time, I had met a number of strange people.
6. While I (turn) ...... over the information I had got from him, I heard a man coming along the passage.
7. There was nobody in the sitting room but the fire (glow) ...... and a little dog (sleep) ...... in front of it.
8. It was one of the ordinary poverty crimes. The man had been without employment for many weeks and they (live) ...... by selling their furniture.
9. Suddenly, she noticed that one of the boys (not/work) .... He had fallen out of line and (stand) ...... by, breathing heavily.
10. Suddenly, I heard a quarrel. A customer (reproach) ...... the proprietor for not giving him a corner table although he had booked it three days before.

4 Traduisez en anglais. **A B C**

1. Elle se réveilla tout à coup : elle avait encore rêvé de lui.
2. Son visage était triste : ils s'étaient disputés.
3. Depuis combien de temps attendais-tu son coup de téléphone ?
4. Il se prélassait au soleil *(bask in the sun)* depuis quatre heures lorsqu'il entendit des cris.
5. Nous étions fatigués. Cela faisait plus de vingt-quatre heures que nous voyagions.

Le passif : formes

English is spoken all over the world.

Le passif est plus fréquent en anglais qu'en français. Il se forme, en anglais, à l'aide de l'auxiliaire *be* suivi du participe passé. En français, il se forme de façon identique : auxiliaire « être » + verbe au participe passé.

A Formation

1 Pour réviser toutes les formes, reportez-vous au tableau 16 (**→ p. 182-183**).

English is spoken by over a billion people. [présent]
L'anglais est parlé par plus d'un milliard de personnes.

She was arrested by the police (for drunkenness). [prétérit]
Elle a été arrêtée par la police (pour ivresse).

This film has been acclaimed by the critics. [*present perfect*]
Ce film a été acclamé par les critiques.

My car is being washed. [présent en *be* + V-*ing*]
Ma voiture est au lavage. [littéralement : Ma voiture est en train d'être lavée.]

I was being followed. [prétérit en *be* + V-*ing*]
On me suivait.

She can be called at any time. [infinitif présent]
On peut l'appeler à tout moment.

This essay may have been written by another student. [infinitif passé]
Il est possible que cet essai ait été écrit par un autre étudiant.

2 **Avec la forme en *be* + V-*ing***, on signale que l'action est en cours de déroulement. Comparez :

*Usually my car **is washed** by my brother.*
Habituellement, c'est mon frère qui lave ma voiture.
[Littéralement : ma voiture est lavée par mon frère.]

*My car **is being washed**.*
Ma voiture est au lavage.

B Correspondances théoriques entre le passif et l'actif

Le sujet au passif correspond à un COD à l'actif. Le complément d'agent correspond à un sujet à l'actif. Il est souvent omis.

Over 900 million people	*speak*	*English.*
sujet	verbe au présent	COD

English	*is spoken*	*by over 900 million people.*
sujet	*be* au présent + participe passé	complément d'agent (introduit par *by*)

Purcell	*composed*	*this music.*
sujet	verbe au prétérit	COD

This music	*was composed*	*by Purcell.*
sujet	*be* au prétérit + participe passé	complément d'agent (introduit par *by*)

1 Conjuguez le verbe au passif, au temps et à la forme indiqués. **A**

présent simple
1. it (make)
2. I (not/obey)
3. (punish)/he/interrogation

prétérit simple
4. she (tell)
5. they (not/warn)
6. (forgive)/you/interrogation

présent en be + V-ing
7. it (repair)
8. (help)/you/interrogation

prétérit en be + V-ing
9. it (build)
10. they (not/show)

present perfect
11. you (cheat)
12. we (not/ask)
13. (accept)/she/interrogation

past perfect
14. they (arrest)
15. she (not/insult)
16. (hear)/it/interrogation

infinitif présent
17. it can (say)
18. it could not (prove)
19. should he (call)/interrogation

infinitif passé
20. she might (kill)
21. they must (throw away)

2 Écoutez les dix phrases enregistrées sur le site et repérez les énoncés passifs. **A**

Énoncés passifs : phrases n° ....

3 Transposez ces phrases en prenant l'élément indiqué
en gras pour sujet et en omettant la source de l'action. **B**

*They have poisoned **the birds**. → **The birds** have been poisoned.*

1. In some districts farmers use **dogs** to find truffles.
2. Why didn't they mend **the roof** before it fell in?
3. Somebody told **me** he was leaving France in August.
4. The Court will find **him** guilty.
5. Somebody had polished **my shoes**.
6. Why did people throw **tomatoes and rotten eggs**?
7. Students may keep **books** for three weeks.
8. What did he write **it** with?
9. Somebody is cleaning **the room**.
10. They have changed **the date of the meeting**.

4 In the following dialogue, which verb is used in the passive voice?
Justify the use of the passive voice. Why is the agent unknown? **B**

Le passif : valeurs

John Lennon was killed by a lunatic.

Avec le passif, **on s'intéresse à celui qui subit l'action** (l'objet de l'action) et non à celui qui agit (source de l'action).
Le passif anglais se traduit assez souvent par « on » (**→ p. 126**).

A Comparez le passif et l'actif

John Lennon died in 1980.   *John Lennon died in 1980.*
***A lunatic** killed him.*   ***He** was killed **by a lunatic**.*
John Lennon est mort en 1980.   John Lennon est mort en 1980.
Un fou l'a tué.   Il a été tué par un fou.

Dans *A lunatic killed him*, *a lunatic* est sujet de *killed* et source de l'action.
Dans *He was killed by a lunatic*, *he* est l'objet (la victime) de l'action, *by a lunatic* est l'agent de l'action.

On préfère commencer une phrase par ce qui est connu ou par ce dont on parle déjà. C'est pourquoi *He was killed by a lunatic* est plus naturel ici : on parlait déjà de *he / John Lennon* *[John Lennon died in 1980]*.

B Le complément d'agent

1 **Le complément d'agent est introduit par** *by*. On parle de complément d'agent car le verbe est complété par un élément qui est l'agent de l'action. On remarque que dans les phrases passives **ce n'est pas le sujet du verbe qui fait l'action**.

*He was killed **by a lunatic**.*
sujet   *by* + complément d'agent

2 Cependant, **le complément d'agent s'emploie peu** soit parce qu'il est évident, soit parce qu'on ne le connaît pas.

The President has been reelected (by the voters).   *Your car has been stolen.*
Le Président a été réélu (par les électeurs).   Quelqu'un a volé ta voiture.

C Les verbes à double complément

Certains verbes *(buy, bring, give, lend, offer, promise, sell, send, teach, tell, write…)* **ont deux compléments d'objet : un complément d'objet direct et un complément d'objet indirect.**
Ils peuvent se construire de deux façons à l'actif et de deux façons au passif.

1 Structures actives

sujet	verbe	COI	COD
Leila	*gave*	*Fred*	*the keys.*

sujet	verbe	COD	préposition	COI
Leila	*gave*	*the keys*	*to*	*Fred.*

2 Structures passives

Soit le COI devient sujet (c'est le cas le plus courant), soit le COD devient sujet.

Fred was given the keys (by Leila).   *The keys were given to Fred (by Leila).*
sujet (COI de la phrase active)   sujet (COD de la phrase active)

44

1 Employez le verbe entre parenthèses au passif
ou à l'actif, au temps ou à la forme indiqués. **A** **B**

Présent ou infinitif
We (tell) ..... we (live) ..... in the age of the common man. He would (better describe) ..... as the suburban man. His books (choose) ..... for him by librarians, his dreams (realise) ..... for him in the cinema, his records (play) ..... for him by the B.B.C.; he (have) ..... cereals for breakfast, and he (like) ..... everything in moderation – beer, religion or tobacco. He (have) ..... a wife, a car and a child. He (collect) ..... facts as some (collect) ..... stamps, and (abhor) ..... excess in colour, speech or decoration. He is not vulgar. He is not the common man, but the average man, which is far worse.

After John Betjeman, *First and Last Loves*, 1969, D. R.

Prétérit
Each year up to the outbreak of World War Two, many sightings of the Loch Ness Monster (report) ..... and many photographs (take) ..... . During the war years no tourists (visit) ..... the region. The roads round the loch (use) ..... only by a few locals and the armed forces. Nessie (stop) ..... making news.
The monster-hunting season (open) ..... once more in 1947. That year, four people (report) ..... they had seen humps of a beast swimming in the loch.

The World's Greatest Mysteries/The World's Greatest Cranks and Crackpots © Octopus Books Ltd, 1980.

Infinitif
1. How could they (do) ..... that?
2. Could it (do) ..... in five minutes?
3. These paintings will (exhibit) ..... in London soon.
4. This wine should (open) ..... three hours before you drink it.
5. I couldn't (hear) ..... a word of what she said.
6. They were having a party and music could (hear) ..... from far away.

2 Transposez les phrases suivantes au passif en ne
mentionnant le complément d'agent que si c'est nécessaire. **B**

1. A hurricane destroyed the town.
2. The police shouldn't allow people to park here.
3. They took him for an Englishman.
4. A motorcycle knocked her down.
5. They will invite Mary but they won't invite Sarah.
6. You must keep dogs on lead in this public garden.
7. They have built over 100 new houses in this district.
8. Can't people do something about that?
9. A Chinese firm makes these cars.
10. A computer could do this much more quickly.

3 Transposez au passif en prenant pour sujet l'élément souligné. **C**

1. They showed <u>her</u> the easiest way to do it.
2. Someone sent <u>her</u> a dozen roses on her birthday.
3. Someone sent her <u>a dozen roses</u> on her birthday.
4. Someone will show <u>him</u> a recent photograph of the man.
5. Someone will show him <u>a recent photograph of the man</u>.
6. Someone has told <u>her</u> the whole story.
7. Someone has told her <u>the whole story</u>.
8. They must bring me <u>those letters</u> immediately.
9. Will they lend <u>him</u> enough money to finish his new house?
10. Will they lend him <u>enough money</u> to finish his new house?

Les verbes irréguliers

Voici quelques-uns des verbes irréguliers qui sont sources d'erreurs fréquentes au plan de la forme ou de la prononciation.
Pour une liste plus complète, reportez-vous au rabat arrière de cet ouvrage.

infinitif	prétérit	participe passé	traduction
beat /iː/	beat	beaten/beat (US)	*battre*
become	became	become	*devenir*
begin	began	begun	*commencer*
bite /aɪ/	bit /ɪ/	bitten	*mordre*
bring	brought	brought	*apporter*
buy	bought	bought	*acheter*
catch	caught	caught	*attraper*
choose	chose	chosen	*choisir*
cost	cost	cost	*coûter*
fall	fell	fallen	*tomber*
feel	felt	felt	*ressentir*
fight	fought	fought	*combattre*
flee	fled	fled	*fuir*
fly	flew	flown	*voler (avec des ailes)*
hear	heard	heard	*entendre*
hit	hit	hit	*frapper*
lay	laid	laid	*étendre/poser*
lead /iː/	led	led	*conduire*
lie	lay	lain	*être allongé*
lose	lost	lost	*perdre*
mean /iː/	meant /e/	meant /e/	*vouloir dire*
pay	paid /eɪ/	paid /eɪ/	*payer*
read /iː/	read /e/	read /e/	*lire*
ring	rang	rung	*sonner*
say /eɪ/	said /e/	said /e/	*dire*
show	showed	shown	*montrer*
sing	sang	sung	*chanter*
sit	sat	sat	*être assis*
spread /e/	spread	spread	*étaler*
steal	stole	stolen	*dérober*
strike	struck	struck/stricken (US)	*frapper*
swim	swam	swum	*nager*
teach	taught	taught	*enseigner*
think	thought	thought	*penser*
win	won	won	*gagner*
write	wrote	written /ɪ/	*écrire*

À noter

La forme irrégulière du prétérit n'apparaît qu'à la forme affirmative :
He said he was happy. What did he say? She didn't say he was happy.

1 Dans les textes suivants, repérez les verbes irréguliers. Donnez leur infinitif.

On the motorway they drove towards the January dawn, a sky of yellow light and dark cloud. Then as the bus careered through the rain and spray thrown up by the growing traffic, at seventy miles an hour, she began to cry. It came over her and she just let it happen. She tried to make as little noise as possible but the others on the bus heard her and looked round. It helped her to stop when she saw her distorted face reflected in the window. She had done it before – used the bathroom mirror in the same way. You just looked so awful, you stopped.

Bernard MacLaverty, *Grace Notes*, Vintage, 1997.

Bernard Mac Laverty was born in Belfast, where he worked for ten years as a medical laboratory technician before studying English at Queen's University. He then moved to Scotland and taught for a number of years. He now writes full time and lives in Glasgow.

2 Dans le texte suivant, repérez les verbes irréguliers. Donnez leur infinitif.

The train had flung behind the roofs and chimneys. They were swinging into the country, past little black woods and fading fields and pools of water shining under an apricot evening sky. Henry's heart began to thump and beat to the beat of the train. He couldn't leave it like that. She sat so quiet, hidden in her fallen hair. He felt that it was absolutely necessary that she should look up and understand him – understand him at least. He leant forward and clasped his hands round his knees.

Katherine Mansfield, *Something Childish But Very Natural*, 1914.

3 Mettez les verbes entre parenthèses à la forme qui convient.

1. When did you (leave) ...... ?
2. They (live) ...... in Chicago for two years, then (leave) ...... to settle in Seattle.
3. Yesterday I (lie) ...... in bed till eleven.
4. He (lay) ...... his briefcase on the desk and sat down.
5. Lots of Irish people (flee) ...... their country at the end of the nineteenth century.
6. I'll help you if you're (stick) ....
7. I was (strike) ...... by his intelligence.
8. I can (stroke) ...... my cat Ophelia for hours on end.
9. We've got the deal all (sew) ...... up.
10. What she told me has (sow) ...... seeds of doubts in my mind.
11. One of the Dalton Brothers had tried to (saw) ...... the bars of his cell in order to escape.
12. There was a storm, so we (seek) ...... shelter under a big tree.
13. This silk jumper has (shrink) ....
14. They have (forecast) ...... dry spells.
15. They were (lead) ...... to the conclusion that he had killed his wife.
16. When I heard the news, I (fly) ...... into a temper and my sister (burst) ...... into tears.
17. I have (ring) ...... up several times but (get) ...... no answer.
18. The door (swing) ...... open: he came in.
19. He was safe now: he (feel) ...... a great sense of relief.
20. What happened to him? He (fall) ...... down the stairs.

Les modaux (généralités) : *may, can, must, shall, will*

He must obey.
He must be older than that.

Les modaux ont un fonctionnement particulier dans le système verbal anglais.
• Ils ne prennent **pas de -s** à la troisième personne du singulier.
• Ils sont **toujours suivis de la base verbale** : ils ne sont jamais suivis de *to* + verbe, ni de V-*ing*.
• Ils ne sont **jamais précédés de** *to*.
• On ne trouve **jamais modal + modal**.
• Ils ne s'emploient jamais avec l'auxiliaire *do* :
 – à la forme négative, on a **sujet + modal + *not* + verbe** : *He may not come.*
 – à la forme interrogative, on a **modal + sujet + verbe** : *Will he come?*
• Il n'existe **pas de participe passé** formé sur les modaux.

A Que signifie le mot « modal » ?

1 Le terme « modal » est lié au mot « mode », qui évoque l'idée de **manière**. Avec un modal, le locuteur exprime une **manière de considérer** une action ou un état.

He must be home.	*She can speak Chinese.*	*You must apologize.*
Il doit être à la maison.	Elle sait parler chinois.	Tu dois t'excuser.
[probabilité]	[capacité]	[obligation]

2 Les modaux permettent donc de commenter une action ou un état.
On rencontre deux types de commentaires.

• **Cette action ou cet état peut être considéré** comme très certain, certain, peu certain, incertain, très incertain...
• **Le sujet peut être considéré** comme capable de, incapable de, obligé de, invité à, autorisé à réaliser ce que décrit le verbe (et ses compléments).

B Quels sont les modaux de l'anglais ?

formes du présent	*may*	*can*	*must*	*shall*	*will*
formes du prétérit	*might*	*could*		*should*	*would*

Might, could, should et *would* sont des formes de prétérit, comme le montrent le *t* de *might* et le *d* de *could, should* et *would*. Attention toutefois, **ces prétérits se traduisent le plus souvent par un conditionnel**. *Must* étant à l'origine un prétérit, il n'existe pas de forme du prétérit de *must*.

C Les formes contractées

1 Après un pronom, *will* est souvent contracté en *'ll* et *would* est souvent contracté en *'d*.

2 À la forme négative, on trouve les formes contractées suivantes :

cannot → *can't*		*could not* → *couldn't*
shall not → *shan't* /ʃɑːnt/		*should not* → *shouldn't*
will not → *won't* /wəʊnt/		*would not* → *wouldn't*
must not → *mustn't* /mʌsnt/		

Cannot s'écrit le plus souvent en un seul mot. *Can't* est plus fréquent que *cannot*.
Pour la prononciation des modaux, → **p. 166**.

Soulignez les phrases dans lesquelles l'emploi
d'un modal serait possible en anglais. **A**

Il est très intelligent. → Fait brut. Pas de modal.
Il est sans doute très intelligent. → Commentaire « sans doute ». Emploi possible d'un modal.

1. Il m'aide tous les jours à charger le lave-vaisselle.
2. Tu pourrais m'aider, non ?
3. J'ai changé trois fois d'imprimante et ça ne marche toujours pas.
4. Il faut que tu changes d'imprimante, celle-ci est complètement dépassée.
5. Je dois partir à cinq heures ?
6. Il est possible que je sois en retard.
7. Il s'en moque.
8. Peut-être qu'il s'en moque.
9. Il a oublié.
10. Il a sans doute oublié.

 Écoutez les phrases enregistrées sur le site et repérez
pour chacune d'entre elles le modal employé (→ **fiche 79**). **B** **C**

1. ....   2. ....   3. ....   4. ....   5. ....
6. ....   7. ....   8. ....   9. ....   10. ....

 Relisez l'introduction de la page de gauche, puis transposez
les phrases suivantes à la forme interrogative et à la forme négative.

1. Yes, he could come.
2. Yes, they can speak French.
3. Yes, she may go out after 10.
4. Yes, we must answer.
5. Yes, you should write to him.
6. Yes, she will forget him.
7. Yes, I would like to hear from him.
8. Yes, you should have told him.
9. Yes, he could have warned them.
10. Yes, he could run very fast if he tried.

Relisez l'introduction de la page de gauche. Dans les phrases suivantes,
peut-on employer un modal ? Barrez les phrases où cet emploi est impossible
et dites pourquoi.

She ... to buy this book. → Modal impossible (présence de to).
She ... buy this book. → Modal possible.

1. You ...... to call me soon.
2. You ...... call me soon.
3. No man ...... to do this.
4. ...... you repeat slowly, please?
5. He said he ...... call on Sunday.
6. It ...... rather hard to explain.
7. It ...... not made much difference.
8. I just ...... not get away.
9. Brian ...... coming back on Tuesday.
10. You ...... go to Great Britain in order to ...... speak English fluently.

Can, can't, could et la capacité

A Formes

1 Au présent, on trouve *can* à toutes les personnes dans les affirmations, *cannot/can't* à toutes les personnes dans les négations.

2 Au prétérit, on trouve *could* à toutes les personnes dans les affirmations, *could not/couldn't* à toutes les personnes dans les négations.

B Expression de la capacité avec *can*

1 Le sens général de *can* est lié à **la capacité**, à **l'aptitude du sujet**. Il se traduit très souvent par « **pouvoir** »/« **savoir** ».

Help me if you can.
Aide-moi si tu peux.

She can swim.
Elle sait nager.

Cigarettes can seriously damage your health.
Les cigarettes peuvent nuire gravement à votre santé.

2 Attention : les **verbes de perception** s'emploient souvent avec le modal *can*. Dans ce cas, on n'utilise pas « pouvoir » en français.

*I **can** see you're not feeling well.*
Je vois bien que tu ne te sens pas bien.

Can you hear me?
Vous m'entendez ?

3 *Cannot/can't* exprime une **incapacité**.

I can't do it.
Je ne peux pas le faire.

She can't come tomorrow.
Elle ne peut pas venir demain.

C Expression de la capacité avec *could*

1 *Could* peut exprimer une **capacité dans le passé** et *couldn't* une **incapacité dans le passé**. Avec les verbes de perception, on emploie souvent *could*.

*I was so tired I **couldn't** get up.*
J'étais tellement fatigué que je n'ai pas pu me lever.

*We **could** smell something burning.*
On sentait que quelque chose brûlait.

2 *Could* peut aussi exprimer une **capacité hypothétique**. Il se traduit dans ce cas par le **conditionnel** (pourrais, pourrait, pourrions, pourriez, pourraient).

You could succeed if you worked harder.
Tu pourrais réussir si tu travaillais davantage.

Could you do this exercise in two minutes?
Vous pourriez faire cet exercice en deux minutes ?

3 *Could* + *have* + **participe passé** correspond en français à « aurais (aurait...) pu » + infinitif. Cette structure exprime une capacité non réalisée dans le passé.

Your children could have helped you.
Vos enfants auraient pu vous aider.

[Deux interprétations possibles : ou bien les enfants auraient été physiquement capables d'aider, ou bien on leur reproche de ne pas l'avoir fait.]

1 Transposez les phrases suivantes en utilisant les amorces. **A**

1. He is clever, he can stand on his head. *When he was younger*…
2. She can sing quite well. *At six years old*…
3. He can speak four different languages. *He told me that*…
4. He can't come. Yesterday he was ill: *he*…
5. Can you call her? … *when you were in London?*

2 Employez *could* dans les réponses. **A**

1. "What shall we have for dinner?" "I don't know, perhaps we (go) …… to the restaurant?"
2. "What shall I say?" "You (tell) …… her the truth."
3. "What programme shall we watch?" "We (watch) …… Channel 4."

3 Employez *could have* + participe passé dans les réponses. **C**

1. "Did you have dinner at home last night?" "Yes but we (dine out) …… !"
2. "So he lied to her." "Yes, he (tell) …… her the truth."
3. "The film was boring." "So it was but you (watch) …… another channel."

4 Écoutez ce *tongue twister* sur le site, puis relisez-le vous-même à voix haute le plus vite possible. Attention à la prononciation de *could*. **C**

> How much wood would a woodchuck[1] chuck[2]
> if a woodchuck could chuck wood?
> He would chuck, he would, as much as he could,
> and chuck as much wood as a woodchuck would
> if a woodchuck could chuck wood.

1. une marmotte 2. lancer

5 Faites correspondre les phrases et les traductions de *can/could*. **B** **C**

Could you lend me $10? → vous pourriez…

1. You can talk to teenagers, talk at teenagers, talk about teenagers, but can you really talk with them?
2. If you hadn't lost your passport, you could easily have gone home.
3. In those days, you could not tell your parents any of this.
4. Perhaps you could send an email, that would be quicker.
5. I can see she is not very happy with her lot.

- *vous pourriez*…
- *vous pouvez*…
- *vous auriez pu*…
- *vous pouviez*…
- can *non traduit dans ce cas*

6 Employez *could (couldn't)* ou *could have*. **C**

1. You didn't come, but I know you (come) …… .
2. He didn't call me for my birthday. I think he (call) …… me.
3. I don't want to call him, and yet I (call) …… him.
4. He was so busy that he (write) …… to her.
5. …… (we/meet) some time?

7 Traduisez en français les phrases de l'exercice 5. **B** **C**

22 Can, be able to et la capacité

She's able to help.

Valeur de *be able to*

Be able to signifie **être capable de faire quelque chose physiquement ou intellectuellement**. À la forme négative, on trouve soit *not be able to*, soit *be unable to*.

I'm able to help them.
Je suis capable de les aider.

I'm not able/I'm unable to tell the truth.
Je ne suis pas capable de dire la vérité.

Can ou *be able to* ?

1 Pour renvoyer au **présent**, quand *can* signifie « être capable de », on peut employer soit *can*, soit *be able to*. Cependant, *can* est plus fréquent.

She's able to help you if necessary.
Elle est capable de vous aider, si nécessaire.

She can help you if necessary.
Elle peut vous aider, si nécessaire.

Quand *can* ne signifie pas « être capable de », on ne peut pas le remplacer par *be able to*.

She can speak German.
Elle parle l'allemand. [aptitude]

Cigarettes can damage your health.
Les cigarettes peuvent nuire à votre santé. [propriété]

2 Pour renvoyer au **passé**, on emploie soit *could*, soit *was/were able to*.

When I was young I was able to read/I could read without glasses.
Quand j'étais jeune, je pouvais lire sans lunettes.

• Toutefois, **avec les verbes de perception** (*see, hear…*), on n'emploie pas habituellement *was/were able to*.

I could see they were unhappy. [Et non ~~I was able to~~… ici.]
Je voyais qu'ils étaient malheureux.

• **Pour signaler une capacité à un moment précis**, on emploie plutôt *was/were able to* dans les phrases affirmatives. Comparez :

*She **was able to** repair her car this morning.*
Elle a pu réparer sa voiture ce matin.
[Capacité à un moment précis.]

She could/was able to repair her car in those days.
Elle savait réparer sa voiture à l'époque.
[Capacité non limitée à un moment.]

Dans les phrases négatives, on emploie indifféremment *wasn't/weren't able to* ou *couldn't*.

À noter

Could est aussi le conditionnel de *can*.
« Tu pourrais »… ➡ *You could/You would be able to…*

3 *Be able to* **est obligatoire** lorsque l'emploi de *can* est impossible, à savoir : **après un modal**, après *to*, au *present perfect* et au *past perfect* et dans une **structure en V-*ing***.

*Some day he **will be able to** forget her.*
Un jour il pourra l'oublier.

*I'd like **to be able to** sing.*
J'aimerais pouvoir chanter.

*She's never **been able to** lie.*
Elle n'a jamais pu mentir.

*She had never **been able to** lie.*
Elle n'avait jamais pu mentir.

*Sorry for not **being able to** solve your problem.*
Désolé(e) de ne pas pouvoir résoudre votre problème.

1 Utilisez *can (can't)* ou *be (been) able to.* **B**

1. Ask him, he should ..... help you.
2. I ..... hardly believe it.
3. I'm sorry I won't ..... come.
4. She has everything money ..... buy.
5. I've not ..... sleep very well recently.

6. Don't shout, I ..... hear you very well.
7. How ..... you possibly imagine that?
8. Will he ..... continue his journey?
9. I'm locked in! I ..... get out!
10. Once I've passed my test I'll ..... hire a car.

2 Complétez les phrases en utilisant *could* ou *was (were) able to.* **B**

1. My mother ..... play the piano very well.
2. Fortunately, he ..... open the door before the car fell into the sea.
3. She was an excellent player. She ..... beat anybody.
4. They had a spare key so they ..... start the car.
5. At five years old, she ..... read very well.
6. I was near the stage. I ..... see and hear very well.
7. I had forgotten my keys, fortunately my son was awake so I ..... get in without waking everybody up.
8. The police were very suspicious but he ..... convince them that he was not guilty.

3 Traduisez en anglais. **A** **B**

1. Tu pourrais m'aider ?
2. Je ne pouvais pas l'oublier.
3. Il aurait pu lui dire.
4. Il peut s'en tirer *(manage)* tout seul.
5. On ne pouvait pas trouver un meilleur endroit.

6. On n'aurait pas pu trouver un meilleur endroit.
7. Je n'ai pas pu le joindre *(contact)*.
8. Je ne pourrai pas venir.
9. Que puis-je faire pour vous ?
10. Il n'arrivait pas à comprendre.

4 Dans la légende de ce dessin, peut-on remplacer *Could I do this?* par :
- *Can I do this?*
- *Was I able to do this?*
- *Would I be able to do this?*
- *Could I have done this?*

Pourquoi ? **A** **B**

"Look, if it was electric, could I do this?"

23 *May, can, be allowed to* et la permission

> *You can call me Ted. Josh may use his mother's sports car.*
> *We're not allowed to stay here.*

A

Can/may et l'autorisation

1 *Can* est fréquemment employé pour **demander une autorisation**. On peut aussi utiliser *could*, qui est plus poli. Dans un style soutenu, on emploie *may* pour demander ou accorder une permission. Dans une question, *may* est considéré comme plus poli que *can* car avec *can*, on suppose que la réponse sera positive.

Can/Could I borrow your mobile phone?
Je peux/Je pourrais t'emprunter ton portable ?

May I borrow it?
Puis-je l'emprunter ?

2 On **accorde une permission** à l'aide de *can* ou de *may*.

"Could I borrow it?" "Yes, you can."
« Je pourrais l'emprunter ? – Oui. »

You may go now.
Vous pouvez partir maintenant.

3 *Can't* et *may not* expriment une **interdiction**.

You can't smoke here.
Vous ne pouvez pas fumer ici.

You may not smoke here.
Vous n'avez pas le droit de fumer ici.

B

Dans quels cas utiliser *be allowed to* ?

1 *Be allowed to* signifie « être autorisé(e) à »/« avoir le droit de ». Cette tournure provient du verbe *allow* /əˈlaʊ/, « autoriser ». L'autorisation a un caractère officiel.

You're not allowed to park here.
Vous n'avez pas le droit de vous garer ici.

2 *Be allowed to* s'emploie quand *may* ou *can* est impossible, à savoir : après un **modal** (en particulier *will* et *would*), après *to*, au **present perfect** et au **past perfect** et pour renvoyer au **passé**.

We won't be allowed to stop on the way.
Nous ne pourrons pas/Nous n'aurons pas le droit de nous arrêter en chemin.

I'd like to be allowed to come.
J'aimerais avoir le droit de venir.

These children have never been allowed to see their grandparents.
Ces enfants n'ont jamais eu le droit de voir leurs grands-parents.

We were allowed to visit the castle.
Nous avons pu/Nous avons eu le droit de visiter le château.

[On n'emploie pas *might* car *might* correspond à un conditionnel : *we might* = « nous pourrions » → p. 58.]

À noter

« Tu pourras/tu auras le droit de… » ➞ *You will be allowed to…*

« Tu pourrais/tu aurais le droit de… » ➞ *You would be allowed to…*

3 Comparez trois façons de dire « Tu peux fumer ici. »

You can smoke here.
[Pas de problème, tu as le droit.]

You may smoke here.
[On t'autorise à fumer. C'est le locuteur qui autorise.]

You are allowed to smoke here.
[On t'autorise officiellement à fumer. C'est un règlement.]

1 Mettez en relation les éléments proposés en employant *may, can, be allowed to* ou *may not, can't, not be allowed to*. (Il y a plusieurs possibilités.) **A B**

1. You are sixteen : you/get into the casino
2. People/drink Coca Cola on the premises
3. You/get in if you don't have a valid ID
4. He/film the gamblers with a video recorder but he/take photos
5. People/carry a gun in the casino

IN ORDER TO MAKE SURE
YOU HAVE A GREAT TIME,
PLEASE NOTE THE
FOLLOWING:

◆ NO SOLICITATION
◆ MUST BE 21 OR OLDER
◆ NO FIRE ARMS
◆ ALCOHOLIC BEVERAGES NOT PERMITTED
◆ VIDEO RECORDERS PROHIBITED
◆ CLOSED CIRCUIT TV IN USE 24 HOURS A DAY
◆ MUST POSSESS A VALID ID UPON REQUEST

EMPLOYER

2 Traduisez en anglais en utilisant *may, can* ou *could*. **A B**

1. Est-ce que je pourrais parler à Simon ?
2. Je peux t'emprunter ton stylo ?
3. Puis-je voir votre passeport ?
4. Est-ce que je peux voir la photo de ton passeport ?
5. Puis-je entrer ?
6. On peut partir maintenant ?
7. On a le droit de partir maintenant ?
8. Est-ce que je pourrais avoir l'addition ?
9. Je peux avoir son adresse ?
10. Est-ce que je pourrais avoir le sel ?

3 Complétez ces phrases en employant *can/can't, may/may not* ou *could*. **A B**

1. You ...... park here: there's a double yellow line.
2. "Could I call her tomorrow?" "Yes, you ...."
3. Candidates ...... use a dictionary.
4. They must wear a uniform: they ...... dress as they please.
5. When I was a child I ...... play as long as I had finished my homework.
6. You ...... use your laptop: the plane is going to land.
7. "Could I switch channels?" "No, you ......, this is my favourite serial."
8. He has been drinking: he ...... drive now.

4 Employez *may, can, could* ou *be allowed to* à la forme qui convient. **A B**

1. You ...... go now.
2. You will not ...... leave before you have finished.
3. She ...... not go out on her own after 11.
4. He hasn't ...... get into the pub: he is too young.
5. They'd like to ...... choose what subject they want to study.
6. If you were older, you would ...... go on your own.
7. Very exceptionally he ...... stay up until 12.
8. He was a happy child: he ...... ask all the questions he wanted.
9. In Summerhill, the pupils were very free: they ...... attend the lessons they wanted.
10. This year, on Christmas Eve, Lara ...... stay up until midnight.

A — Must et le quasi-certain

1 Avec *must*, le locuteur est **quasiment sûr de ce qu'il avance**. *Must* se traduit très souvent par « devoir ».

You look like Harris. You must be his father.
Vous ressemblez à Harris. Vous devez être son père.
[Vous êtes sûrement son père.]

He must be rehearsing at this time of day.
Il doit être en train de répéter à cette heure-ci de la journée.
[*Be* + V-*ing* (*be rehearsing*) est utilisé pour décrire une activité *(rehearse)* en cours.]

2 Lorsque le quasi-certain concerne le passé, on emploie **must** + **have** + **participe passé**. On traduit à l'aide de l'auxiliaire « avoir » + « dû » + verbe à l'infinitif.

They must have missed their train.
Ils ont dû rater leur train.

3 Ne confondez pas **must** = expression du **quasi-certain** et *must* = expression du **devoir**. Le verbe « devoir » possède également ces deux sens. Quand « devoir » exprime le quasi-certain, on le traduit par *must*. Quand il signifie « il faut que », on peut le traduire par *must* ou *have to* (**→ p. 60**).

Tu dois avoir faim. *You must be hungry.*

Tu dois manger si tu veux grandir. *You have to eat/You must eat if you want to grow up.*

B — Le quasi-certain négatif : *can't/couldn't*

1 Le **quasi-certain négatif** est exprimé à l'aide de **can't** ou **couldn't**.

The doorbell's ringing, but it can't be Judith, she's in London.
On sonne à la porte, mais ça ne peut pas être Judith : elle est à Londres.

It can't be true.
Ça ne peut pas être vrai./C'est impossible.

Avec *can't* et *couldn't*, on dit qu'on ne croit **vraiment pas** que quelque chose puisse se produire.

Oh, no. Nathan couldn't be at Mike's place.
Oh, non. Ce n'est pas possible que Nathan soit chez Mike.

2 Pour renvoyer au passé, on emploie **can't/couldn't** + **have** + **participe passé**.

They can't have missed their train.
Il n'est pas possible qu'ils aient raté leur train.
[*Can't* + *have* + participe passé est utilisé pour dire que quelque chose n'a pas pu se produire dans le passé.]

She can't/couldn't have said that.
Il n'est pas possible qu'elle ait dit ça./Elle n'a pas pu dire ça.

1 Read the dialogue.
In which sentence does "must" express near certainty? **A** **B**

COMPARER

2 Associez les phrases suivantes à une traduction de « devoir » :
must + V, *must* + *be* + V-*ing* ou *must have* + participe passé. **A**

Il doit être en train de pianoter sur son ordinateur. → *must be* + V-*ing*

1. Il doit se lever tôt.
2. Il a dû manquer son avion.
3. Est-ce que tu dois partir maintenant ?
4. Je dois être au lycée à huit heures.
5. Il doit être en train de réparer sa moto.
6. Tu ne dois pas mentir.
7. Tu as dû avoir peur !
8. Elle doit être dans sa chambre.
9. Nous devons rentrer à huit heures.
10. Tu dois avoir beaucoup travaillé pour avoir une telle note !

EMPLOYER

3 Complétez les phrases suivantes avec *must*
ou *can't* suivis de la construction appropriée. **A** **B**

1. "Where's Cindy?" "I can hear noises in her room: she (be) ...... upstairs."
2. "What about John?" "He is very quiet: he (watch) ...... television in the living room."
3. They have never met: they (know each other) ....
4. She's in a difficult situation: it (be) ...... easy for her.
5. He was in but didn't hear the phone. He (be) ...... asleep.
6. I can't find my keys. I (leave) ...... them on my desk.
7. I can hear the radio full blast in his room: he (study) ....
8. He knew about the whole thing: someone (tell) ...... him.
9. I'm sure I told him several times: he (forget) ....
10. "It took him five minutes." "Five minutes! It's impossible, he (do) ...... it that fast!"

25 Le possible : *may, might, could*

A May, might

1 *May* et *might* permettent de dire que **quelque chose est possible**. *May* se traduit souvent par « pouvoir » au présent et *might* par « pouvoir » au conditionnel.

Malik may be in his room.
Malik est peut-être dans sa chambre./Il se peut que Malik soit dans sa chambre.

They might come, but it's not very likely.
Il se pourrait qu'ils viennent mais ce n'est pas très probable.

2 Ne confondez pas *may* + verbe *be* et *maybe*, synonyme de *perhaps* (peut-être).

Maybe Malik is in his room.
Peut-être que Malik est dans sa chambre.

B Could

Could exprime une **déduction logique**. On a souvent recours à « peut-être » pour traduire cet emploi de *could*. *Could* est très proche de *might* dans ce cas.

It could be true.   *"Where's Nathan?" "He could be at Mike's (place)."*
Cela pourrait être vrai.   « Où est Nathan ? – Il est peut-être chez Mike. »

C Modal + *be* + V-*ing*, modal + *have* + participe passé

1 Si le possible porte sur une activité en cours, on emploie *be* + V-*ing*.

*They **may play** rugby.*
Il se peut qu'ils jouent au rugby (qu'ils soient rugbymen).

*They **may be playing** rugby.*
Ils jouent peut-être au rugby en ce moment.

2 Si le possible concerne le **passé**, on emploie *may* + *have* + participe passé.

They may have missed their train.
Ils ont peut-être raté leur train./Il se peut qu'ils aient raté leur train.

3 ***Might/could*** + ***have*** + **participe passé** signale que quelque chose aurait pu se produire dans le passé.

She could have won the beauty contest, only she didn't give a damn.
Elle aurait pu remporter le concours de beauté, mais elle s'en fichait complètement.

They might have had an accident, driving so fast.
Ils auraient pu avoir un accident, en conduisant si vite.

D Synthèse : *may, might, could* comparés à *must*

Avec *must*, le locuteur est quasiment certain de ce qu'il déduit (→ **p. 56**). Avec *may*, *might* et *could*, ce qu'il avance est simplement possible.

He may be late.   *He must be late.*
Il est peut-être en retard.   Il doit être en retard.

He may have told her.   *He must have told her.*
Il se peut qu'il le lui ait dit.   Il a dû le lui dire.

1 Repérez le degré de certitude en soulignant l'expression française qui l'indique. Faites correspondre un des modaux suivants : *could, must, might, may, can't.* **A** **B** **D**

Il a sans doute oublié. → *must*

1. Je ne sais pas trop, je viendrai peut-être.
2. Ça n'est pas possible qu'ils se soient perdus.
3. Il est sans doute parti à l'heure qu'il est.
4. Étant donné les circonstances, ça pourrait arriver plus tôt qu'on ne le pense.
5. Je serai peut-être en avance.
6. J'imagine qu'il risque d'y avoir du retard.

2 Traduisez en français. **A** **B** **C** **D**

1. There might be a crowd, we'd better be early.
2. I may never see you again.
3. "I phoned you this morning but got no answer." "I'm sorry. I must have been in the garden."
4. "I saw him yesterday." "You can't have seen him. He is abroad at the moment."
5. "That could very well be my brother. He calls me every day at six."
6. It could take you about an hour.
7. She may not have heard.
8. Could there be a different solution?
9. They must be having lunch.
10. He must be over seventy.

3 Écoutez les neuf phrases enregistrées sur le site puis classez-les en trois rubriques : quasi-certain • possible • quasi-certain négatif (→ fiche 24). **A** **B** **C** **D**

quasi-certain : .... • possible : .... • quasi-certain négatif : ....

4 Mettez le verbe donné entre parenthèses à la forme qui convient : base verbale, *be* + V-*ing* ou *have* + participe passé. **A** **B** **C** **D**

1. My computer doesn't work. There must (be) ...... something wrong with it.
2. As I switched on my computer there was an explosion. There must (be) ...... something wrong.
3. I can't find my cellular phone. I must (leave) ...... it at the restaurant.
4. He can't (surf) ...... on the Internet, not at this time of night!
5. I might (take) ...... a break around Christmas.
6. "It's only five, and we're home! Our plane was really early. Do you happen to know where Jane is?" "Well, she might (wait) ...... for us at the airport."
7. "Don't be so hasty! You could (make) ...... a big mistake."
8. "I can't figure out why he didn't come." "He may (change) ...... his mind."
9. He has not fully recovered *(récupéré)* yet, he may (not/enter) ...... the competition.
10. So, he says £9,000. That's far too much. He must (joke) ....

5 Réécrivez les phrases suivantes en employant *may* + V, *may* + *be* + V-*ing*, *may* + *have* + participe passé ou *may* + *have been* + V-*ing*. **A** **B** **C** **D**

1. Perhaps he is ill.
2. Perhaps she will come tomorrow.
3. Perhaps he's watching TV.
4. Perhaps he saw her yesterday.
5. Perhaps they had an early breakfast.
6. Perhaps you were dreaming.
7. Perhaps it's not working.
8. Perhaps he told her the truth.
9. Perhaps he was listening.
10. Perhaps it was right.

26

L'obligation : *must* et *have to*

> *You must tell me why.*
> *You have to wear a uniform in that profession.*

A

Must et l'obligation

Pour dire que quelque chose est **nécessaire ou obligatoire**, on emploie souvent *must*. Il se traduit alors par « devoir » (ou « il faut que »). Attention à ne pas confondre cet emploi de *must* avec *must* expression du quasi-certain (**→ p. 56**).

You must brush your teeth regularly.
Tu dois te brosser les dents régulièrement.

The government must do something against unemployment.
Le gouvernement doit faire quelque chose contre le chômage.

B

Have to ou *must* ?

Pour réviser les formes de *have to* et de *have got to*, reportez-vous au tableau 6 (**→ p. 178**). **Seul *have to* se conjugue avec *do*** (*they **don't** have to* mais *they **haven't** got to*).

1 **Au présent, on a le choix entre *must* et *have to*.** Quand l'obligation émane de celui qui parle, on préfère employer *must*. Autrement, on préfère *have to*.

Men have to do military service in most countries.
Les hommes doivent faire leur service militaire dans la plupart des pays. [C'est la loi.]

Sweetie, you must say hello to grandma.
Mon chéri, tu dois dire bonjour à Mamie. [Tu le dois, et je le veux.]

> ### À noter
>
> On emploie aussi *is/are to* pour donner des ordres, notamment à des enfants.
> *You're not to do that.*
> Tu ne dois pas faire ça.

2 *Have to* est obligatoire lorsque *must* est impossible, à savoir : **après un modal** (en particulier après *will* et *would*), **après *to*, pour renvoyer au passé** (*had to*), **au *present perfect* et au *past perfect*** (*have (has), had to/had had to*).

*You **will have to** call the inspector.*   *It's difficult **to have to** lie.*
Il faudra que vous appeliez l'inspecteur.   C'est difficile de devoir mentir.

*We **had to** visit my in-laws every Sunday.*
Nous devions rendre visite à ma belle-famille tous les dimanches.

*If I **had had to** take all those pills, I would have been even sicker.*
Si j'avais dû prendre tous ces comprimés, j'aurais été encore plus malade.

> ### À noter
>
> Quand « devrais, devrions... » exprime un conseil, on le traduit par *should* (**→ p. 66**).
> Quand il signifie « serais, serions... obligé(es) de », on le traduit par *would have to*.
> Tu devrais travailler si je quittais mon emploi.
> *You would have to work if I left my job.*

3 *Must not (mustn't)* exprime l'**interdiction**, *don't have to* une **absence d'obligation** (comme *needn't*) et se traduit par « ne pas être obligé(es) de... ».

*You **don't have to** sign it.*   *You **mustn't** sign it.*
*You **needn't** sign it.*   Tu ne dois pas le signer.
Tu n'es pas obligé(e) de le signer.   [C'est une interdiction.]

1 Complétez les phrases suivantes avec *must* ou *have to*. **A B**

1. We ...... be at school before eight.
2. Our plane leaves at 12. We ...... be at the airport two hours before the time of departure.
3. You ...... see this film: it's excellent.
4. "I can't come now." "You ...... come, he's very ill."
5. When you work, you ...... pay taxes.
6. You'd ...... be fluent in English if you really wanted the job.

2 Exprimez la notion indiquée à l'aide de *must* ou *have to*. **A B**

1. You ...... work harder. *(obligation présente)*
2. I ...... show my passport. *(obligation passée)*
3. You ...... drive on the left if you go to Australia. *(obligation future)*
4. (I/leave) ...... my camera at the desk? *(obligation présente/règlement)*
5. (he/write) ...... a report? *(obligation future)*
6. (you/give) ...... your credit card number? *(obligation passée)*
7. (you/leave) ...... now? *(obligation présente)*
8. (she/be home) ...... by eleven? *(obligation passée)*

3 Traduisez les phrases suivantes. **A B**

1. Il faut que tu montres que tu as confiance en toi.
2. À cette époque, on obligeait les élèves à apprendre par cœur.
3. Tu vas être malade : tu n'es pas obligé de manger autant.
4. Si tu veux maigrir, tu ne dois pas manger autant.
5. Il a tellement insisté que j'ai dû aller le voir deux fois cette semaine.
6. Combien de temps a-t-il fallu que tu attendes ?
7. Pourquoi faut-il toujours qu'elle se plaigne ?
8. Il faudra partir tôt pour éviter les embouteillages.
9. Je dois dire qu'elle est très intelligente.
10. Il faut vraiment que je le rencontre ?

4 Interdiction ou absence d'obligation ? Réagissez
aux situations évoquées en employant *must not* ou *don't have to*. **B**

Nous sommes très en avance. *(we/hurry)* → *We don't have to hurry.*
Le bord de la piscine est glissant. *(you/run)* → *You must not run.*

1. Le train est déjà à quai. *(we/wait)*
2. Il est malade. *(you/disturb him)*
3. J'entends parfaitement. *(you/shout)*
4. C'est une fête très décontractée. *(you/wear anything special)*
5. Il est trop gâté. *(you/offer him another toy)*
6. C'est un jour férié. *(we/get up early)*
7. J'ai tout compris. *(you/repeat)*
8. C'est un secret entre toi et moi. Je compte sur toi. *(you/tell him)*
9. Si tu lui dis, ça lui fera de la peine. Tu peux ne rien dire. *(you/tell him)*
10. Il a trop bu. *(he/drive)*

I would love to meet your parents.

A

Would instrument du conditionnel

1 *Would* est très souvent utilisé comme **instrument du conditionnel**. On l'emploie à toutes les personnes : *I would do it.* (Je le ferais.)/*He would do it.* (Il le ferait.)/*They would do it.* (Ils le feraient.)
They would buy the house if they had enough money.
Ils achèteraient la maison s'ils avaient assez d'argent.

2 En anglais britannique, on trouve aussi *should* à la première personne *(I should do it)*, mais de moins en moins. *Should* est surtout employé avec le sens de « devoir » au conditionnel (devrais, devrait, devrions, devriez, devraient).

B

Would et le conditionnel en français

On emploie *would* + verbe de la même façon que le conditionnel en français.

1 Avec les propositions en *if* + **prétérit**.
You would need a passport if you were American. [*if* + prétérit]
Vous auriez besoin d'un passeport si vous étiez Américain.

2 Pour **demander** ou **offrir** quelque chose de façon polie.

I'd like some advice.   *Would you like some wine?*
J'aimerais un conseil.   Voudriez-vous du vin ?

3 Comme équivalent de *will* + verbe après un verbe au **passé**.
Paula said she would arrive late.
Paula a dit qu'elle arriverait en retard.
[Discours indirect. Au style direct, on aurait : *(Paula said,) "I will arrive late."*]

Attention : on n'emploie pas *would* mais le **prétérit** après les conjonctions de temps *when* (quand), *as soon as* (dès que), *until* (jusqu'à ce que).
*My cousin promised to phone **as soon as she had** some news.*
Ma cousine a promis de téléphoner dès qu'elle aurait des nouvelles.

Notez l'emploi de *would* + verbe après *I wish*. On peut aussi employer le prétérit.
*I wish you **wouldn't drive/didn't drive** so fast.*
J'aimerais que tu ne conduises pas si vite.

4 *Would* + *have* + participe passé traduit le conditionnel passé (« aurais/aurait… » + participe passé) : *I **would have eaten**.* (J'**aurais** mangé.)/*They **would have eaten**.* (Ils auraient mangé.)
Would have + participe passé exprime le non réel dans le passé.
*I **would have done** it if I had known.*
Je l'aurais fait si j'avais su.

À noter

should [conseil]	*could* [capacité]	*might* [possibilité théorique]
devrais, devrions…	pourrais, pourrions…	pourrais, pourrions…
You should try again.	*We could move the furniture.*	*He might pass.*
Tu devrais essayer à nouveau.	On pourrait déplacer les meubles.	Il pourrait réussir./ Il se pourrait qu'il réussisse.

1 Remplacez *'d* par *had* ou *would*. **A** **B**

1. I'd say it's impossible.
2. He'd met her five years before.
3. If he'd known, he'd have done it.
4. I wish you'd stop.
5. I wish you'd stopped.

REPÉRER

2 Justifiez l'emploi de *would* dans le dialogue suivant. **A** **B**

EMPLOYER

3 Complétez les phrases en employant
would + V ou *would have* + participe passé. **A** **B**

1. ...... you (do) me a favour?
2. If they had left at six, they (be) ...... early.
3. If we left at six, we (be) ...... early.
4. She was very pessimistic. She thought she (never/succeed) ....
5. ...... you (like) to join us for a drink?
6. He made her suffer. She (like) ...... never to have met him.
7. If you had called them they (not/forget) ....
8. I know he (call) ...... if he knew how much you miss him.
9. ...... they (believe) you if you had told them there (be) ...... a Channel tunnel one day?

4 Traduisez. **A** **B**

1. Tu devrais y réfléchir.
2. Tu aurais dû y réfléchir.
3. Il pourrait t'écrire.
4. Il aurait pu t'écrire.
5. Il se pourrait qu'il gagne.
6. Il aurait pu gagner. [Il avait des chances.]
7. Si tu étais invité, tu viendrais ?
8. Si tu avais été invité, tu serais venu ?
9. J'aimerais pouvoir partir vite.
10. J'aurais aimé pouvoir partir vite.

28 — Would et used to, used to et be used to

We would go out every evening when we were students.
My father used to work in the army. I'm used to going to bed late.

A — Would et le renvoi au passé

Quand il renvoie au passé, **would exprime une habitude dans le passé**, décrite comme **caractéristique** du sujet. Cet emploi de *would* se traduit par l'**imparfait**.

When Li was a child he would walk five miles every day to go to school.
Quand Li était enfant, il faisait huit kilomètres à pied tous les jours pour aller à l'école.

The boss would stammer every time he had to talk to me.
Le patron bégayait à chaque fois qu'il devait me parler.

B — Used to + verbe

1 La tournure *used to* entre souvent en concurrence avec *would*. **Avec *used to*, on insiste sur le fait que ce n'est plus vrai maintenant.** C'est pourquoi on utilise parfois « autrefois » dans la traduction.

I used to enjoy it but I no longer do.
Autrefois, j'aimais bien ça, mais plus maintenant.

When I was a child I used to go fishing on Sundays.
Quand j'étais enfant, j'allais à la pêche le dimanche.

2 La tournure *used to* décrit le plus souvent, comme *would*, une habitude dans le passé. Mais *used to*, contrairement à *would*, peut aussi décrire un **état dans le passé**.

There used to be a house here.   Il y avait une maison ici autrefois.
[Ici *would* est impossible car on parle d'un état et non d'une habitude passée.]

3 *Used to* se prononce /juːst tə/ avec /st/ donc et non /zd/. Dans les phrases négatives et interrogatives, on fait appel à l'auxiliaire *did*.

They didn't use to live here.   *Did you use to play tennis at school?*
Ils n'habitaient pas ici avant.   Tu jouais au tennis quand tu étais à l'école ?

C — Used to + verbe et be used to + V-ing

1 *Used to* + **verbe** exprime une habitude ou un état **coupé du présent**. *Be used to* + V-*ing* signifie « **être habitué(e) à** »/« **avoir l'habitude de** » et s'emploie pour le passé comme pour le présent. Il peut être suivi d'un nom ou d'un pronom.

I was used to camping.   *I'm not used to driving on the Continent.*
J'avais l'habitude de camper.   Je n'ai pas l'habitude de conduire sur le Continent.

The kids were used to the weather. The kids were used to it.
Les enfants avaient l'habitude de ce temps. Les enfants en avaient l'habitude.

2 Pour renvoyer à l'avenir, on peut employer *get used to* + V-*ing*. Le verbe *get* exprime une idée de passage d'un état à un autre, alors que *be* exprime un état.

Don't worry, you'll get used to driving on the right.
Ne t'en fais pas, tu t'habitueras à conduire à droite.

À noter

• *Be used to* + V-*ing* se traduit souvent par « avoir l'habitude de »/« être habitué(es) à ».
• *Get used to* + V-*ing* se traduit le plus souvent par « s'habituer à » / « se faire à ».
• *Used to* + **verbe** se traduit souvent par « avant »/« autrefois » + imparfait.

1 Classez les phrases données dans le tableau ci-dessous puis traduisez-les. **A**

Would est un conditionnel.	*Would* décrit une caractéristique passée du sujet.
n° :	n° : ....

1. The old sailor would sit for hours watching the ships.
2. If he calls, would you tell him I'll be back at six?
3. If he knew, he would answer as soon as possible.
4. He was a very obstinate child, who would never do as he was told.
5. If you made backups *(des sauvegardes)*, you wouldn't have to worry about your computer.
6. All day he would be a perfect gentleman, but at night he would roam about the streets with criminals.
7. I would never have guessed if she hadn't told me.
8. I wish they would stop arguing all the time!

EMPLOYER

2 Complétez les phrases en employant *would* ou *used to*. **A** **B**

1. "At long last, he's stopped smoking!" "How many cigarettes (smoke/he) ......" "He (smoke) ...... more than ten a day."
2. Public schools (be) ...... boys' schools.
3. I remember that after dinner, my father (watch) ...... TV and he (fall) ...... asleep in front of it.
4. At Easter, my grandmother (hide) ...... eggs in the garden for us to discover in the morning.
5. "I live in London now." "Where (live/you) ...... ?"
6. I like milk now but when I was a child, I (like) ...... it at all.

3 Remplacez le prétérit par *used to* lorsque cela est possible. **B**

1. Last night France lost the Davis Cup.
2. Before his accident in May, he was the best player in the team.
3. At 18, he worked as a commercial illustrator.
4. They only met once.
5. They often spent their holidays abroad.

4 Employez le verbe donné entre parenthèses à la forme qui convient : V ou V-*ing*. **C**

1. You'll have to get used to (use) ...... a computer if you want the job.
2. He used to (drive) ...... his car to work but the traffic is so heavy that he now takes the tube.
3. She had an accident: she wasn't used to (drive) ...... on the right.
4. I think I'd never get used to (live) ...... alone.
5. I used to (have) ...... lunch at school but now I live so near that I go back home at twelve.
6. Did you really use to (eat) ...... kangaroo when you lived in Australia? I would never get used to (eat) ...... them, they are so sweet!

5 Traduisez en employant *would*, *used to* ou *be/get used to*. **A** **B** **C**

1. Il faudra vous habituer au bruit.
2. Autrefois j'aimais bien faire du ski.
3. À cette époque, nous allions au cinéma tous les samedis.
4. Il n'allait jamais au lit sans son nounours.
5. Il n'a pas l'habitude d'être contredit.

29 *Should* et *ought to*

The weather should be nice today.
You should stay in bed.

A   *Should* et le probable

1   *Should* permet de dire que quelque chose est **probable**. On le traduit par « devrais, devrait… ». On peut aussi employer *ought to* qui est moins fréquent, notamment dans les négations (*oughtn't to*).

The car should/ought to be ready tomorrow.
La voiture devrait être prête demain.

My parents should be coming back soon.
Mes parents devraient bientôt rentrer.
[Avec *be* + V-*ing* (*be coming*), l'action est imaginée en cours.]

2   Pour **renvoyer au passé**, on emploie la structure **should have** + **participe passé** (ou *ought to have* + participe passé).

It's 5 o'clock. My parents should have arrived by now.
Il est 5 heures. Mes parents devraient être arrivés à l'heure qu'il est.

B   *Should* et le conseil

1   *Should* est souvent utilisé pour exprimer le **conseil**. On le traduit également par « devrais, devrait… ».

You shouldn't go out. It's pouring down.
Tu ne devrais pas sortir. Il pleut à verse.

Alex should be working instead of browsing the Web.
Alex devrait travailler plutôt que surfer sur Internet.
[Avec *be working*, le conseil porte sur ce qu'Alex devrait être en train de faire.]

2   On trouve aussi *ought to*, dans un sens très proche, mais *ought to* est moins fréquent que *should*. Avec **should** le conseil émane directement du **locuteur**. Avec **ought to**, on se réfère à l'**usage**, à des règles objectives, au sens commun.

You really ought to attend your sister's wedding.
Quand même, tu devrais assister au mariage de ta sœur.

3   La structure **should have** + **participe passé** (ou *ought to have* + participe passé) exprime un regret ou un reproche, comme « aurais/aurait… dû » en français.

We should have taken the train.
On aurait dû prendre le train.

C   Autres valeurs de *should*

Should est employé dans deux types **de subordonnées en** *that* (➜ **p. 154**).

1   Après une proposition en *it is* + adjectif exprimant une opinion + *that*…

*It's odd/natural that **you should** say that* [ou *that you say that*].
C'est bizarre/normal que tu dises ça.

2   Après certains **verbes exprimant un ordre, une demande**.

*She insisted that **we should read** [ou *that we read*] the contract aloud.*
Elle a insisté pour que nous lisions le contrat à voix haute.

1 Study the use of "should": does it convey advice, probability or reproach? Justify your answer through an analysis of the situation and the grammatical structure. **A B C**

2 Réagissez aux situations suivantes en employant *should* + V ou *should have* + participe passé et les éléments proposés. Vérifiez ensuite vos réponses sur le site. **B**

On va s'amuser.		→ *You should come.*
On se serait bien amusé.	*you/come*	→ *You should have come.*

1. L'exercice est très facile.
2. Le professeur est déçu.   all the students/get a good mark

3. Vous avez du retard.
4. Vous ne voulez pas avoir de retard.   I/leave earlier than seven

5. Il n'y avait aucune raison de lui mentir.
6. Il n'y a aucune raison de lui mentir.   why/I/not tell him the truth

7. Tout est parfaitement prêt.
8. Ça s'est mal passé, et pourtant on avait tout préparé.   everything/be alright

9. Vous étiez sûr de vous et pourtant ça ne marche pas.
10. Vous vous êtes donné du mal.   it/work

3 Traduisez les phrases suivantes. **A B C**

1. Tu devrais acheter cette application.
2. À cette heure-ci, elle devrait être dans l'avion *(fly)* pour New York.
3. Il a insisté pour qu'on lui rende ce travail *(give in this paper)* mercredi.
4. Il est surprenant qu'il soit encore là.
5. Est-ce que j'aurais dû l'écouter ?
6. Tu devrais lui demander. Il n'y a pas de raison pour que tu ne le fasses pas.
7. Je pense que tu ne devrais pas rester devant cet écran si longtemps. *(I don't think…)*
8. Il est nécessaire qu'elle apprenne à se servir de ce logiciel *(software)*.

30 Le renvoi à l'avenir : *will/be going to, be + V-ing*

> *I will never talk to him. It's going to rain.*
> *We're seeing John tonight.*

Contrairement au français, **l'anglais ne possède pas de temps futur**. Pour renvoyer à l'avenir, on emploie **le modal *will*** ou certaines **tournures au présent**.

A | *Will* + base verbale, *will* + *be* + V-ing

1 Pour renvoyer à l'avenir, **on emploie très souvent *will*** (ou *'ll*) à toutes les personnes. En anglais britannique, on utilise aussi *shall* à la première personne *(I shall/we shall do it)*, mais de moins en moins.

You will see when you're my age.
Tu verras quand tu auras mon âge.

I don't think it will rain.
Je ne pense pas qu'il pleuvra.

2 *Will* + *be* + V-ing signale que la chose se fera (c'est sûr, c'est inévitable).

He'll do his best to please you.
[Simple renvoi à l'avenir.]

He'll be doing his best to please you.
[On anticipe ce qui va se passer.]

B | *Be going to* et *will*

1 *Be going to* s'emploie pour une **décision déjà prise**. Lorsque la décision est prise sur le champ, on utilise *will*.

We need the car. We're going to visit Aunt Sally.
Nous avons besoin de la voiture. Nous allons rendre visite à Tante Sally.

"I'd like to know why he did it." "I'll tell you."
« J'aimerais savoir pourquoi il a fait ça. – Je vais vous le dire. »

2 *Be going to* s'emploie aussi pour **prédire** quelque chose **à partir de ce qu'on voit ou sait**. Avec *will*, la prédiction est plus abstraite. Comparez :

*Look at that man with his walking stick. **He's going to fall.***
Regarde cet homme avec sa canne.
Il va tomber. [Indice : l'homme chancelle.]

*He shouldn't walk without his stick. Some day **he'll fall.***
Il ne devrait pas marcher sans sa canne.
Un jour, il va tomber.

C | Emploi du présent

1 Avec le présent en *be* + V-ing, le locuteur fait part d'un **programme personnel**, déjà organisé ou prévu. Avec le présent simple, il parle d'un **programme objectif**.

We're spending Christmas with my parents this year.
Nous passons Noël chez mes parents cette année.

We start from New York at 5:15 and spend the first night in Chicago.
Nous partons de New York à 5 h15 et passons la première nuit à Chicago.

Attention : on peut dire *I'm seeing John tonight*, mais non ~~I see John tonight~~, car il s'agit d'un programme personnel.

2 Avec *is/are to*, on parle d'un **projet officiel** organisé par un autre que le sujet.

The ministers are to talk about military cooperation tomorrow.
Les ministres doivent parler de coopération militaire demain. [C'est prévu.]

3 On emploie *be about to* pour décrire une **action imminente**.

Roll up! We're about to start the show.
Approchez ! Nous allons commencer le spectacle.

1 Justify the use of "be going to". **B**

2 Associez chaque situation à une expression
de renvoi à l'avenir. Puis vérifiez vos réponses sur le site. **A** **B** **C**

Le téléphone sonne. Vous dites que vous allez répondre. → Décision prise sur le champ. → 'll

1. Vous avez beaucoup de travail. Vous n'allez pas regarder la télévision ce soir.
2. Vous pensez qu'elle va réussir, c'est sûr. Elle a tout fait pour.
3. Le match va commencer. Il faut aller s'asseoir en vitesse.
4. Vous demandez à quelqu'un d'attendre. Ce ne sera pas long.
5. Inutile de téléphoner : vous la voyez demain.
6. Vous devez aller chez le dentiste, votre mère a pris rendez-vous.

• *will ('ll)* + V
• *be going to* + V
• *be* + V-*ing*
• *be to* + V
• *be about to* + V
• *be* + V-*ing*

3 Traduisez les phrases suivantes. **A** **B** **C**

1. Tu seras prêt dans cinq minutes ?
2. Je suis sûr que tu vas le reconnaître.
3. Elle revient dimanche.
4. « Pourquoi ouvres-tu cette bouteille de vin ? – Je vais en mettre dans la sauce. »
5. « Tu fais la vaisselle ce soir ? – Non, ça peut attendre jusqu'à demain *(till tomorrow)*. »
6. « Je prends le train à 7 heures. – Moi aussi. Je t'emmène *(give a lift)*. »
7. Le cyclone est sur le point d'atteindre *(hit)* la Floride.
8. La reine doit se rendre *(visit)* en Australie en juin.
9. Cette année je ne fais rien de spécial à Pâques.
10. Il a acheté un nouveau CD-Rom : il va se remettre *(brush up on)* à l'anglais.

31 Autres emplois de *shall* et *will*

That will be John and Tarik.
Shall we go to the pub?

A — *Will* + verbe et la probabilité

1 *Will* peut exprimer la **forte probabilité** (souvent traduit par « devoir »).
That will (ou *That'll*) *be the postman.*
Ça doit être le facteur./C'est sans doute le facteur.

2 La probabilité peut concerner un moment passé. On emploie alors ***will* + *have* + participe passé**.
He hasn't arrived yet. He will have missed his train.
Il n'est toujours pas arrivé. Il a dû rater son train./Il aura raté son train.

B — *Will* + verbe et la volonté

1 *Will* peut exprimer la **volonté**, en particulier dans les phrases interrogatives et négatives. *Will* se traduit dans ce cas par « **vouloir** » et *will not* par « **ne pas vouloir** » ou « **refuser** ». *Would* peut exprimer la volonté dans le passé.

Will you marry me?
Veux-tu m'épouser ?

Marge would not open the door.
Marge n'a pas voulu ouvrir la porte.

This car won't start.
Cette voiture refuse de démarrer.

Won't you have some more?
Tu n'en veux pas un peu plus ?

2 Attention : la volonté est surtout exprimée par le verbe lexical ***want***.

Marge didn't want to open the door.
Marge n'a pas voulu ouvrir la porte.

He wants to leave his family.
Il veut quitter sa famille.

C — *Will* + verbe et la caractéristique ou l'habitude

1 *Will* peut décrire une **caractéristique** ou une **habitude dans le présent**.
This machine will wash four kilos of laundry.
Cette machine peut laver quatre kilos de linge. [présent en français]
They will sit here for hours waiting for their son.
Ils restent assis pendant des heures à attendre leur fils. [présent en français]

2 *Would*, prétérit de *will*, peut décrire une **habitude dans le passé**. *Would* est dans ce cas proche de *used to* (→ **p. 64**) et se traduit par un imparfait.
She would come and see me on Sundays./She used to come and see me on Sundays.
Elle venait me voir le dimanche. [Elle avait pour habitude de…]

D — *Shall* dans les interrogatives

1 *Shall I* ou *Shall we* + verbe est employé pour **demander son avis à celui/celle qui écoute**.

Shall I open the window?
Voulez-vous que j'ouvre la fenêtre ?

Shall we have a picnic?
Veux-tu que nous allions pique-niquer ?

2 Dans les *question tags*, on emploie ***shall we?*** après l'impératif en *Let's* ou après une offre en *I'll*.

Let's give Lawrence a call, shall we?
On téléphone à Lawrence, d'accord ?

I'll do it, shall I?
Je le ferai si vous voulez.

1 Relevez les phrases dans lesquelles *will* ou *shall* ne renvoient pas à l'avenir. A B C D

1. I will do it tomorrow.
2. Will you have something to drink?
3. Shall I give him your address?
4. "It's very dark in here." "I'll turn on the light."
5. Don't call her now, she will be watching the match.
6. We will meet at ten then.
7. He won't sign the paper. What shall we do?
8. Ice will melt in the sun.
9. Boys will be boys.
10. He will always call me while I'm fixing dinner.

Traduisez les phrases que vous avez relevées.

EMPLOYER

2 Complétez les phrases à l'aide de *will*, *shall* ou *would*. B C D

1. You can take my laptop, I don't think I ...... use it this afternoon.
2. I wonder what ...... happen.
3. She wondered what ...... happen.
4. Let's celebrate, ... we?
5. ...... you mind opening the door?
6. You ...... not be late, ... you?
7. ...... I tell him to come back later?
8. Sometimes she was depressed, then, suddenly, she ...... burst into tears unexpectedly.
9. ...... you do me a favour?
10. I ...... like to know what he was doing last night when I called.

3 Traduisez les phrases suivantes en employant *want/will (won't)*. B

1. Il sait ce qu'il veut.
2. Je ne veux pas que tu lui dises.
3. Tu veux bien le laisser tranquille !
4. Que veux-tu que j'y fasse ?
5. Vous voulez bien m'excuser un instant ?
6. Il refuse de sortir de sa chambre.
7. Je ne veux pas en entendre parler.
8. Ils veulent aller en vacances en Écosse.
9. Mon ordinateur ne veut pas démarrer.
10. Tout ce que je veux, c'est aller me coucher.

32 Autres expressions de la modalité

You'd better watch out!
You needn't write to the Mayor.

Certains outils grammaticaux expriment des **valeurs proches de celles des modaux (préférence, nécessité, probabilité, certitude).**

A Had better + verbe et would rather + verbe

1 *Had better* (*'d better*) + **verbe** correspond à « ferais/ferait/ferions/feriez/feraient mieux ».
We'd better leave right now.
Nous ferions mieux de/Il vaudrait mieux partir tout de suite.

2 *Would rather* (*'d rather*) + **verbe** exprime la **préférence**. On le traduit par « préférer » au conditionnel.

affirmation	négation	interrogation
I'd rather go home.	*I'd rather not go home.*	*Would you rather go home?*

On trouve *would rather* (*'d rather*)*... than* = « plutôt que de... ».
I'd rather go home than stay here.
Je préférerais rentrer à la maison **plutôt que de** rester ici.

3 On trouve aussi *would rather* + **sujet** + verbe au **prétérit** (➔ **p. 28**).
My son would rather you came now or tomorrow.
Mon fils préférerait que vous veniez maintenant ou demain.
[*Came* est au prétérit, mais ne renvoie pas au passé.]

B Need not

1 *Need not* exprime **l'absence de nécessité**. Il se construit comme un modal ou comme un verbe lexical.
He need not explain./He doesn't need to explain.
Il n'a pas besoin d'expliquer./Il n'est pas nécessaire qu'il explique.

2 De la même façon, **pour renvoyer au passé**, on a :

You needn't have told me. | *You didn't need to tell me.*
Il n'était pas nécessaire de me le dire. | Tu n'avais pas besoin de me le dire.

C Be likely to, be sure to, be bound to

1 *Be likely to* exprime la **probabilité**. On rencontre deux types de structures (➔ **p. 154**).
• Sujet + *be likely to*
They are likely to win.
Il est probable qu'ils gagnent./Ils risquent de gagner.

• *It is likely that*... [structure moins courante]
It is likely that they'll win.
Il est probable qu'ils gagnent./Ils risquent de gagner.

2 *Be sure to* exprime la **certitude**. On trouve la structure : **sujet** + *be sure to*, mais pas ~~*It is sure that they'll*~~... *Be bound to* se construit de la même façon (➔ **p. 154**).

They are sure to miss their plane. | *You're bound to succeed.*
Il est certain qu'ils rateront leur avion. | Tu vas réussir, c'est sûr.

1 Complétez les phrases avec le verbe à la forme qui convient. **A B C**

1. You'd better (mind) ...... your own business.
2. Would you rather (have) ...... dinner after or before the show?
3. I'd rather he (not/spend) ...... so much money on cigarettes.
4. I've told him we'd be late, you needn't (call) ...... him.
5. Does he need (know) ...... ?
6. He didn't need (be) ...... reminded about it.
7. You helped him but he didn't need help: you needn't (help) ...... him.
8. He is not likely (succeed) ....
9. It was bound (happen) ....
10. She is likely (come) ...... tomorrow.

2 Traduisez les phrases suivantes. **A B C**

1. Nous ferions mieux d'accepter.
2. Tu vas en Écosse ? Il va sûrement pleuvoir.
3. Je préférerais que tu rentres avant 20 heures.
4. On n'a pas besoin de se presser.
5. Je préférerais qu'il m'appelle plus souvent.
6. Tu avais vraiment besoin d'acheter encore un appareil photo ?
7. Il risque de refuser.
8. Tu ferais mieux de lui dire.
9. Il préférerait mourir que de dire qu'il l'aime.
10. Tu n'as pas besoin de répéter ce qu'il dit.
11. Il est certain que tu vas réussir.
12. Tu ferais mieux de ne pas être en retard.

3 *"We'd better not show them how many we are…"* Ajoutez un *question tag* à cet énoncé. Puis traduisez les dialogues ci-dessous. **A**

L'impératif

Do it now./Don't do it now./Let's do it now.

L'impératif anglais s'emploie le plus souvent comme l'impératif français.

A Quelles sont les formes employées ?

1 Quand on s'adresse à quelqu'un à l'impératif, **on utilise la base verbale** (c'est-à-dire le verbe sans rien d'autre).

Run!
Cours !/Courez !

Be nice to him.
Sois gentil avec lui./Soyez gentils avec lui.

2 À la **forme négative**, on emploie ***don't*** *(do not)* devant la **base verbale**.

Don't run!
Ne cours pas !/Ne courez pas !

Don't be late!
Ne sois pas en retard !/Ne soyez pas en retard !

À noter

L'expression *Don't mention it* correspond à « Je vous en prie ». Elle tend à être remplacée par *You're welcome*.

"Thank you for helping me." "Don't mention it."
« Merci de m'avoir aidé. - Mais, je vous en prie. »

3 On rencontre ***do*** **+ base verbale pour insister**. Comparez :

Do tell him I miss him.
Dis-lui **bien** qu'il me manque.

Tell him I miss him.
Dis-lui qu'il me manque.

• On peut aussi insister en plaçant *you* devant la base verbale.
You shut up! Toi, tu te tais !

4 À la 1re personne du pluriel, on emploie ***Let's*** *(Let us)* **devant la base verbale**.

Let's go.
Partons./On y va !

Let's write to the boss.
Écrivons au patron./On écrit au patron !

• À la forme négative, on peut dire :
Let's **not** *fight over this./***Don't** *let's fight over this.* [moins fréquent]
Ne nous disputons pas pour ça.

B Les valeurs de l'impératif

1 Comme en français, l'impératif en anglais peut exprimer un **ordre**, une **suggestion** ou une **consigne**. L'interprétation dépend du contexte.
Toutefois, ***Let's*** **+ base verbale** exprime toujours une **suggestion**.

ordre	
Hang up immediately!	Raccroche immédiatement !
suggestion	
Open the window if you want a bit of fresh air.	Ouvre la fenêtre si tu veux un peu d'air frais.
consigne	
Put the verbs in brackets into the correct tense.	Mettez les verbes entre parenthèses au temps qui convient.

2 On peut utiliser *will you?* après un impératif.

Shut *the door, will you?*
Ferme la porte, tu veux bien ?

3 Pour l'emploi de *shall we?* après *let's,* → **p. 70**

1 Transformez le conseil ou la forte demande en ordre. **A**

We should go now. → Let's go now.
You must listen to me. → Do listen to me.

1. You should tell her.
2. You shouldn't tell her.
3. You must tell her.
4. We should tell her.
5. You shouldn't wait for him.
6. You shouldn't be upset.
7. You must forget what I said.
8. We should leave before six.
9. We shouldn't argue with them.
10. You must make sure you've closed the door.

2 Traduisez le texte de cette pancarte en français. **A** **B**

Don't risk your life

Large crocodiles inhabit these waters
- **do not enter the water**
- **keep children away from water's edge**
- **clean fish away from water's edge and remove all waste**

Australian National Parks and Wildlife Service

3 Traduisez en anglais par écrit ou oralement.
Vérifiez ensuite vos réponses sur le site. **A** **B**

1. Attends-moi.
2. Dépêchons-nous.
3. Ne nous décourageons pas *(keep going)*.
4. Ne pas laver à l'eau chaude.
5. Je t'en prie, appelle-moi bientôt.
6. N'y pensons plus.
7. Regardez ça !
8. Amusons-nous.
9. Fais bien attention *(take care)*.
10. Ne hurle pas.

34 Les réponses brèves

"Do you like it?" "Yes, I do."/"Are you happy?" "No, I am not."/"Are they late?" "I think so."

Les réponses brèves en anglais ont la particularité d'**inclure un auxiliaire**.

A Répondre par *yes* ou par *no*

À une question appelant une réponse en *yes* ou *no*, on peut répondre de façon abrupte *Yes/No*. On préfère souvent répondre par : **Yes/No** + **sujet** + **auxiliaire**.

"Did you come by train?" "Yes, I did."/"No, I didn't (did not)."
« Tu es venue en train ? – Oui./Non. »

"Can you lend me your laptop?" "Yes, I can."/"No, I can't."
« Tu peux me prêter ton (ordinateur) portable ? – Oui./Non. »

B Répondre par *I think so...* ou par *I'd love to...*

1 On peut aussi **nuancer sa réponse** à l'aide de *I think so*, *I'm afraid so*.

"Is the plane late?" "I think so."/"I'm afraid so."
« L'avion est en retard ? – Je crois./Je le crains. »

À noter

• D'autres réponses sont possibles, qui incluent toutes *so* :
I believe so (je le crois), *I guess so* (je suppose), *I suppose so* (je suppose), *so it seems* (à ce qu'il paraît), *I hope so* (j'espère), *I expect so* (je crois que oui).
À la forme négative, on dit : *I don't believe so*/*I don't think so* (je ne pense pas), mais *I hope not* (j'espère que non) et *I'm afraid not* (j'ai bien peur que non).

• Pensez aussi aux expressions *So they say*, *So I heard*, *So I understand*.
"Are they married?" "So they say."/"So I heard."/"So I understand."
« Ils sont mariés ? – C'est ce qu'on dit./C'est ce que j'ai entendu dire./
C'est ce que j'ai compris. »

2 Voici d'autres réponses possibles, qui finissent toutes par *to*.

"Would you like to stay with us?"
« Vous voulez séjourner chez nous ? »

"Yes, I'd love to."/"I'd be glad to."/"If you want me to."
« Oui, j'aimerais beaucoup. »/« Cela me ferait plaisir. »/« Si vous voulez. »

"No, I don't want to."/"I'm not supposed to."/"I'm not allowed to."
« Non, je ne veux pas. »/« Je ne suis pas censé le faire. »/« Je n'ai pas le droit. »

Dans ces réponses, *to* sous-entend *stay with us* (verbe + complément de la question).
**Avec *if*, on peut dire *If you want* ou *If you want to*. On dit *If you like* (sans *to*) = « si vous voulez ».

C Répondre à une question en *Who...?*

On répond le plus souvent par **sujet + l'auxiliaire de la question**. Quand il n'y a pas d'auxiliaire dans la question, on utilise *do/did* dans la réponse.

"Who can give me a hand?" "I can."/"I can't but Sandy can."
« Qui peut me donner un coup de main ? – Moi./Pas moi mais Sandy, oui. »

"Who answered the phone?" "I did."/"Jonathan did."/"I didn't."
« Qui a répondu au téléphone ? – Moi./Jonathan./Pas moi. »

1 Répondez aux questions par écrit ou oralement en utilisant la structure sujet + auxiliaire. Vérifiez ensuite vos réponses sur le site. Attention à l'intonation (→ **fiche 77**). **A**

1. "Did you enjoy the show?" "Yes, I ...... "
2. "Do you mind if I bring a friend?" "No, I ...... "
3. "Couldn't you tell her yourself?" "No, I ...... "
4. "Will they be back tomorrow?" "Yes, they ...... "
5. "Has he locked the door?" "Yes, he ...... "
6. "Must you go now?" "Yes, I really ...... "
7. "Can she help us?" "No, she ...... "
8. "Are you hungry?" "No, I ...... "
9. "Is he very angry with you?" "Of course, he ...... "
10. "Does he often call her?" "He ...... but he ...... any more."

2 Réagissez aux questions suivantes par écrit ou oralement en employant *I think so, I'm afraid so, I believe so...* ou leur contraire. Vérifiez ensuite vos réponses sur le site. **B**

Un ami a beaucoup travaillé pour un examen.
"Is he going to pass?" → *"I think so./I expect so."*

1. Vous n'avez pas besoin de votre ordinateur.
   "Can you lend me your laptop?" " ...... "
2. Il est malade depuis trois jours.
   "Will he come to the party?" " ...... "
3. Toutes les places sont louées depuis plusieurs mois pour le concert.
   "Do you think we can get in?" " ...... "
4. Vous n'aimez pas du tout Karen.
   "Will Karen come with us?" " ...... "
5. Vous partez faire du ski.
   "Will the ski runs be open?" " ...... "
6. Vous êtes en retard.
   "Will you join us for a cup of coffee?" " ...... "
7. Vous êtes pessimiste quant aux chances de l'équipe d'Angleterre.
   "Are they going to win the match?" " ...... "
8. Le facteur passe à neuf heures d'habitude. Il est onze heures. Pas de courrier.
   "Any mail today?" " ...... "

3 Traduisez les phrases suivantes. **A B C**

1. « Est-ce que tu aimerais venir ? – Oui, j'aimerais beaucoup. »
2. « Il va vraiment aux États-Unis tous les mois ? – C'est ce que j'ai entendu dire. »
3. « Qui lui a dit ? – Pas moi. »
4. « Tu peux me prêter ce logiciel *(software application)* ? – Je n'ai pas le droit. »
5. « Inventer, c'est choisir. – C'est ce qu'on dit. »
6. « Il a changé de travail. – À ce qu'il paraît. »
7. « Tu pourrais y aller mardi. – Je ne veux pas. »
8. « Qui lui fait confiance ? – Catherine oui, moi pas. »
9. « Qui avait peur ? – George oui, mais pas eux. »
10. « Et si on quittait l'autoroute ? – Si tu veux. » (Employez *want* puis *like*.)

Les *tags* et les reprises en *So…/Neither…*

Les *tags* et les reprises en *So…/Neither…* commentent **ce qui précède**.

A

Les *question tags* : *isn't it?*, *hasn't she?*, *don't you?*

Les *question tags* sont plus fréquents que « n'est-ce pas » en français. C'est pourquoi on les traduit plutôt par « non ? », « hein ? », « pas vrai ? », surtout à l'oral.

1 Énoncé affirmatif → *question tag* négatif : auxiliaire + *not* + pronom personnel + ?

The Smiths are away, aren't they?
Les Smith sont partis, non ?
You can use a computer, can't you?
Tu sais te servir d'un ordinateur, hein ?

Quand il n'y a pas d'auxiliaire dans l'affirmation, on emploie *do* (*did* au prétérit).
His neighbours lied, didn't they?
Ses voisins ont menti, n'est-ce pas ?

2 Énoncé négatif → *question tag* affirmatif : auxiliaire + pronom personnel + ?

He can't stand her, can he?
Il ne la supporte pas, hein ?
That's not true, is it?
Ce n'est pas vrai, hein ? [*that/this* toujours repris par *it* dans le *tag*]

Pour les *question tags* à l'impératif, → **p. 70 et p. 74**.

B

Dire « Moi aussi »/« Moi non plus »

1 « Moi/toi/elles… aussi » se dit *so* + **auxiliaire** + **sujet**.

"He is always complaining." "So are you."/"So are his neighbours."
« Il est toujours en train de se plaindre. – Toi aussi./Ses voisins aussi. »

• Quand il n'y a pas d'auxiliaire dans la phrase de départ, on emploie *do* **après** *so*.

"I always go abroad on holiday." "So do I."/"So does Caspian."
« Je pars toujours à l'étranger pour mes vacances. – Moi aussi./Caspian aussi. »

• À l'oral, on peut aussi dire :
"I do too." = "So do I."
"Caspian does too." = "So does Caspian."

• À l'oral, « Moi aussi » se dit souvent *Me too*.

2 « Moi/toi/elles… non plus » se dit *neither/nor* + **auxiliaire** + **sujet**. *Neither* se prononce /niːðə/ ou /naɪðə/.

"I have never seen the Golden Gate Bridge." "Neither (Nor) have most people."
« Je n'ai jamais vu le Golden Gate Bridge. – La plupart des gens non plus. »

• S'il n'y a pas d'auxiliaire dans la phrase de départ, on emploie *do* après *neither/nor*.
"I never complain." "Neither (Nor) do I./Neither (Nor) do we."
« Je ne me plains jamais. – Moi non plus./Nous non plus. »

• À l'oral, « Moi non plus » se dit souvent *Me neither*.

1 Complétez les phrases en employant un *tag*. **A**

1. It's rather windy, ... ?
2. He left school two months ago, ... ?
3. You haven't seen him, ... ?
4. He will have to hire a new secretary, ... ?
5. She was born on January 1st 2000, ... ?
6. You feel sorry for her, ... ?
7. That's not very funny, ... ?
8. They didn't live in such a tiny flat, ... ?
9. You've already helped yourself to some more cheese, ... ?
10. We could play another game, ... ?

2 Faites correspondre la phrase et le *tag* par écrit
ou oralement. Vérifiez ensuite vos réponses sur le site. **A**

1. He's got other fish to fry,
2. There's no telling what the future holds in store,
3. Things aren't what they used to be,
4. It's your move,
5. He's not forgotten,
6. He had to be operated on immediately,
7. They are on a skiing holiday in the Alps,
8. She'd rather have a house in the country,
9. She hadn't met him before,
10. There's a bus coming,

- had she?
- isn't it?
- isn't there?
- hasn't he?
- is there?
- aren't they?
- wouldn't she?
- are they?
- didn't he?
- has he?

3 Complétez les phrases en employant
la structure *so* ou *neither* + auxiliaire + sujet. **B**

He doesn't like haggis. (I) → *Neither/Nor do I.*

1. I don't want to complain. (he)
2. She speaks French fluently. (Lee Ferguson)
3. He's done a good job. (she)
4. It was cold, I felt like a nice cup of tea. (they)
5. I didn't expect him to be so rude. (the judges)
6. I won't see him again. (his girlfriend)
7. I'd prefer to go there in February. (he)
8. He isn't frightened of spiders. (I)
9. As usual Martin carefully dodged *(échapper à)* schoolwork. (Brian)
10. I never watch dubbed films *(films doublés)*. (Helen)

36 Le pluriel des noms

books/tomatoes/knives/feet/fish

Seuls les **noms dénombrables** (que l'on peut compter) sont employés au **pluriel**.

A   Les formes du pluriel

1 Le pluriel régulier se forme en ajoutant **-s** au nom : *a computer* → *two computers*. Pour les **pluriels particuliers** *(ladies, boxes, wives)* et la **prononciation du -s**, reportez-vous au tableau 18 (→ **p. 184**). Retenez les **pluriels irréguliers** suivants :

child /tʃaɪld/ (enfant) → *children* /'tʃɪldrən/   *tooth* (dent) → *teeth*

crisis /'kraɪsɪs/ (crise) → *crises* /'kraɪsiːz/   *man* (homme) → *men*

foot (pied) → *feet*   *woman* /'wʊmən/ (femme) → *women* /'wɪmɪn/

2 Certains noms sont **invariables**.

forme identique au singulier/pluriel	noms se terminant par *-s*
an aircraft (un avion) → *two aircraft*	*a means* (un moyen) → *two means*
a fish (un poisson) → *two fish*	*a series* (une série) → *two series*
a sheep (un mouton) → *two sheep*	*a species* (une espèce) → *two species*

3 Il existe quelques différences entre l'anglais et le français. Les **noms de pays au pluriel** sont suivis d'un **verbe au singulier**. Les **noms désignant une famille** prennent un *-s* au pluriel.

*The United States **is** 17 times as big as France.*
Les États-Unis sont 17 fois plus grands que la France.

*The **Smiths** have been invited by the **Duponts**.*
Les Smith ont été invités par les Dupont.

Après un déterminant possessif au pluriel, on emploie plutôt un nom au pluriel.

*They refused to give **their names**.*   Ils ont refusé de donner **leur nom**.

B   Les noms toujours pluriels et les noms collectifs

1 Certains noms sont **toujours pluriels**. Ils sont suivis d'un verbe au pluriel.

her brains : son intelligence   *the goods :* les biens

the customs : la douane   *her looks :* son apparence

the Middle Ages : le Moyen Âge   *My wages **were** increased by 5 per cent.*

the stairs : l'escalier   Mon salaire a été augmenté de 5 pour cent.

Les noms qui désignent des **objets doubles** sont toujours pluriels en anglais.

my trousers : mon pantalon   *my glasses :* mes lunettes

Your jeans are dirty.   *All your jeans are dirty.*

Ton jean est sale.   Tous tes jeans sont sales.

2 Les noms collectifs, c'est-à-dire qui désignent un **groupe de personnes**, s'accordent soit au singulier, soit au pluriel, notamment : *the audience* (les spectateurs), *the class* (la classe, les élèves), *the company* (la société, l'entreprise), *my/his family* (ma/sa famille), *the government* (le gouvernement), *the team* (l'équipe).

The audience was/were pleased.
Le public était content.

Attention, toutefois : ***people*** (les gens) et ***the police*** (la police) sont toujours suivis d'un **verbe au pluriel**.

*The police **are** here. **They** want to see you.*
La police **est** là. **Elle** veut te voir.

1 Mettez au pluriel les noms donnés entre parenthèses. **A**

Once upon a time there were four little (rabbit), and their (name) were: Flopsy, Mopsy, Cotton Tail and Peter. They lived with their Mother in a sandbank, underneath the (root) of a very big firtree. "Now my (dear)," said old Mrs Rabbit one morning, "you may go into the (field) or down the lane, but don't go into Mr McGregor's garden: your father had an accident there: he was put in a pie by Mrs McGregor." Then old Mrs Rabbit took a basket and her umbrella and went through the (wood) to the baker's. She bought (loaf) of brown bread and five currant (bun). Flospsy, Mopsy and Cotton Tail, who were good little (bunny), went down the lane to gather (blackberry) but Peter, who was very naughty ran straight away to Mr McGregor's garden, and squeezed under the gate! First he ate some (lettuce) and some French (bean); and then he ate some (radish) and then, feeling rather sick, he went to look for some parsley. But round at the end of the cucumber (frame), whom should he meet but Mr McGregor!

Extract from *The Tale of Peter Rabbit* by Beatrix Potter. Copyright © F. Warne & Co., 1902.
Reproduced by kind permission of Frederick Warne & Co.
Please note that the extract has been altered slightly to fit in with the demands of the exercise.

Classez les noms que vous avez mis au pluriel selon la prononciation du -s. Vérifiez vos réponses sur le site (→ **tableau 18, p. 184**). **A**

/s/ .... /ɪz/ .... /z/ ....

2 Traduisez en anglais. **A B**

1. Les loups sont une espèce protégée dans cette région.
2. Il me faut deux boîtes d'allumettes.
3. Partagez-le en deux. *(Cut it into…/half)*
4. Il y a eu une série d'incidents.
5. Le téléphone est un moyen de communication.
6. Est-ce que Chaucer a vécu au Moyen Âge ?
7. Attention, l'escalier est raide *(steep)* !
8. Les moutons d'Écosse sont souvent appelés *black faces* parce que leur tête est noire.

3 Transposez tous les éléments possibles des phrases suivantes au singulier. Attention aux accords et aux articles. **A B**

1. These independent schools are financed by the fees paid by the parents of pupils attending them.
2. Snowboards are wide skis resembling wheelless skateboards.
3. All the major supermarket chains are developing loyalty cards.
4. Pharms are places where genetically modified plants are grown to produce pharmaceutical products.
5. Power breakfasts are recognized occasions at which influential people can hold high-level discussions.

4 Transposez tous les éléments possibles des phrases suivantes au pluriel. **A B**

1. A "yob" (back slang *[verlan]* for "boy") is a young person who behaves in an offensive and violent way.
2. A "juice box" is a small square box containing a single portion of fruit juice.
3. A "road-kill" is an animal killed by a vehicle on a road. It is also a person resembling such an animal: a helpless victim.
4. To avoid becoming a road-kill on the digital highway, get a faster modem.
5. Chocolate which contains a certain proportion of vegetable fat other than cocoa butter is called "vegelate".

37 Les dénombrables et les indénombrables

> *a chair* (une chaise)
> *hair* (les cheveux)/*furniture* (les meubles)

Les noms **indénombrables** (« que l'on ne peut pas dénombrer, compter »), contrairement aux noms dénombrables, ne peuvent **pas** être **précédés de *a*, ni de *one/two***. Ils ne s'emploient **pas au pluriel**.

nom dénombrable : *book*	On peut dire *a book/one book/two books*.
nom indénombrable : *advice*	On ne peut pas utiliser *a* ou *one/two* avec *advice*. Le nom *advice* ne porte jamais le *–s* du pluriel.

A Quelques indénombrables courants

Les noms suivants sont indénombrables en anglais : attention à leur équivalent français. Pour désigner une **unité** avec un indénombrable, on a souvent recours à *a piece of*.

accommodation = le logement	un logement = *a place to live*
advice = conseil(s)	un conseil = *a piece of advice*
bread = du pain	un pain = *a loaf of bread*
fruit = des fruits	un fruit = *some fruit/a piece of fruit*
furniture = des meubles	un meuble = *a piece of furniture*
information = des renseignements	un renseignement = *a piece of information*
luggage = des bagages	un bagage = *a piece of/an item of luggage*
news = des nouvelles	une nouvelle = *a piece of news*
progress = le progrès	un progrès = *a step forward*
travel = les voyages	un voyage = *a journey/a trip*
weather = le temps	on a eu un sale temps = *we had bad weather*
work = le travail	un travail = *a job*

B Autres noms indénombrables

la plupart des noms de matière	*milk* (le lait) • *steel* (l'acier) • *wool* (la laine)…
la plupart des noms abstraits	*courage* (le courage) • *love* (l'amour) • *philosophy* (la philosophie) • *wisdom* (la sagesse)…
les noms décrivant une activité humaine	*cooking* (la cuisine) • *cricket* (le cricket)…
les noms de langue	*Chinese* (le chinois) • *Spanish* (l'espagnol)…
la plupart des noms de maladie	*cancer* (le cancer) • *cholera* (le choléra)…
les noms de couleur	*black* (le noir) • *yellow* (le jaune)…
les noms en *-ics*	*mathematics* (les maths) • *politics* (la politique)…

C Noms tantôt dénombrables, tantôt indénombrables

Certains noms ont un double fonctionnement.

indénombrable	dénombrable
business = les affaires	*a business* = une entreprise
chicken = le poulet	*a chicken* = un poulet
coffee = le café	*a coffee* = un café, une tasse de café
the country = la campagne	*a country* = un pays
stone = la pierre (matière)	*a stone* = une pierre
work = le travail	*a work* = une œuvre

I love coffee, but I couldn't drink two coffees right now.
J'adore le café, mais je ne pourrais pas boire deux cafés maintenant.

1 Classez les noms du texte suivant en deux
catégories : dénombrables ou indénombrables. **A** **B**

Once there were three little pigs who lived together in mutual respect and in harmony with their environment. Using materials that were indigenous to the area, they each built a beautiful house. One
pig built a house of straw, one a house of sticks, and one a house of dung *(fumier)* and clay *(argile)*
and creeper vines *(lianes)* shaped into bricks and baked in a small kiln *(petit fourneau)*. When they
were finished, the pigs were satisfied with their work and settled back to live in peace and self-
determination.
But their idyll was soon shattered. One day, along came a big, bad wolf with expansionist ideas…

James Finn Garner, *Politically Correct Bedtime Stories*, Souvenir Press Ltd.

2 Ajoutez *a/an* lorsque c'est nécessaire. **A** **B**

1. [I eat apple every day.]
2. ["What would you like to drink?" "I think I'll have beer."]
3. [That's good news!]
4. [Listen! Can you hear music?]
5. [He's done good job.]
6. [This is good work.]
7. [We had fine weather during our holidays in Scotland.]
8. [Travel was difficult in those days.]
9. [Did you have good trip?]
10. [They showed exceptional courage.]

3 Barrez la forme fausse. **A** **B**

1. You ought to see him. He'll give you sound advice/advices.
2. At last he has found a job/a work.
3. She has made very fast progress/progresses.
4. They speak a very beautiful French/very beautiful French.
5. He collected 18th century furniture/furnitures.
6. Some animals like fruits/fruit.
7. He never eats vegetable/vegetables.
8. Such wisdom/a wisdom is rare.
9. He had a terrible headache/terrible headache.
10. He died from a cancer/cancer.

4 Traduisez les phrases suivantes. **A** **B** **C**

1. Quel temps merveilleux !
2. Tu as trop de bagages.
3. Pourriez-vous me donner un renseignement ?
4. Il ne s'intéresse pas à la politique.
5. Je voudrais un fruit et un café.
6. L'espagnol est la langue maternelle de beaucoup d'Américains.
7. Où as-tu acheté ce meuble ?
8. Cette nouvelle ne l'a pas surprise.
9. La découverte de la pénicilline *(penicillin)* a été un grand progrès.
10. Les affaires ont été excellentes le mois dernier.

L'article zéro (Ø)

Philosophy is a study of life.
Books are much cheaper nowadays.

On parle d'article zéro en anglais pour signaler l'absence d'article visible devant un nom. Cette absence est symbolisée par le signe Ø.

A Valeur de l'article zéro : expression de la généralité

1 Avec l'article Ø, on s'intéresse au nom en lui-même **sans** lui ajouter **le moindre commentaire**. Il peut donc facilement exprimer une généralité. Dans ce cas, il se traduit le plus souvent par « le, la, les » en français.
Inversement, **avec *a* et *the***, on ajoute un **commentaire** : on s'intéresse à l'**unité** avec *a* (**→ p. 86**) ; on parle de quelque chose de **connu** avec *the* (**→ p. 88**).

2 Article Ø avec les noms **indénombrables** (toujours au **singulier**).

I'm completely opposed to Ø vivisection.
Je suis tout à fait contre la vivisection.

I've always found Ø German philosophy interesting.
J'ai toujours trouvé la philosophie allemande intéressante.
[la vivisection en général, la philosophie allemande en général]

3 Article Ø avec les **noms dénombrables au pluriel**.

You can't find Ø good shops in this town.
On ne trouve pas de bons magasins dans cette ville.

4 Article Ø devant ***man / woman / nature / society***.

Ø Nature is not always stronger than Ø man or Ø society.
La nature n'est pas toujours plus forte que l'homme ou la société.

B Quelques cas particuliers

1 Les **noms de repas** s'emploient avec **Ø**, sauf s'ils sont précédés d'un adjectif.

I had Ø breakfast at Tiffany's this morning.
J'ai pris mon petit déjeuner chez Tiffany ce matin.

*I had a **wonderful breakfast** at Tiffany's this morning.*
J'ai pris un petit déjeuner merveilleux chez Tiffany ce matin.

2 Certains noms comme ***bed*, *school*, *jail*...** s'emploient avec **Ø** dans certaines expressions. Avec l'article ***the***, ils désignent un objet ou un bâtiment précis.

He went to Ø bed.
Il est allé se coucher.
[*go to bed* = aller se coucher]

He went to the bed.
Il s'est dirigé vers le lit.
[*the bed* = objet précis]

go to Ø school (aller à l'école)
go to Ø jail (aller en prison)
go to Ø hospital (aller à l'hôpital)

be at Ø school (être à l'école)
be in Ø jail (être en prison)
be in Ø hospital (être à l'hôpital)

3 Retenez aussi les oppositions suivantes :

watch Ø television : regarder la télévision
by Ø train, by Ø car : en train, en voiture [moyen de transport]

the television : la télévision [le poste]
the train, the car : le train, la voiture [véhicules précis]

À noter

*listen to **the radio*** (écouter la radio) • *go to **the cinema*** (aller au cinéma) • *play **the piano*** (jouer du piano)

1 Justifiez l'emploi des articles *a*, *the* et Ø dans le slogan suivant. **A**

2 Soulignez les segments où « le, la, les » expriment
une généralité, puis traduisez les phrases concernées. **A**

1. La vie était dure en ce temps-là.
2. La vie de Jeanne d'Arc a inspiré de nombreux films.
3. Les loutres de mer passent leur vie dans l'eau.
4. Les loutres de la baie de Valdez ont beaucoup souffert de la marée noire de 1990.
5. La photo numérique a révolutionné la photographie.
6. Les photos que j'ai prises cet été sont surexposées.

3 Employez l'article *a (an)*, *the* ou Ø. **A B**

1. ...... turkey does not come from ...... Turkey. It gets its name from its cry "turk-turk" and is ......
native of ...... Mexico.
2. Henry VIII is ...... first person recorded to have dined on ...... turkey on ...... Christmas Day.
3. ...... Prince Albert made ...... Christmas Tree a part of ...... English Christmas celebrations when
he married ...... Queen Victoria in 1840.
4. ...... Santa Claus is ...... name of ...... town in ...... U.S.A., more precisely in ...... Indiana. It was
founded by ...... German settlers in 1852. In 1935 ...... giant Santa Claus statue was erected in
...... town park and dedicated to " ...... children of ...... world".
5. ...... ancient Romans held a feast for ...... god Saturn on ...... December 17. For several days
...... schools were closed, ... war was outlawed *(interdite)*.
6. ...... reindeer *(les rennes)* are ...... only deer in which both sexes have ...... antlers *(des bois)*. In
...... winter their hooves *(sabots)* become concave, making them sure-footed on ...... ice.
7. Both ...... Romans and ...... Norsemen *(les Vikings)* decorated their houses and temples with
...... evergreen *(des branches d'arbres à feuilles persistantes)* on ...... festive occasions, ...
evergreen symbolising ...... perpetual life, especially in ...... dead days of ...... winter.
8. Was there really ...... star in ...... East that led ...... Three Wise Men *(les Rois mages)* to
Bethlehem? ...... modern wise men still don't know.

39 L'article *a/an*

A · *A ou an ?*

1 On trouve *a* + son de **consonne** et *an* + son de **voyelle**.

a ridiculous story   *an incredible story*
une histoire ridicule   une histoire incroyable

2 On dit *an* hour (une heure), *an* honest proposal (une proposition honnête), car le *h* ne se prononce pas dans ces mots, mais *a* university (une université), *a* European institution (une institution européenne) car *u* et *eu* se prononcent avec un /j/, qui est une consonne.

B · *Valeur de a/an*

1 Tout comme « un/une » en français, l'article *a/an* signale que le nom renvoie à du **non défini**, du **non connu** pour la personne à qui je m'adresse.
"Susan has bought me a watch." "Oh! Has she?"
« Susan m'a acheté une montre. – Ah bon ? »
[La personne à qui je m'adresse n'est pas au courant.]

2 *A/an* n'a pas de pluriel. L'article **« des »** se traduit **le plus souvent** par *some* + **nom au pluriel**, notamment quand « des » est proche de « quelques ». Quand « des » n'a pas le sens de « quelques », on traduit plutôt par l'article Ø + **nom au pluriel**.

Il me faudrait **des** étagères pour ma chambre.   Mes voisins sont **des** gens bien.
I need some shelves for my bedroom.   *My neighbours are Ø good people.*

3 Comme « un » en français, l'article *a/an* peut exprimer une **généralité**.
To me a good song should be more than just nice music.
Selon moi, une bonne chanson, ça devrait être plus que de la jolie musique.

C · *On garde a/an en anglais ; on ne garde pas « un » en français*

1 Dans les **négations** et dans les **appositions**.

Sorry but I haven't got a mobile phone.   *Laurie Kaufman, a political advisor…*
Désolé(e), mais je n'ai pas de portable.   Laurie Kaufman, conseillère politique…

2 Devant les **noms de métier** ou de fonction, sauf si la fonction ne peut être occupée que par une personne.

She's a judge.   **mais**   *She is Ø head of the English department.*
Elle est juge.   Elle est directrice du département d'anglais.

3 Après *what* et après certaines prépositions (surtout *as*, *in* et *without*), si le nom est dénombrable singulier.

What a show!   *without a bike :* sans Ø vélo
Quel spectacle !   *in a low voice :* à Ø voix basse

À noter

three times a day/once a month : trois fois par jour/une fois par mois
50 cents a pound : 50 cents la livre
80 kilometres an hour : 80 kilomètres à l'heure

1 Employez *a* ou *an* devant les mots ou groupes de mots suivants.
Vous pouvez faire cet exercice par écrit ou oralement.
Vérifiez vos réponses sur le site. **A**

..... night
..... old man
..... unknown species
..... appetizer
..... exam
..... huge mistake
..... SOS call
..... unique opportunity

..... important decision
..... honest fellow
..... M.P.
..... hedge
..... writer
..... hair-cut
..... healthy outdoor life

..... hour and ..... half
..... universe
..... member of Parliament
..... art gallery
..... author
..... international organization
..... hot spring

2 Lisez cet extrait de presse puis traduisez en français les segments en gras. **B** **C**

1914: PUTTING AMERICA ON WHEELS

Henry Ford, **a Michigan entrepreneur**, thinks **any American on a good salary** should be able to afford **a motor car**. Yes, really – and he thinks he knows how to make it possible.

Ever since the 13-year-old Mr Ford saw his first steam engine, in 1876, he has been **in love with machines**. **As a young farmer**, he was much more interested in gadgets than crops *(récoltes)*. And when he at last **got a job as an engineer** with the Edison Illuminating Company in Detroit, he spent all his spare time **playing around with cars**, building his own "quadricycle" in 1898. Since then, he has been one of the pioneers of American motoring, designing, **building racing cars** (he claims to be the first man to have driven at more than 90 m.p.h. – **a feat** *(exploit)* **he achieved** on the ice of Lake St Clair in 1903.

© *The Economist Newspaper Limited*, London 3rd January 2000.

3 Complétez les phrases avec *a/an* lorsque c'est nécessaire. **B** **C**

1. *Sky News* is not ..... pay channel.
2. *The Economist* is published once ..... week.
3. For this recipe, you need ..... half ..... pound of ..... flour.
4. Some people strongly oppose ..... animal experiments.
5. My son is ..... computer scientist. He is looking for ..... job.
6. "If it's ..... girl, she's going to be called Ginger." "What ..... name for ..... girl!"
7. The Smiths are ..... friendly people.
8. You can pay by ..... cheque here.
9. ..... men and ..... women were talking in ..... low voice.
10. He never goes out without ..... pair of gloves.

Where's the station?

Avec *the*, on parle de quelque chose de connu. *The* est proche de « le, la, les » mais les articles « le, la, les » ne se traduisent pas toujours par *the*.

A Prononciation de l'article *the*

1 L'article *the* se prononce /ðə/ devant un son de consonne et /ði/ devant un son de voyelle : ***the*** *door* /ðə/, ***the*** *open door* /ði/.

2 Lorsque le *h* en début de nom ne se prononce pas, *the* se prononce /ði/, comme dans ***the*** *hour* /ði/. Quand *u* et *eu* se prononcent /jʊ/ ou /juː/, *the* se prononce /ðə/ comme dans ***the*** *university*, ***the*** *Europeans*.

B Valeur de l'article *the*

1 L'article *the* signale que le nom qui suit renvoie à du **connu**. Le sous-entendu est à chaque fois : « **Vous savez de quoi je parle.** »

Where did you put the remote control, Tim?
Où as-tu mis la télécommande, Tim ?
[Tim sait qu'il y a une télécommande dans la pièce.]

2 On emploie *the* pour nommer des **notions connues** dans la culture de chacun.

the sun : le soleil   *the world :* le monde   *the mass media :* les médias
the earth : la terre   *the war :* la guerre   *the future :* l'avenir

On l'emploie aussi devant des groupes humains connus : *the English* (les Anglais). Reportez-vous au tableau 23 (**→ p. 186-187**).

3 Comme « le » en français, *the* peut s'employer pour **exprimer une généralité**. Le nom utilisé est au singulier.

*When I see Fido, I wonder if **the dog** is really a faithful animal.*
Quand je vois Fido, je me demande si le chien est vraiment un animal fidèle.

C *The* ou article Ø ?

1 Les articles « le/la/les » se traduisent par *the* lorsqu'ils désignent un élément particulier ; ils se traduisent par l'article Ø lorsqu'ils font référence à une généralité.

généralité	élément particulier
*They prefer **Ø money** to **Ø love**.* Ils préfèrent l'argent à l'amour. [l'argent, l'amour en général]	*Where did you put **the money**?* Où as-tu mis l'argent ? [somme d'argent particulière]
	***The love** I once felt for them has vanished.* L'amour que j'éprouvais autrefois pour eux s'est éteint. [sentiment particulier, éprouvé à un certain moment]

2 On n'emploie pas *the* devant les noms de pays, sauf s'ils incluent un nom commun *(states, kingdom, republic)* : *the United States, the Republic of Ireland.*

3 On trouve *the* devant les noms de fleuves, de mers, de montagnes : *the Thames* (*the river Thames*, la Tamise), *the Atlantic* (l'Atlantique), *the Alps* (les Alpes) mais pas devant les noms de rues, de bâtiments, de parcs, de lacs : *Ø Regent Street, Ø Heathrow Airport, Ø Hyde Park, Ø Lake Michigan.*

REPÉRER

1 Classez l'article *the* selon sa prononciation : /ðə/ ou /ði/.
Vous pouvez faire cet exercice par écrit ou oralement.
Vérifiez vos réponses sur le site. **A**

1. the essential problem
2. the hero
3. the Olympics
4. the hour
5. the hand
6. the answer
7. the eye
8. the highest building
9. the humour
10. the universe
11. the United Kingdom
12. the handsome man
13. the honourable man
14. the head

2 Justifiez l'emploi de Ø et celui de *the* dans le texte suivant. **B** **C**

We hold these truths to be self-evident, that all ø men are created equal, that they are endowed by their Creator with certain unalienable Rights, that among these are ø Life, ø Liberty and the Pursuit of ø Happiness. That to secure these rights, ø Governments are instituted among ø Men, deriving their just powers from the consent of the governed.

The Unanimous Declaration of Independence
of the United States of America (July 4th 1776)

Suggestion de traduction
Nous tenons pour évidentes les vérités suivantes : tous les hommes sont créés égaux ; ils sont dotés par le Créateur de certains Droits inaliénables ; parmi ces droits se trouvent la Vie, la Liberté et la Recherche du Bonheur. Les gouvernements sont établis parmi les Hommes pour garantir ces droits, et leur juste pouvoir émane du consentement des gouvernés.

Déclaration d'Indépendance
des États-Unis d'Amérique (4 juillet 1776)

EMPLOYER

3 Traduisez les phrases suivantes. **B** **C**

1. Les chats voient dans le noir.
2. Partout, l'homme a abattu les forêts pour cultiver la terre.
3. Est-ce que l'aéroport de O'Hare est loin de la ville de Chicago ?
4. Est-ce que tu aimes le café noir ?
5. Le café que j'ai bu après le déjeuner était trop fort.
6. Il collectionne les livres anciens.
7. Tous les livres qui sont sur l'étagère du haut sont à moi.
8. Comme presque toutes les femmes, elle aime le parfum.
9. L'Australie a une superficie à peu près égale à celle des États-Unis.
10. La Statue de la Liberté se trouve sur Liberty Island dans le port de New York.

4 Employez *the* ou Ø dans les phrases suivantes. **B** **C**

1. Since ...... Fukushima disaster ...... nuclear power has been questioned in many countries.
2. ...... charity begins at ...... home.
3. Kodiak is ...... home of famous brown bears.
4. Barack Obama was re-elected ...... President in 2012.
5. ...... new president swore on ...... Bible to respect ...... Constitution.
6. ...... Norman soldiers who arrived in ...... England in 1066 were followed soon by a flood of ...... Latin documents, offering a growing band of ...... scholars ...... access to ...... wisdom that had been accumulating on ...... continent since ...... fall of ...... Roman Empire.
7. ...... love of ...... money is ...... root of all evil. *(St Paul)*
8. ...... riches *(les richesses)* grow in ...... Hell. *(John Milton)*
9. ...... honesty is incompatible with ...... amassing of a large fortune. *(Mahatma Gandhi)*
10. He deserves ...... money he earns.

This/That : montrer qqch. ou qqn

This is my friend Laurie. What's that thing?

A — Formes

singulier	pluriel
this /ðɪs/	*these* /ðiːz/
that /ðæt/	*those* /ðəʊz/

Suivis d'un nom, *this/these* et *that/those* sont des **déterminants**.
Employés sans nom, ils sont appelés des **pronoms** (ils remplacent un nom).

À noter

celui-ci/celle-ci : *this one*	**mais**	ceux-ci/celles-ci : *these*
celui-là/celle-là : *that one*		ceux-là/celles-là : *those*

B — *This/these* : proche ; *that/those* : non proche

1 *This/these* sert à montrer quelque chose ou quelqu'un qui est **proche** du locuteur ; *that/those* montre quelque chose ou quelqu'un qui n'est **pas proche** du locuteur. Cette proximité peut concerner l'espace ou le temps.

this : proche	*that* : non proche
dans l'espace	
I can't open this jar.	*What's that thing on the horizon?*
Je ne peux pas ouvrir ce bocal.	C'est quoi ce truc à l'horizon ?
dans le temps	
This year, we'll go to the States more often.	*2012? That's when I passed my driving test.*
Cette année, nous irons aux États-Unis plus souvent.	2012 ? C'est l'année où j'ai réussi mon permis.
[*this year* = l'année présente]	[*that* = un moment du passé]

L'opposition *this/that* est **relative** : c'est celui qui parle qui se sent proche ou non de quelque chose ou de quelqu'un.

2 On peut utiliser *that/those* pour rejeter quelque chose ou quelqu'un.
"Turn it off. I've had enough of that programme." "But this programme is absolutely fascinating!" [*that* = distance affective]
« Éteins. J'en ai assez de cette émission. – Mais cette émission est vraiment passionnante ! »

3 Quand on a montré un premier objet à l'aide de *this*, on emploie *that* pour désigner un **second objet**, même s'il est à la même distance dans l'espace.
Would you rather have this piece of cake or that one?
Vous préférez cette part de gâteau ou celle-là ?

4 Remarquez l'emploi de *this/that* au téléphone.
Hello. This is David. Is that Dominique?
Allô. C'est David au téléphone. C'est Dominique ?

5 Pour présenter quelqu'un, on utilise *this*. Inversement, *that* a parfois valeur de conclusion.

This is Sophie and Mary.	*That's it!/Well, that's that!*
Voici Sophie et Mary.	Voilà !/Eh bien voilà !

1 Justify the use of *that* in the caption. **B**

"Where's that waiter with our fish course?"

2 Justifiez l'emploi de *this/that* puis traduisez en français. **B**

1. During World War II, reports given on the BBC from London started with: "This... is... London."
2. "This town isn't big enough for both of us," he said, drawing his six-shooter *(en sortant son six coups)*.
3. That's all, folks!
4. That's the way it is. There's no escaping it. *(Pas possible d'y couper.)*
5. [Referring to England] "This royal throne of kings, this sceptered isle *(île porteuse de sceptre)*... This precious stone set in the silver sea..." (William Shakespeare, *Richard II*, 1595)

3 Employez *this (these)* ou *that (those)* dans les phrases suivantes. **A B**

1. ...... is Liza and ...... is Jane.
2. They didn't have computers in ...... days.
3. ...... pair of jeans fits better than ....
4. I'd like to leave ...... here and collect it later.
5. What on earth is ...... you're wearing?
6. "But ...... 's not red, it's orange!" "You didn't say what kind of red you wanted." "Well... a... red red. I don't see what's so difficult about ...."
7. "Could you do me a favour?" "Sure." "I need someone to sign ...."
8. "Is he coming back soon?" "Yes, he'll be back ...... Thursday."
9. ...... drawings are just delightful, don't you think?
10. Do you remember ...... people we met last August? I got a letter from them ...... morning.

This/That : renvoyer à des paroles

This et *that* sont aussi employés pour renvoyer à des paroles ou à du texte.
Dans ce cas, ils sont employés en tant que pronoms (c'est-à-dire sans nom).

A

Reprise de paroles déjà prononcées

1 *This* et *that* sont employés pour **reprendre des paroles déjà prononcées** ou du texte déjà écrit. *That* est d'un emploi un peu plus neutre que *this*.

Bill went to the States without warning his parents. **That/This** *really upset them.*
Bill est allé aux États-Unis sans prévenir ses parents. Ça les a vraiment contrariés.

There was complete lack of communication between them. **That/This** *was a problem.*
Il n'y avait aucune communication entre eux. Ça posait un problème.

2 *This* est préféré à *that* quand on complète longuement ce qu'on reprend.

Sarah and I met in March 2012. **This** *was when my life changed entirely. We married a few weeks later and decided to open a joint account.*
Sarah et moi nous sommes rencontrés en mars 2012. C'est à ce moment-là que ma vie a entièrement changé. Nous nous sommes mariés quelques semaines plus tard et avons décidé d'ouvrir un compte commun.

À noter

Seul *this* est employé pour **annoncer des paroles** (ou du texte) qui suivent.

I look at life like this: never waste your time. [This → *never waste your time.]*
Pour moi, la vie, c'est ceci : ne perds jamais de temps.

B

This/that ou *it* ?

1 Pour renvoyer à des paroles ou à du texte, on peut aussi utiliser le pronom *it*. *It* constitue un **simple renvoi**. On emploie plutôt *this* et *that* quand on veut **insister sur ce qui est repris**. En français, dans tous les cas, on utilise « cela » (ça/c').

She insulted the policemen in front of everybody. That really surprised us all.
Elle a insulté les policiers devant tout le monde. Ça nous a vraiment tous surpris.

2 Quand « **c'est** » reprend des paroles, il se traduit par **this is** ou **that is** et non par *it's*.

"He never called me back." "That's strange."
« Il ne m'a jamais rappelé. – C'est bizarre. »

3 **Attention** : *this* et *that* sont repris par *it* (→ **p. 78**).

That's nice. Where did you get it?
C'est sympa ça. Où l'as-tu trouvé ?

À noter

This et *that* peuvent aussi modifier un adjectif en intensifiant son sens. *That* dans ce cas s'emploie surtout dans les phrases négatives et interrogatives.

My cat is about this big.
[*This* modifie l'adjectif *big*.]
Mon chat est à peu près gros comme ça.

I'm not that hungry.
[*That* modifie l'adjectif *hungry*.]
Je n'ai pas si faim que ça.

1 Soulignez *that* s'il renvoie à des paroles et précisez lesquelles. **A B**

2 Traduisez. **A B**

1. Cet exercice va vous aider à maîtriser l'emploi de *this* et *that*.
2. « Qu'est-ce qu'il y a à la télévision ce soir ? – Un de ces films sans queue ni tête *(without beginning or end)*. »
3. Je ne peux pas voir cet acteur.
4. C'est si difficile que ça ?
5. C'est impossible de le faire si vite.
6. C'est à toi de décider *(up to you)*.
7. Il a gagné à la loterie. C'est ainsi qu'il est devenu millionnaire.
8. « Il a réussi. – C'est une bonne nouvelle. »
9. Voilà ce qu'il a dit : « Partir ou rester, c'est toute la question. »
10. Il a refusé de venir. C'est pourquoi je suis triste.

3 Complétez en employant *this/that* ou *it*. **B**

1. I'd appreciate ...... if you could make them feel especially welcome.
2. ...... will be a special program: see how it works.
3. "Was that place a school?" "No, ... was not a school, but still there were lots of children there. ...... was a 'camp' - ...... was the name the place had."
4. I haven't started going mad, if ...... 's what you're thinking.
5. "What do you mean, go to university? Which university?"
   "The university here, in the city, I could go as a day student. If they'd have me, ... is."
   "And how long have you had that idea? You've never said anything about ...... before."
   "I was waiting for my results. There was no point in saying anything until I knew how I'd got on."
   "You could have said something, though ...." [...]
   "Don't be like ...... , Phil. I'm only thinking about ...."
   "And what about me? Don't I come into ...... ? ...... does affect me as well, you know."
   "I know ...... does. We shall have to talk ...... over, I'm not sure about ...... myself yet."
   Barry Hines, *Unfinished Business* (Penguin Books, 1983) © Barry Hines, 1983.
6. All sons think their Dad is a hero. ...... was a bit different with me and my Dad. Because my father really was a hero. He had a medal to prove ...... and everything.
   © Tony Parsons, *Man and Boy*, HarperCollins, 1999.
7. "Tell me about where you have been and what you have done." "I told you ...... once." "I know but, tell me again."
8. He had asked what she would be wearing and she said, "A Jaeger suit – beige." ...... was good to get the Jaeger bit in, let him know what kind of woman she was. Clothes said so much about a person, she thought.
   " ...... sounds nice, Bridie."
   Polite, gentlemanly... He had used her name. ...... was a good sign.
   © Morag Prunty, *An Independent Woman*, Simon & Schuster/TownHouse Ltd, 2002.

The two/both/either/neither

The two/both/either et *neither* expriment un lien à la dualité (au double).

A · The two et both

1 *The two* et *both* se traduisent par **« les deux »** en français. Avec *both*, on insiste davantage sur le fait que la situation est identique (tous les deux). *Both* se comprend par « pas seulement l'un ».

*The two books are quite different but **both** are worth reading.*
Les deux livres sont très différents, mais **tous les deux** valent la peine d'être lus.

2 *Both* peut se construire seul ou non, avec ou sans *of*.

both + nom/both seul	*Both letters were written by the same person.* *Both were written in Russian.* Les deux lettres ont été écrites par la même personne. Les deux ont été écrites en russe.
both of + pronom	*We talked to both of them.* Nous leur avons parlé à tous les deux.
both (of) + déterminant + nom	*Both (of) these teams are excellent.* Ces deux équipes sont excellentes.

« Les deux films » peut donc se traduire par *the two films*, *both films*, *both the films* ou *both of the films*.

3 *Both* adverbe se place **devant** le verbe, mais **après** l'auxiliaire ou le modal.

*My brothers **both** work in computers. They can **both** help you.*
Mes frères travaillent tous deux dans l'informatique. Tous deux peuvent t'aider.

*We **both** buy **and** sell foreign currencies.*
Nous achetons et vendons **à la fois** des devises étrangères.

B · Either et neither

1 *Either* (/ˈaɪðə/ ou /ˈiːðə/) signifie « l'un ou l'autre », *neither* (/ˈnaɪðə/ ou /ˈniːðə/) « ni l'un ni l'autre ». *Neither* est **négatif** : il s'emploie donc **toujours avec un verbe à la forme affirmative**.

either ou neither + nom	*Monday or Tuesday? Either day is fine with me.* Lundi ou mardi ? L'un ou l'autre jour me convient. *Neither restaurant appeals to me.* Aucun des deux restaurants ne me plaît.
either/neither seul	*Either is fine with me./Neither is fine with me.* L'un ou l'autre me convient./Ni l'un ni l'autre ne me convient.
either/neither of + pronom	*Either of them could tell you./Neither of them could tell you.* L'un et l'autre/Ni l'un ni l'autre nc pourrai(en)t te le dire.
either/neither of + déterminant + nom	*I don't believe either of these liars.* *I believe neither of these liars.* Je ne crois ni en l'un ni en l'autre de ces menteurs.

2 Avec *either... or...* (ou... ou...), on propose un **choix** entre deux possibilités. Avec *neither... nor...* (ni... ni...), on **exclut** deux possibilités.

You can either go or stay.
Vous pouvez soit partir, soit rester.

They can neither read nor write.
Ils ne savent ni lire ni écrire.

1 Traduisez les paroles d'Adam. **A**

" *You can fool **both** the people **some** of the time, and **one** of the people **all** the time, but you can't fool **both** the people **all** the time!*"

2 Complétez les phrases en employant *both*, *either* ou *neither*. **A** **B**

1. They were ...... born on the same day but they are not twins.
2. "Do you mind which I take?" "No, take ...."
3. Paul and Jim were not here: ...... can possibly know what happened.
4. "When are you leaving? On Saturday? On Sunday?" " ...... I'm leaving on Monday."
5. "Are your parents living?" "I have lost ...... my parents." "To lose one parent, Mr Worthing, may be regarded as a misfortune; to lose ...... looks like carelessness." *(Oscar Wilde)*

3 Ajoutez *of* si nécessaire. **A** **B**

1. Neither ...... book gives the answer.
2. Both ...... my cats are alley cats.
3. Both ...... them have green eyes.
4. Neither ...... them were rich.
5. I do not trust either ...... you.
6. Both ...... my children are married.
7. He wants neither ...... tea nor ...... coffee.
8. He likes neither ...... them.
9. We can visit either ...... these exhibitions.
10. Can either ...... them speak English?

4 Traduisez les phrases suivantes. **A** **B**

1. Je n'aime ni l'un ni l'autre.
2. Décide-toi : ou tu pars ou tu restes.
3. J'étais à la fois heureuse et malheureuse de partir.
4. Leurs deux enfants sont différents et pourtant ils ont été tous les deux élevés de la même manière.
5. « Lequel veux-tu ? – Difficile à dire. J'aime les deux. »
6. Ils sont tous les deux absents.
7. Est-ce qu'on doit rendre les deux exercices demain ?
8. J'ai demandé mon chemin à deux personnes. Ni l'une ni l'autre n'a pu m'aider.
9. Il ne veut ni manger ni boire.
10. Je ne peux pas être dans les deux endroits à la fois.

44 A lot of/much/many (beaucoup)

> *A lot of flights have been cancelled. There wasn't much traffic. Did you make many friends out there?*

A — A lot of

1 *A lot of* est **plus employé** que *much/many*. On le trouve dans les phrases affirmatives, interrogatives ou négatives. Il est suivi d'un nom au singulier ou au pluriel. Il peut aussi s'employer seul (le nom est sous-entendu).

A lot of people complained about the noise.
Beaucoup de gens se sont plaints du bruit.

"Did you take pictures during your holiday?" "Yes, a lot."
« Tu as pris des photos pendant tes vacances ? – Oui, beaucoup. »

2 Notez aussi les expressions : *lots of* + nom (des tas de) • *quite a lot of* + nom (pas mal de) • *a large number of* + nom pluriel (de très nombreux) • *a great deal of* + nom singulier (beaucoup de) • *plenty of* + nom (beaucoup de/plein de).

B — Much et many

1 *Much* + nom **singulier** et *many* + nom **pluriel** s'emploient surtout dans les phrases **interrogatives** et **négatives**. Le nom peut être sous-entendu.

Did you carry much money with you?
Vous aviez beaucoup d'argent sur vous ?

"Did you send postcards?" "Not many."
« Tu as envoyé des cartes postales ? – Pas beaucoup. »

Many peut s'employer dans des phrases affirmatives (style plus soutenu que *a lot of*).

In the opinion of many scientists, the world is getting warmer and warmer.
Selon de nombreux scientifiques, le monde se réchauffe de plus en plus.

2 *Much* peut être **adverbe** dans une phrase **négative**. Il modifie alors un verbe. Dans une phrase **affirmative**, on emploie *a lot* ou *very much*.

I didn't like it much.
Je ne l'ai pas beaucoup apprécié.

I like it a lot./I like it very much.
Je l'apprécie beaucoup.

C — So/too/how + much/many

1 *So much* + nom **singulier** et *so many* + nom **pluriel** signifient « **tellement de/tant de** » + nom. *So much* s'emploie comme « tellement » quand il modifie un verbe.

"Our neighbour has so much money!" "Yes, but he works so much!"
« Notre voisin a tellement d'argent ! – Oui, mais il travaille tellement ! »

2 *Too much* + nom **singulier** et *too many* + nom **pluriel** signifient « **trop de** » + nom. *Too much* s'emploie comme « trop » quand il modifie un verbe.

He's got too many friends. I don't like this.
Il a trop d'amis. Ça ne me plaît pas.

You work too much.
Tu travailles trop.

3 Dans une question, *how much* + nom **singulier** et *how many* + nom **pluriel** signifient « **combien de ?** » + nom. *How much* sans nom signifie « combien ? »

How much space/How many bottles do you need?
Combien d'espace/Combien de bouteilles te faut-il ?

How much is it?
Ça coûte combien ?

96

1 Justify the use of *too much* in the caption.
Who does such a statement usually refer to?

'He drinks too much'

2 Employez *a lot of*, *many* ou *much* dans les phrases suivantes. **A B**

1. How ...... stars are there on the American flag?
2. He never eats ...... at breakfast.
3. There is ...... work to be done.
4. Is there ...... work to be done?
5. Have you got ...... pets?
6. He spends ...... money on clothes.
7. ...... people think that this was " ...... ado about nothing" *(beaucoup de bruit pour rien)*.
8. We had ...... difficulty finding his house.
9. ...... time was wasted waiting for people who arrived late.
10. I wish he wouldn't come: he is one too ...... *(un de trop)* on this trip.

3 Posez les questions correspondant aux segments soulignés.
Vous pouvez faire cet exercice par écrit ou oralement.
Vérifiez vos réponses sur le site. **C**

1. He makes more than $10,000 a month.
2. They've won four matches so far.
3. I'm expecting five more people.
4. It weighs four tons.
5. You can borrow three books.
6. He owes us €1,000.
7. It's £500 but you can have a discount.
8. He's had ten telephone calls.
9. She got six emails this morning.

45

A little/a few, little/few

Fortunately, we still have a little time.
Unfortunately, we have little time left.

A little / a few et *little / few* font partie des quantifieurs. Ils désignent une petite quantité, un petit nombre. Ils fonctionnent comme *much* et *many*.

much/a little/little + nom singulier
many/a few/few + nom pluriel

A *A little* + singulier (un peu de) et *a few* + pluriel (quelques)

1 *A little* + **nom singulier** désigne une **petite quantité de**… Il s'emploie toujours devant un nom indénombrable *(love, courage, water, coffee…)*. Lorsqu'on rencontre *a little* + nom dénombrable *(boy, dog, finger…)*, *little* est un adjectif (signifiant petit).

Could I have a little more tea?   *It's a little secret we share.*
[*a little* = quantifieur (un peu de)]   [*a* = déterminant, *little* = adjectif]
Je pourrais avoir un peu plus de thé ?   C'est un petit secret que nous partageons.

A little peut aussi être adverbe. Il se traduit alors par « un peu ». On trouve aussi *a bit* ou *a little bit* dans ce cas, surtout à l'oral.

The customers were a little (ou *a bit*) *annoyed.*
Les clients étaient un peu mécontents.

We danced a little (ou *a bit*) *and then went home.*
Nous avons un peu dansé, puis nous sommes rentrés.

2 *A few* + **nom pluriel** désigne un **petit nombre de**… (quelques). Le nom peut être sous-entendu. *Quite a few* signifie « pas mal de ».

I arrived five days ago and I already have a few friends.
Je suis arrivée(e) il y a cinq jours et j'ai déjà quelques amis.

"How many oranges do you need for the fruit salad?" "Just a few."
« Il te faut combien d'oranges pour la salade de fruits ? – Juste quelques-unes. »

Quite a few of us agree with her.
Nous sommes un bon nombre à être d'accord avec elle.

B *Little* + singulier et *few* + pluriel (peu de…)

1 Avec *little* et *few* (sans *a*), on présente le nombre ou la quantité comme insuffisants.

I've got little time.   *Nobody likes them. They have few friends.*
[*little* + nom indénombrable]   [*few* + nom pluriel]
J'ai peu de temps.   Personne ne les aime. Ils ont peu d'amis.

2 *Little* et *few* peuvent être précédés d'adverbes tels que *very*, *too*, *extremely*. On rencontre aussi *few of*… (peu d'entre…).

*I've got **very little/too little** time.*   *They have **very few/too few** friends.*
J'ai très peu/trop peu de temps.   Ils ont très peu/trop peu d'amis.

Few of us agree.
Peu d'entre nous sont d'accord.

> **À noter**
>
> Vous remarquerez que « peu » fonctionne par rapport à « **un** peu » de la même manière que *little* et *few* par rapport à *a little* et *a few*.
>
> | singulier | pluriel |
> |---|---|
> | *a little* = un peu de | *a few* = quelques |
> | *little* = peu de (c'est insuffisant) | *few* = peu de (c'est insuffisant) |

1 Ajoutez *a* lorsque c'est nécessaire. **A** **B**

1. Can you lend me ...... little money?
2. The play was a flop: ...... few people understood what it was all about.
3. She's diet-conscious: she puts ...... little butter in her cooking.
4. She'll be here in ...... few minutes.
5. Please give me ...... little water.
6. There's ...... little hope of rescuing them alive.
7. We might put ...... few ads in the local paper.
8. How about ...... little more pepper in it?
9. Hurry up! I've ...... little time to spare.
10. Many are called but ...... few are chosen.
11. I've been to London ...... few times.
12. There was ...... little traffic, that's why I was early.
13. There are no pears left but there are ...... few apples.
14. We need ...... few more chairs.
15. Can't you stay ...... little longer?

2 Employez *much*, *many*, *little* ou *few* précédés d'un adverbe *(very/so/too)*. **A**

1. This is a very good car: it requires ...... maintenance.
2. It was an excellent film: it's a shame ...... TV viewers watched it.
3. He has drunk ...... beer that he is sick now.
4. ...... people can afford such holidays.
5. There were ...... complaints that they had to give the people their money back.
6. You spend ...... time playing video games, you should read more.
7. Dutch is spoken in ...... countries.
8. I really didn't enjoy myself ....
9. The pollution was at its peak: there had been ...... rain to cleanse *(purifier)* the air.
10. They had to close down the hotel: there had been ...... tourists that summer.
11. He can't be a good teacher: he has ...... patience.
12. There are ...... places of interest in this town that it's worth staying longer.
13. She has ...... acquaintances but ...... friends.
14. They have given us ...... information about their company.
15. Stop drinking! You've already had one glass ....

3 Traduisez (exercice de synthèse). **A** **B**

1. Il parle trop.
2. J'ai besoin d'un peu de temps pour réfléchir *(think over)*.
3. Tu auras largement assez de temps pour ça.
4. Elle a de la chance : elle a peu de problèmes.
5. Il y a encore trop de braconniers *(poachers)* en Afrique.
6. Trop de déchets *(waste)* sont jetés *(dump)* à la mer.
7. Très peu de femmes sont chefs d'État.
8. Comment se fait-il que *(How come…)* tant de gens aiment cette publicité ?
9. Elle n'a pas dit grand-chose de leur rencontre. *(She said very…)*
10. « Combien en voulez-vous ? – Juste quelques-unes. »

Each/every/all/ the whole

I talked to each student in the class.
Every person counts. All the guests have gone.

A   Each et every

1 Avec *each* (chaque), on **s'arrête sur chacun des éléments** d'un ensemble, alors qu'avec *every* (chaque/tout), on parcourt l'**ensemble des éléments**.
"So, everybody's here today."
« Bien, tout le monde est là aujourd'hui. »
[dit le professeur après avoir parcouru des yeux l'ensemble de la classe]

Quand l'ensemble envisagé est réduit, c'est plutôt *each* qui est utilisé. Quand il n'y a que deux éléments, *each* est obligatoire.
He had blood stains on each leg.
Il avait des taches de sang sur chaque jambe.

2 *Each* et *every* sont **toujours suivis d'un verbe au singulier**, car chaque élément de l'ensemble est considéré individuellement.
Each employee agrees with the management.
Chaque employé est d'accord avec la direction.

3 *Each* + nom et *every* + nom peuvent être repris au singulier ou au pluriel.
Each student agrees with his or her or their teacher.
Chaque étudiant est d'accord avec son prof.

4 *Each* n'est pas toujours suivi d'un nom.

each + of	*I talked to each of them and they all agree.* J'ai parlé à chacun d'entre eux et ils sont tous d'accord.
each pronom	*My cousins have each bought a flat in London.* Mes cousins ont acheté chacun un appartement à Londres.
each après une quantité, un prix	*We had four meals each. They cost $50 each.* Nous avons chacun fait quatre repas. Ils ont coûté 50 dollars chacun.

5 *Every*, contrairement à *each*, ne peut être que déterminant. Il est donc **toujours suivi d'un nom** (ou du pronom *one*).
Every person/Everyone of us was surprised. [~~Every of us~~ est impossible.]
Chaque personne/Chacun d'entre nous a été surpris.

6 On rencontre *every* dans des mots composés soudés par l'usage : *everyone/everybody* (tout le monde, chacun) • *everything* (tout) • *everywhere* (partout).

B   All et whole

1 Avec *all* (tout), on ne s'intéresse qu'à la **totalité**. *All* s'emploie avec un nom singulier ou pluriel. Il existe plusieurs façons de dire « tous les » + nom.
all children : tous les enfants en général
all (of) the children : tous les enfants dont on vient de parler

2 *Whole* /həʊl/ (tout entier) est un **adjectif** (+ nom dénombrable au singulier).
They spent their whole fortune on their house.
Ils ont dépensé leur fortune toute entière pour leur maison.
They spent all their fortune on their house.
Ils ont dépensé toute leur fortune pour leur maison.

1 Faites correspondre un symbole au point de vue exprimé en anglais puis traduisez en français. **A** **B**

↔ ↔ ↔   en anglais : parcours
■ ■ ■   en anglais : dissociation de chaque / arrêt sur chaque
⬭   en anglais : ensemble perçu globalement
⬬   en anglais : intégralité de l'ensemble

anglais	↔↔↔	■ ■ ■	⬭	⬬	traduction
Do you play tennis every day?	✔				Tu joues au tennis tous les jours ?
Each of them received a present.					
I expect you to tell me all the truth.					
I'm sick of the whole thing.					
Do you each have a book?					
There's every chance that he will come.					
Everybody knows that.					
This can happen at every moment.					
Each and every one of us was convinced he was guilty.					
All men are created equal.					
All's well that ends well.					

2 Traduisez en anglais. **A** **B**

1. Est-ce que tout va bien ?
2. Il se plaint toute la journée.
3. *The Economist* paraît *(be published)* toutes les semaines.
4. Tout le monde n'a pas un ordinateur.
5. Chacun d'entre vous sait ce qui s'est passé.
6. Tu as lu ce livre en entier ?
7. Toute la France a regardé la finale.
8. Tous les hommes sont mortels.
9. Ça marche à tous les coups.
10. Toutes les fois que je le vois, je pense à mon père.
11. Tout le monde connaît la vérité.
12. J'ai déjà dit tout ce que je sais.
13. J'ai regardé partout. Je ne les trouve pas.

47 Some et any

Some et *any* signifient « une **certaine quantité** » ou « un **certain nombre** ». Ils se traduisent souvent par le partitif « du, de la, des, de ». On rencontre ***some*** dans les phrases **affirmatives** et **interrogatives** et ***any*** dans les phrases **interrogatives** et **négatives**. Pour la prononciation de *some*, → **p. 166**.

A Some et any : une certaine quantité/un certain nombre

I'd like some milk with my tea, please.
J'aimerais du lait dans mon thé, s'il vous plaît.
[quantité de lait non précisée]

I haven't seen any good films recently.
Je n'ai pas vu de bons films récemment.
[nombre de films non précisé]

1 Le nom après *some* et *any* peut être sous-entendu, lorsqu'il est évident.

"I bought too many T-shirts. Would you like some?" "No, I don't need any."
« J'ai acheté trop de tee-shirts. Tu en voudrais ? – Non, je n'en ai pas besoin. »

2 Quand on ne s'intéresse pas à une quelconque quantité ou à un quelconque nombre, on utilise l'article zéro (aucun commentaire sur la quantité).

Did you order Ø mineral water or Ø tap water?
Vous avez demandé de l'eau minérale ou de l'eau du robinet ?
[On ne s'intéresse pas à la quantité d'eau.]

3 ***Not… any*** correspond à « **pas de…** ». Remarquez la correspondance : ***some*** dans les phrases **affirmatives** et ***any*** dans les phrases **négatives**. *Any* est suivi d'un indénombrable (singulier) ou d'un dénombrable pluriel.

They've got some nice friends in Egypt.
Ils ont des amis sympathiques en Égypte.

I haven't got any friends.
Je n'ai pas d'ami(s).

B Some et any dans les phrases interrogatives

1 Dans les phrases interrogatives, on emploie *some* ou *any*. On utilise ***some*** si on pense que la **réponse** sera **positive**. On l'emploie donc plutôt que *any* lorsqu'on fait une offre ou une proposition.

Did we get some mail today?
On a eu du courrier aujourd'hui ?
[Je m'attends à une réponse positive.]

Did we get any mail today?
On a eu du courrier aujourd'hui ?
[Je ne présuppose aucune réponse.]

Would you like some more tea? [*Any* ne conviendrait pas dans une offre.]
Vous reprendrez du thé ?

2 Les composés en *some-* et *any-* (*something/anything* : quelque chose ; *somebody/anybody* ou *someone/anyone* : quelqu'un ; *somewhere/anywhere* : quelque part) s'emploient de la même façon.

Did you talk to someone?
Tu as parlé à quelqu'un ?

Is anyone home?
Il y a quelqu'un à la maison ?

À noter

• *Some* + nom dénombrable = « un certain… » : *some philosopher* (un certain philosophe).
• Dans les énoncés affirmatifs, ***any*** correspond à « n'importe quel », ***anything***
à « n'importe quoi », ***anybody/anyone*** à « n'importe qui », ***anywhere*** à « n'importe où ».

Anyone/Any child can do that anywhere.
N'importe qui/N'importe quel enfant peut faire ça n'importe où.

1 Lisez le texte suivant. Complétez la traduction. **A** **B**

A little story

This is a story about four people named Everybody, Somebody, Anybody, and Nobody.

There was an important job to be done and Everybody was sure that Somebody would do it.

Anybody could have done it, but Nobody did.

Somebody got angry about that because it was Everybody's job.

Everybody thought Anybody could do it, but Nobody realized that Everybody wouldn't do it.

It ended up that Everybody blamed Somebody when Nobody did what Anybody could have done.

1985, H&L Ent., San Diego, Cal., USA/D.R.

C'est l'histoire de quatre personnes qui s'appelaient : ...... , ... , ... et ......

Il y avait un travail important à faire, et ...... était sûr que ...... le ferait.

...... aurait pu le faire, mais ...... ne le fit.

...... se fâcha car c'était l'affaire de ....

...... pensait que ...... pouvait le faire, mais ...... ne comprit que ...... ne le ferait pas.

Il s'ensuivit que ...... en voulut à ...... lorsque ...... ne fit ce que ...... aurait pu faire.

2 Justifiez l'emploi de l'article Ø devant *hot dogs*, *fried chicken*, et l'emploi de *some* dans *some of the most lethal*. **A**

3 Complétez les phrases avec *some* ou *any*. **A** **B**

1. If there are ...... words you don't understand, look them up in your dictionary.
2. He is broke *(fauché)*: he doesn't have ...... money left.
3. "You seem to be having ...... problems." "It's all right, thanks. I can manage."
4. If you have ...... more trouble, please let me know.
5. Can I have ...... cream in my coffee, please?
6. Come ...... time you want.
7. There's ...... very good white wine in the fridge.
8. We don't want ...... problems.
9. The thing is, we can't take ...... risks.
10. All animals are equal but ...... are more equal than others. *(George Orwell)*

4 Complétez les phrases avec un composé de *some* ou *any*. **B**

1. Don't let ...... in, I'm too busy.
2. It's very easy to find: ...... can tell you how to get here.
3. "What did he say?" " ...... about not being his job."
4. He lives ...... in Australia now.
5. "Where shall I sit?" " ...... will do."
6. You didn't say ...... about that!
7. ...... told me you were going to divorce: is that true?
8. Never mind, you'll find ...... else, ... better maybe.
9. He didn't have ...... to stay: he slept in the park.
10. I don't suppose you've ever seen ...... like this before.

No/no more/none/never/hardly

The policemen and women had no caps on.
The policemen and women didn't have any caps on.

Pour donner une valeur négative à un énoncé, le mot le plus courant est **not** (ne pas). Mais on trouve aussi **no**, **none** et **never** + verbe affirmatif.

A No + nom

1 *No* + **nom** au singulier ou au pluriel désigne une **quantité nulle**. À la place de *no* + nom, on trouve aussi **not… any** + nom, qui est plus fréquent.

I have no experience in teaching./I don't have any experience in teaching.
Je n'ai aucune expérience de l'enseignement.

2 Quand *no* n'est pas directement suivi d'un nom, on emploie **none** à la place (« aucun » pronom). *None* s'accorde au singulier (surtout à l'écrit) ou au pluriel.

None of my colleagues has/have arrived yet.
Aucun de mes collègues n'est encore arrivé.

B Comment traduire « ne … plus » ?

1 **Dans tous les cas,** on peut traduire « ne… plus » à l'aide de **not… any more**.

Mrs Simpson doesn't live here any more.
Mrs Simpson n'habite plus ici.

We haven't got any more bread.
Nous n'avons plus de pain.

2 Quand « ne… plus » signifie que **quelque chose n'est plus vrai**, on peut aussi utiliser **no longer** + verbe à la forme affirmative ou **not… any longer**.

Mrs Simpson no longer lives here./Mrs Simpson doesn't live here any longer.

3 Quand « ne … plus » + nom signifie qu'**on n'a plus une certaine quantité de**…, on peut aussi utiliser **no more** + nom (verbe à la **forme affirmative**).

We've got no more bread.

C Les composés en *no-* et leurs correspondants en *not… any*

Nothing = *not… anything*, **no one/nobody** = *not… any one/not… anybody*, **nowhere** = *not… anywhere* s'emploient avec un **verbe** à la **forme affirmative**.

I didn't speak to any one. [plus fréquent que : *I spoke to no one.*]
Je n'ai parlé à personne.

D Never/hardly

1 *Never* (ne… jamais), *hardly* et *scarcely* (à peine/presque pas) sont des adverbes à **valeur négative**. Ils s'emploient donc avec un **verbe** à la **forme affirmative**.

They never apologized.
Ils ne se sont jamais excusés.

I hardly/scarcely recognized them.
Je les ai à peine reconnus.

2 Comme ils ont une valeur négative, ils s'utilisent avec **any** (et non avec *no*) et avec **ever** (et non avec *never*). *Without* (sans) fonctionne de la même façon.

These students hardly give me any trouble.
Ces étudiants ne me donnent pratiquement aucun mal.

We hardly ever see our managing director.
Nous **ne** voyons **presque jamais** notre P.-D.G.

We managed without any help.
Nous avons réussi **sans** aide.

1 Repérez les mots qui apportent une valeur négative à la phrase. Puis traduisez les phrases 1 à 5. **A B C D**

Il ne m'appelle jamais. → *ne ... jamais*
You never told me. → *never*

1. Je n'ai vu personne.
2. Il n'y a rien dans ce Frigidaire !
3. Elle ne ment pas.
4. Il ne m'aime plus.
5. Tu n'es jamais allé en Angleterre ?

6. There's nothing wrong with it.
7. The sales were on but I didn't buy anything.
8. Nobody is perfect.
9. I could hardly hear anything.
10. He promised he would never do it again.

2 Corrigez les erreurs (dialogues extraits d'œuvres littéraires américaines, reproduisant un niveau de langue relâché). **A B C D**

1. "I can't pay nothing because I ain't got nothing myself."
2. "My Dad never thought nothing bad."
3. "What did your other teacher tell you that it meant?" "She never said nothing, Miss."
4. "Once I could say it, Daddy gave me a nickel [5 cents] for saying it well." "That's right. But I never got no nickel."

3 Complétez les phrases en employant *not*, *no* ou un composé de *no*. **A B C**

1. "Do you know what time it is?" " ...... idea."
2. I've ...... against trying.
3. There's ...... reason why he should not try.
4. It's ...... his fault.
5. I do ...... want any problems.
6. ...... can force him to accept.
7. They are allowed to receive parcels. Food only, but ...... drinks, ... cigarettes.
8. "Where are you going?" " ...... special."
9. It's not interesting: there's ...... in it.
10. I can wait ...... longer.

4 Traduisez. **A B C D**

1. « J'aimerais bien un peu plus de café. – Désolée, il n'en reste plus. »
2. Je ne veux rien.
3. Il n'y a pas de fumée sans feu.
4. Il est parti sans rien dire.
5. Tu ne penses jamais à rien.
6. As-tu jamais rien vu de pareil ?
7. Aucun d'entre eux n'était d'accord.
8. Ça ne me dérange pas du tout. *(It's ... trouble)*
9. « Tu as trouvé des fautes ? – Aucune. »
10. Ça n'arrive presque jamais. (Employez *hardly*, puis *almost*.)

Les chiffres et les nombres

We studied 10,000 families with an average of 1.3 children.

Les nombres **cardinaux** *(one, two...)* ont un rôle de déterminant (ils sont suivis d'un nom). Les nombres **ordinaux** *(first, second...)* sont des adjectifs et précisent la position dans un ordre. Reportez-vous au tableau 19 (➜ **p. 185**).

A | Comment lire certains chiffres et nombres ?

1 0 se lit *zero* /ˈzɪərəʊ/ ou *"oh"* /əʊ/. **Zero** est utilisé dans les calculs ou les températures. Pour un numéro où chaque chiffre est prononcé, on utilise *"oh"* ou *"zero"*.

How much is zero degrees Celsius in Fahrenheit?
Zéro degré Celsius, ça fait combien en Fahrenheit ?

2 Les **décimales** se lisent chiffre par chiffre. On utilise un **point en anglais** *(decimal point)*, là où le français emploie une virgule.

6.55957 : six point five five nine five seven
6,55957 : six virgule cinquante cinq mille neuf cent cinquante sept

3 Tout ce qui est **au-delà de « un »** est considéré comme un pluriel en anglais.

one and a half hours : une heure et demie   *1.7 kilometres :* 1,7 kilomètre

4 On emploie **and** devant les dizaines et les unités. Remarquez que les milliers (millions, milliards) sont séparés par une virgule.

*1,001 : one thousand **and** one*   *1,000,020 : one million and twenty*

B | Comment lire et écrire les dates ?

1 Les dates se lisent par groupes de deux chiffres.

1800 : eighteen hundred	**mais**	*2000 : two thousand*
1945 : nineteen (hundred and) forty-five		*2018 : two thousand and eighteen*
		ou *twenty eighteen*

2 Les jours se lisent de deux façons : *27/05/1999* ➜ *May the twenty-seventh, nineteen ninety-nine/the twenty-seventh of May, nineteen ninety-nine*.

Ils s'écrivent de trois façons : *27 May 1999/27th May 1999/[US] May 27, 1999*.

C | Les nombres *dozen, hundred, thousand, million, billion*

Dozen (douzaine), *hundred*, *thousand*, *million* et *billion* (milliard) sont **invariables** lorsqu'ils sont précédés d'un nombre ou de *a few*, *several*. Mais au sens de « des douzaines de..., des centaines de..., des milliers de... », ils s'emploient, comme tous les noms, au pluriel.

several million years : plusieurs millions d'années
hundreds/millions of years : des centaines/des millions d'années.

À noter

• Lorsqu'on a **nom + nombre** en anglais, on n'emploie pas l'article *the*, car le nombre joue un rôle de déterminant.

chapter ten : **le** chapitre 10   *Turn to **page 65**.* Allez à **la** page 65.

• À la différence du français, le cardinal *(ten, thousand)* se place juste devant le nom.

*the first **ten** participants*	*the other **thousand** dollars*	*the last **twenty** years*
les **dix** premiers participants	les **mille** autres dollars	les **vingt** dernières années

1 Lisez à haute voix la *nursery rhyme* suivante. Si possible enregistrez-vous, puis comparez votre production à l'enregistrement disponible sur le site. **A**

1 - 2	Buckle my shoe	11 - 12	Who will delve?
3 - 4	Shut the door	13 - 14	Maids a-courting
5 - 6	Pick up sticks	15 - 16	Maids a-kissing
7 - 8	Lay them straight	17 - 18	Maids a-waiting
9 - 10	A big fat hen	19 - 20	My plate's empty

2 Lisez ces chiffres puis écrivez-les en toutes lettres. Si possible enregistrez-vous, puis comparez votre production à l'enregistrement disponible sur le site. **A B**

52	247	8,954	60,000,000
10,650,000	2,010	4,595	4.595
Room No 504	Telephone number: 10 02 01 17 00		

3 Lisez ces phrases puis écrivez les chiffres en toutes lettres. **A B C**

1. George Orwell wrote his novel *1984* in 1948.
2. Abraham Lincoln was assassinated in April 1865.
3. The *Mayflower* reached America on November 21, 1620.
4. On July 20, 1969 three Americans took man's first walk on the moon.
5. The Declaration of Independence was signed on July 4, 1776.
6. The Statue of Liberty is a 225-ton copper statue, 152ft in height, facing the Ocean from Liberty Island in New York harbour. The left hand carries a tablet upon which is inscribed: JULY IV MDCCLXXVI. President Cleveland accepted this gift from France for the United States on October 28, 1886.

4 Traduisez en anglais. **A B C**

1. Qui a été le premier président des États-Unis ?
2. Pour plus de renseignements, reportez-vous à la page 57.
3. Dans *Fahrenheit 451*, les pompiers brûlent des milliers de livres.
4. Il est né le 17 juin 1946.
5. Il y a plus de 310 millions d'Américains.
6. C'est la troisième rue à gauche.
7. C'est à environ 1,5 kilomètre d'ici.
8. Il a des centaines de livres dans sa collection.
9. Il est arrivé *(come)* second et moi quinzième.
10. Lisez les deux premiers paragraphes.

Le génitif

John's e-mail
my friends' address

Le génitif crée une **relation étroite entre deux noms**.

A — Construction du génitif

nom au singulier : + **'s**	*the cat's claws* (les griffes du chat)
nom au pluriel : + **'**	*my parents' car* (la voiture de mes parents)
noms propres terminés par un *-s* au singulier : + **'s** ou + **'**	*Dickens's novels/Dickens' novels* (les romans de Dickens)
nom pluriel ne se terminant pas par un *-s* : + **'s**	*these women's secretaries* (les secrétaires de ces femmes)

1 Le *-s* du génitif se prononce comme le *-s* de la 3ᵉ personne du singulier (tableau 8 → **p. 179**).

2 Le nom à droite du génitif peut être **sous-entendu** quand il **vient d'être mentionné** : on n'emploie **jamais** *one* dans ce cas. Il peut aussi être sous-entendu quand il désigne un **lieu public** ou un **domicile**.

"Whose chequebook is this?" "It's Mike's."
« À qui est ce chéquier ? – Il est à Mike. »

at the Favrettis' (home)
chez les Favretti

B — Quels noms peuvent être employés au génitif ?

1 Les noms désignant des **personnes**, des **animaux**, des **noms de lieu** ou **de pays**.

the government's policy : la politique du gouvernement
the world's tallest man : l'homme le plus grand du monde
Britain's exports : les exportations de la Grande-Bretagne

2 Les noms se rapportant à une **activité humaine**, au **temps** ou à l'**argent**.

the car's speed : la vitesse de la voiture   *today's news* : les nouvelles d'aujourd'hui
a hundred dollars' worth of food : pour cent dollars de nourriture

C — Valeurs du génitif

1 Le génitif relie étroitement les deux noms, il les « **soude** ». Retenez la différence avec le français dans l'**ordre des mots** : *Sarah's computer* → l'ordinateur de Sarah.

Cette relation exprime assez souvent l'**appartenance** (*Sarah's computer*) ou un lien plus abstrait proche de l'appartenance (*Simon's neighbours*). Retenez que le génitif a un **fonctionnement** proche des **déterminants possessifs** *(my, your, his…)*.

Simon's/his neighbours   *Laura's/her* new boyfriend

2 Dans certaines expressions, le génitif sert à former un **nom composé**. On parle dans ce cas de génitif **classifiant**.

clothes : des habits   *men's clothes* : des habits d'homme
a life : une vie   *a dog's life* : une vie de chien

3 Attention à la **place de l'adjectif avec le génitif**. Comparez.

*the **old** lady's bag* : le sac de la vieille dame [old → lady]
*the lady's **old** bag* : le vieux sac de la dame [old → bag]

Quand le génitif est classifiant, l'adjectif se place devant le génitif.

*an **old** woman's hat* : un vieux chapeau de femme [old → hat]

1 Joignez les groupes de mots à l'aide d'un génitif ou d'une structure avec *of*. (→ p. 110) **A** **B**

the car/our neighbours → *our neighbours' car*
the roof/the house → *the roof of the house*

1. the birthday/my husband
2. the children/my sister
3. the largest city/Britain
4. the novel/the beginning
5. the new house/the Kanes
6. the lid/the box
7. the ladder/success
8. a school/girls
9. the world/tomorrow
10. the favourite pastime/my parents
11. a glass/milk
12. the price/butter
13. the tail/the cat
14. the children/Adam and Eve
15. the film/the end
16. the keys/anybody
17. his friends/James
18. the adventures/the Simpsons
19. a paper/yesterday
20. hats/women

2 Justifiez l'emploi du génitif sur ces photographies. **C**

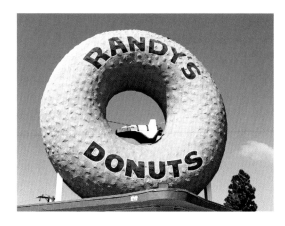

3 Soulignez les génitifs classifiants. Traduisez-les. **C**

1. I hardly ever read women's magazines.
2. Next week's meeting has been postponed.
3. You can manage: it's a child's play.
4. I love all of Virginia Woolf's novels.
5. Somerville is a very old girls' college.
6. She lives in an old people's home now.
7. The President's last speech was a flop.
8. I've bought this scarf at Harrod's.
9. An Englishman's house is his castle.
10. He borrowed a green lady's bike for the weekend.

4 Remplacez le génitif par un déterminant possessif lorsque c'est possible. **C**

1. She was wearing a man's shirt.
2. She was wearing her boyfriend's shirt.
3. It looks like a woman's handwriting.
4. It looks like her sister's handwriting.
5. This is a man's job.
6. Roahl Dahl was a famous children's writer.
7. We need a double room with a child's bed.
8. The child's bed was next to his parents'.
9. She was killed with a butcher's knife.
10. The butcher's son has married the baker's daughter.

Nom + *of* + nom/
Noms composés

the roof of the house
a bus driver

Il existe, en dehors du génitif, deux autres façons d'associer deux noms : **nom + *of* + nom** et **nom composé**.

A   Nom + *of* + nom ou génitif ?

1 La structure **nom + *of* + nom** est préférable au génitif :
• quand le **nom ne désigne pas une personne** : *the roof of the house* (le toit de la maison), *the bottom of the bottle* (le fond de la bouteille) ;

• quand le nom du « possesseur » est suivi d'une **relative** ou d'un **complément prépositionnel** ;

This is the judge's house.	*This is the house of the judge who sent me to jail.* [relative]
Voici la maison du juge.	Voici la maison du juge qui m'a envoyé(e) en prison.
Do you know the guy's name?	*Do you know the name of the guy **with the black sweater**?* [complément prépositionnel]
Tu connais le nom de ce type ?	Tu connais le nom du type au pull-over noir ?

• avec un **adjectif substantivé** (employé comme nom) : *the little ways of **the rich*** (les petites habitudes des riches), *the favourite pastime of **the British*** (le loisir préféré des Britanniques).

2 Dans quelques cas, on peut utiliser **nom + *of* + nom** ou **génitif**. Avec nom + *of* + nom, les deux noms ont davantage d'autonomie l'un par rapport à l'autre.
America's history/the history of America : l'histoire de l'Amérique

B   Les noms composés

1 Les noms composés sont formés de **nom + nom**. C'est le second nom qui porte la marque du pluriel.
a toothbrush : une brosse à dents *(two toothbrushes)*
a bottle opener : un ouvre-bouteille *(two bottle openers)*

• Le premier nom a une valeur proche de **l'adjectif** : il qualifie le second. Il ne porte donc généralement pas la marque du pluriel.

*a **pine** forest :* une forêt de pins   *a **ten-mile** walk :* une promenade de dix miles

• Cependant, quelques noms sont toujours au pluriel.

*a **savings** account :* un compte épargne   *a **clothes** shop :* un boutique de vêtements

2 On emploie **nom + *of* + nom**, et non un nom composé, pour désigner **une quantité de quelque chose**.
a glass of wine : un verre de vin
a piece of cheese : un morceau de fromage
a cup of tea : une tasse de thé [mais *a teacup :* une tasse à thé]
a box of matches : une boîte d'allumettes
a group of tourists : un groupe de touristes

• Quelques noms sont presque toujours employés avec *of* : *top, bottom, front, back, inside, outside, middle, end, part.*
the top of the page : le haut de la page
the end of the film : la fin du film

1 À quelle catégorie lexicale appartiennent les noms composés suivants ? Barrez la catégorie à laquelle ils n'appartiennent pas. **B**

a tennis player	sport	joueur
1. pine furniture	sorte d'arbre	meubles
2. a mosquito bite	piqûre	sorte de moustique
3. cottage cheese	fromage	maison
4. apple green	couleur	sorte de pomme
5. the rain forest	pluie	forêt
6. a crab apple	sorte de crabe	sorte de pomme
7. a package holiday	colis	sorte de vacances
8. a card phone	téléphone	carte
9. airport fiction	aéroport	littérature
10. a house boat	bateau	maison

2 Formez des noms composés de nom + nom en reliant un nom d'une colonne avec un nom de l'autre. Traduisez les noms composés ainsi obtenus. **B**

the railway/a station ➡ *a railway station :* une gare de chemin de fer

1. election	• a horse
2. blood	• a race
3. a horse	• a lover
4. the weather	• a calculator
5. a pocket	• a satellite
6. a race	• the industry
7. welfare	• a worker
8. computers	• a campaign
9. music	• a donor

3 Traduisez les phrases suivantes.

1. Les vieilles voitures n'avaient pas toujours des ceintures de sécurité.
2. Les enfants devraient s'asseoir à l'arrière de la voiture.
3. J'ai perdu un billet de 10 livres.
4. Il y a eu moins d'accidents de la route cette année.
5. Tu peux utiliser ta carte de crédit.
6. La décision du gouvernement n'a pas été remise en question *(call into question)*.
7. Ces verres à vin sont anciens.
8. Aimeriez-vous un verre de vin ?
9. Est-ce que tu connais le nom de cette rue ?
10. Où se trouve le bureau du directeur ?

52 Adjectifs épithètes/ Adjectifs en -*ed* et -*ing*/ Adjectifs composés

a very interesting new experience

Les adjectifs ne prennent **jamais la marque du pluriel**.
Les adjectifs épithètes **modifient directement le nom**.

A Place de l'adjectif épithète

1 L'adjectif épithète se place généralement **avant le nom**, même lorsqu'il est modifié par un adverbe comme *very*.

It was a very interesting story. C'était une histoire très intéressante.

2 Dans quelques cas, l'adjectif épithète se place **après le nom**.

• Si ce nom est remplacé par un pronom composé en *some*, *any* ou *no*.

Could you say something nice for a change?
Tu pourrais dire quelque chose de gentil pour une fois ?

• Si une relative est sous-entendue entre le nom et l'adjectif ; c'est le cas en particulier des **adjectifs en -*able*/-*ible*** suivants : *available* (disponible), *conceivable* (concevable), *possible* (possible), *responsible* (responsable), *suitable* (convenable).

All the people (who were) available were asked to help.
Toutes les personnes disponibles ont été mises à contribution.

B Ordre des adjectifs épithètes

1 L'ordre des adjectifs va du plus subjectif au plus objectif.

jugement	taille	âge	couleur	origine/matière
brilliant	*big*	*old*	*blue*	*American*
extraordinary	*small*	*young*	*green*	*wooden*

a fantastic new red train : un nouveau train rouge superbe
[*fantastic* = jugement/*new* = peu subjectif/*red* = objectif]
Retenez l'ordre **TACOM** (taille, âge, couleur, origine, matière).

2 S'il y a plus de deux adjectifs, ils sont séparés par des virgules sauf s'ils sont courts.

Don't talk to me about John. A stupid, incompetent, lazy creep!
Ne me parle pas de John. Un pauvre type stupide, incompétent et fainéant !

3 Avec l'adverbe *too*, l'ordre est le suivant : *too* + **adjectif** + *a* + nom.

He is too honest a boy to be lying. C'est un garçon trop honnête pour mentir.

C Quelques adjectifs particuliers

1 Les adjectifs en -*ed* ont un **sens passif** ; ceux en -*ing* ont un **sens actif**. Reportez-vous au tableau 20 (➔ **p. 185**).

astonished : surpris
astonishing : surprenant
interested : intéressé
interesting : intéressant

2 Certains adjectifs incluent deux termes ou plus (**adjectifs composés**). Reportez-vous au tableau 21 (➔ **p. 185**).

dark grey (adjectif + adjectif) : gris foncé
newborn (adjectif + participe passé) : nouveau-né

1 Repérez les adjectifs. Expliquez la formation de l'adjectif composé. **C**

2 Intégrez les adjectifs donnés entre parenthèses aux phrases suivantes. **A** **B**

1. My sister is a young woman. (intrepid)
2. Do you know this prizewinning writer? (French)
3. She has lovely black hair. (thick)
4. The Spencers have a social life. (increasingly active)
5. They've bought a new car. (beautiful/German)
6. This was a remark. (most interesting)
7. Have you heard this story? (absolutely incredible)
8. She kept her jewellery in a black box. (small/wooden)
9. Do you have anything to mention? (special)
10. I'm trying to find the person. (responsible for the delay)

3 Complétez ces débuts d'adjectifs avec -*ed* ou -*ing*. **C**

1. Are you interest...... in buying a new computer?
2. She finds her job very bor...... .
3. I am very surpris...... that she didn't call you.
4. Do you easily feel embarrass...... ?
5. I was very disappoint...... with his last novel.
6. Don't write graffiti on the tables. It's disgust...... !
7. Why do you look so bor...... ? Learning is fun!
8. It's shock...... the way he behaves.
9. Everybody listened in shock...... silence.
10. The peace talks came to an abrupt end: that was depress...... news.

4 Intégrez dans chaque phrase un adjectif composé à partir des éléments donnés entre parenthèses. Lisez les phrases obtenues à voix haute puis écoutez très attentivement l'enregistrement disponible sur le site. **C**

1. Is your car (air/condition)?
2. This jam is (home/make).
3. Edward Hopper is a painter (world/famous).
4. She only thinks of herself: she is pretty (self/centre).
5. That was certainly a task (time/consume).
6. Inner cities are areas (run/down).
7. How come (*Comment se fait-il que...*) you are so (sun/tan)?
8. My boyfriend is a man (broad/shoulders, flat/feet), he wears jeans (tight/fit) and drives a compact car (brand/new).

Adjectifs attributs

She was asleep.
Who is responsible for this class?

Alors que les adjectifs épithètes modifient directement le **nom**, **les adjectifs attributs** sont **reliés au nom par l'intermédiaire d'un verbe** *(be, appear, become, feel, look, seem, taste…)*.

A Fonctionnement de l'adjectif attribut

1 Lorsque plusieurs adjectifs attributs se suivent, le dernier est souvent **précédé de *and***.

The film was long, boring and pretentious.
Le film était long, ennuyeux et prétentieux.

2 Certains adjectifs sont **toujours attributs**.

seulement attributs	équivalent épithète
afraid (apeuré)	*frightened*
alive (vivant)	*living*
alone (seul)	*lonely*
ashamed (honteux)	*shameful*
asleep (endormi)	*sleeping*
aware (conscient)	*conscious*
content (satisfait)	*satisfied*
cross (furieux)	*furious*
drunk (ivre)	*drunken*
glad/pleased (content/heureux)	*happy*

The driver was drunk./The drunken driver has been arrested.
Le conducteur était ivre./Le conducteur ivre a été arrêté.

The beautiful woman was asleep, like Sleeping Beauty.
La belle était endormie, telle la Belle au bois dormant [la Belle dormante].

3 Certains adjectifs ne sont **jamais attributs**. Ce sont des adjectifs exprimant le degré, comme *bare* (strict), *chief/main* (principal), *mere* (pur et simple), *sheer* (pur)/*utter* (absolu).

a mere coincidence : une pure coïncidence
the bare minimum : le strict minimum

He's an utter fool!
C'est un parfait imbécile !

B Adjectifs + préposition (+ complément)

1 Certains **adjectifs sont suivis d'une préposition** (+ complément). Le complément à droite de la préposition peut être quelque chose ou quelqu'un. Reportez-vous au tableau 22 (**→ p. 185-186**).

They were furious with their colleague for refusing to collaborate.
Ils étaient furieux envers leur collègue parce qu'il avait refusé de collaborer.

2 Si on veut faire suivre la préposition d'un verbe, on emploie V-*ing* (une préposition est toujours suivie d'un nom ou de V-*ing*).

I'm afraid of speaking to them.
J'ai peur de leur parler.

Mrs Anwar is responsible for keeping the class in order.
Mrs Anwar est chargée de maintenir l'ordre dans la classe.

1 Choisissez l'adjectif qui convient. **A**

1. Let (sleeping/asleep) dogs lie.
2. I couldn't wake him up: he was fast (sleeping/asleep).
3. Joan of Arc was burnt (living/alive).
4. The street was empty: there was not a (alive/living) soul around.
5. It was a (drunk/drunken) party.

2 Complétez à l'aide des adjectifs figurant dans le tableau donné en **A**.

1. She was ...... with success.
2. Please don't feel ...... of asking questions.
3. I was ...... to hear from you.
4. Those were ...... days.
5. A ...... customer will always come back.

3 Complétez les phrases à l'aide d'une préposition. **B**

1. I can see he's not satisfied ...... his lot.
2. Are you aware ...... the dangers of smoking?
3. He's not responsible ...... this accident.
4. What were you afraid ...... ?
5. She's very good ...... telling stories.
6. Sorry ...... keeping you waiting for so long.
7. India was very different ...... all the other countries I visited.
8. She was furious ...... him ...... being stood up (*stand sb up* : poser un lapin à qqn).
9. Everybody was amazed ...... his reaction.
10. What are you so upset ...... ?

4 Traduisez les phrases suivantes (exercice de synthèse). **A** **B**

1. C'est une nouvelle très intéressante.
2. Heureux de vous avoir rencontré !
3. C'est trop beau pour être vrai.
4. Sa voiture est bleu marine.
5. Il cherche l'homme responsable de l'accident.
6. J'ai quelque chose de bon à vous offrir.
7. Elle vit seule.
8. *Le Cœur est un Chasseur Solitaire* est un roman célèbre de Carson McCullers.
9. Il est furieux que je lui aie menti.
10. C'est une simple formalité.

54 Adjectifs substantivés/ Adjectifs de nationalité

the rich and the poor
the Germans and the French

A Les adjectifs substantivés

1 Certains adjectifs peuvent être **employés comme des noms**. On dit qu'ils sont **substantivés**. Ils sont précédés de *the* et désignent un **groupe** humain. Ils ne prennent **pas de -s au pluriel**, mais leur **sens est toujours pluriel**.

the rich : les riches   *the young* : les jeunes   *the deaf* : les sourds
the poor : les pauvres   *the blind* : les aveugles   *the handicapped* : les handicapés

*The unemployed **are** now determined to express **themselves**.*
Les chômeurs sont maintenant décidés à s'exprimer.

2 Pour désigner un individu à l'intérieur du groupe, on emploie : **adjectif +** *man/woman/person*.

*a blind **man/woman*** : un/une aveugle   *an unemployed **person*** : un chômeur

3 Pour désigner plusieurs individus, on emploie **adjectif +** *people*.

The young people next door are moving out.
Les jeunes d'à côté déménagent.

« Des riches », « des jeunes », « des chômeurs »… = **(some +) adjectif +** *people*.
*I saw **(some) young people** walking along the canal.*
J'ai vu **des jeunes** qui se promenaient le long du canal.

4 Les adjectifs *black* et *white* ont un comportement particulier.

black people/the blacks: les noirs   *a black man/woman* : un noir/une noire
white people/the whites: les blancs   *a white man/woman* : un blanc/une blanche

5 Certaines **notions abstraites** sont exprimées à l'aide d'**adjectifs substantivés**. Attention : « l'important » se dit *the important thing* (ou *point*).

the absurd : l'absurde   *the sublime* : le sublime
the unexpected : l'inattendu   *the unknown* : l'inconnu

B Les adjectifs (et les noms) de nationalité

1 En français, on utilise le même mot pour l'adjectif et le nom. Mais le nom prend une majuscule et l'adjectif une minuscule (un peintre anglais/un Anglais).

En anglais, **l'adjectif peut être différent du nom** (*Spanish* [adj.]/*Spaniard* [nom]). D'autre part, on ne désigne pas de la même manière un individu d'un pays *(an Englishman)*, quelques individus *(some English people)*, tous les individus *(the English)*. Enfin, **on emploie une majuscule** à la fois pour les noms et pour les adjectifs de nationalité. Pour maîtriser les adjectifs et les noms de nationalité, reportez-vous au tableau 23 (➜ **p. 186-187**).

2 Il existe quatre types d'adjectifs de nationalité (tableau 23 ➜ **p. 186-187**).
• Adjectifs en **-sh** ou **-ch** ➜ *British* : britannique (*the British* : les Britanniques)
• Adjectifs en **-ese** ➜ *Chinese* : chinois (*the Chinese* : les Chinois)
• Adjectifs en **-an** ➜ *American* : américain (*the Americans* : les Américains)
• Adjectifs de nationalité **différents du nom de nationalité** ➜ *Arabic* : arabe (nom correspondant : *an Arab*)/*Scottish* : écossais (nom correspondant : *a Scot*)

116

1 Complétez les phrases en employant *the* + adjectif
ou *a (an)* + adjectif + *person (man/woman)*. **A**

poor • wounded • unemployed • dead • rich • young • blind • handicapped • homeless • old • sick

1. These seats are appreciated by ...... and ....
2. Helen Keller was ...... who lived in Alabama in the last century. She could not see.
3. Robin Hood *(Robin des Bois)* took from ...... to give to ....
4. Roal Dahl has written famous books for ....
5. ...... were pulled out from under the rumble *(les décombres)*.
6. Prayers were recited for ....
7. ...... find it difficult to make ends meet *(joindre les deux bouts)*.
8. This ...... sometimes sleeps in a night shelter.
9. On Ellis Island, ... were examined closely by physicians *(médecins)*.

2 Composez des phrases comprenant des adjectifs
ou des noms de nationalité à partir du tableau suivant. **B**

1995/Germany: 6,300 ➡ About 6,300 Germans immigrated to the U.S. in 1995.

Immigrants to the U.S.A. by country of origin

	1995	*Germany*	*6,300*
1.	1820-1940	Ireland	4,000,000
2.	the sixties	Italy	186,000
3.	1995	China	36,000
4.	1995	Mexico	90,000
5.	the fifties	Norway	10,000
6.	1990	Poland	14,000
7.	1820-1995	France	795,000
8.	1820-1995	India	660,000
9.	1995	Great Britain	13,000
10.	1995	Eastern Europe	56,000

Information Please Almanac. Droits réservés.

3 Traduisez les phrases suivantes. Vous pouvez faire
cet exercice oralement ou par écrit. Vérifiez vos réponses sur le site. **A B**

1. Les Anglais et les Écossais aiment le rugby.
2. Les Américains aiment le basket.
3. J'ai rencontré un Français qui veut émigrer en Australie mais il ne parle pas anglais.
4. Beaucoup d'Irlandais ont émigré aux États-Unis au début du xxᵉ siècle.
5. Certains Vietnamiens parlent français.
6. C'est un Gallois typique.
7. Peu d'Anglais se sentent européens.
8. Les Japonais conduisent à gauche.
9. Magellan est un célèbre Portugais.
10. Ce jeune a perdu son passeport.

Les comparatifs

Hamburgers are as American as apple pie.
Writing is more difficult than reading.

A Comparer à l'aide de *as... as...*

1 Avec *as* + **adjectif** ou **adverbe** + *as*..., on établit une équivalence entre deux éléments (**comparatif d'égalité**). La négation se forme avec ***not as*** (ou *so*)... *as*...
Sarah is as gifted as Ben./Sarah is not as (ou *so*) *gifted as Ben.*
Sarah est aussi douée que Ben./Sarah n'est pas aussi douée que Ben.

2 Avec *as much* + **nom singulier**/*as many* + **nom pluriel**, on établit une équivalence dans la quantité ou le nombre.
We spent as much money/as many dollars as Mario.
Nous avons dépensé autant d'argent/autant de dollars que Mario.

3 Le second élément de la comparaison est introduit par *as*, alors qu'on a en français « aussi... que ». L'adjectif *same* est aussi suivi de *as*.
She's as fashionable as you. She wears the same shirts as you.
Elle est **aussi** à la mode **que** toi. Elle porte les **mêmes** chemises **que** toi.

4 Le groupe *as* + **adjectif** ou **adverbe** peut être précédé de multiplicateurs ou de diviseurs : *twice* (deux fois), *six times* (six fois), *half* (deux fois moins).
She eats twice as much as me/half as much as me.
Elle mange deux fois plus que moi/deux fois moins que moi.

B *More* + adjectif + *than...* ou adjectif + *-er* + *than...* ?

1 À l'aide de ces structures, on compare deux éléments et on dit que l'un des deux est supérieur à l'autre (**comparatif de supériorité**). Pour la **formation des comparatifs** (*happier, more intelligent*) et les **modifications orthographiques**, reportez-vous au tableau 24 (➔ **p. 187**).
New York is larger than San Francisco.
New York est plus grand que San Francisco.

2 Certains comparatifs sont **irréguliers**.
good/well → ***better*** (bon/bien → meilleur)   *bad* → *worse* (mauvais → pire)
far → ***farther/further*** (loin → plus loin)

Le comparatif de *old* est *elder* lorsqu'on se réfère à l'aîné de deux membres d'une même famille (*my elder brother* : mon frère aîné). Autrement, on emploie *older*.

3 On peut commenter la supériorité à l'aide de *much* ou *far* (beaucoup), *slightly* (légèrement), *a little/a bit* (un peu), *even* (encore plus...).
far more/much more interesting : beaucoup plus intéressant
a bit more/a little more difficult : un peu plus difficile
even better : encore mieux

4 Les structures comparatives s'emploient pour décrire un **changement progressif**.
more and more surprising : de plus en plus surprenant
bigger and bigger : de plus en plus grand

On les emploie pour exprimer un **accroissement parallèle**.
The more he sings, the better he feels. [Article en anglais.]
Plus il chante, **mieux** il se porte. [Pas d'article en français.]

1 Repérez les comparatifs. Justifiez leur emploi. Traduisez le dialogue. **B**

2 Mettez au comparatif de supériorité les adjectifs ou adverbes suivants. **B**

close • free • narrow-minded • stubborn • well • quiet • lively • much • silly • hot

3 Complétez les phrases en employant *as* ou *than*. **A** **B**

1. I ran as fast ...... I could.
2. It's far easier ...... I thought it would be.
3. Don't ask for more ...... I can give.
4. It's not as cheery ...... it sounds.
5. Canada is 18 times as big ...... France.
6. I've bought exactly the same shoes ...... you.
7. She went away as quick ...... one can say "Jack Robinson".
8. This is as likely ...... a snowstorm in Karachi.
9. She went as red ...... a beetroot when she was asked to answer.
10. He was born on the same day ...... my son.

4 Traduisez en anglais. **A** **B**

1. Est-ce que tu te sens un peu mieux ?
2. Ce n'est pas aussi facile que ça en a l'air.
3. Je prends la même chose que toi.
4. Plus je le connais, plus je l'aime.
5. Il gagne trois fois plus d'argent que moi.
6. J'aimerais plus *(far)* de renseignements.
7. Ma sœur aînée est née en décembre.
8. « À quelle heure part-on ? – Le plus tôt sera le mieux. »
9. Votre travail est un peu meilleur que la dernière fois.
10. Ils ont de moins en moins de loisirs *(spare time)* et pourtant ils ont de plus en plus d'ordinateurs.

Les comparatifs en *less*/ Les superlatifs

This seat is less comfortable.
the most expensive film ever made

A Comparer à l'aide de *less... than...*

1 Avec *less* + **adjectif** + *than*..., on compare deux éléments et on dit que l'un des deux est inférieur à l'autre (**comparatif d'infériorité**). *Less* s'emploie moins que son équivalent français « moins ». On dira plus volontiers *smaller* (plus petit) que *less big* (moins grand).
This one is less expensive than that one.
Celui-ci est moins cher que celui-là.

2 Avec *less* + **nom** + *than*... (moins de...), on compare une quantité. Lorsque le nom est au **pluriel**, on emploie *fewer* (ou *less* à l'oral).
*Joan's father earns **less money** than her and has **fewer problems** too.*
Le père de Joan gagne moins d'argent qu'elle et il a aussi moins de problèmes.

B *The most* + adjectif ou *the* + adjectif + *-est* ?

1 À l'aide de ces structures, on **compare plusieurs éléments** et on dit que l'un d'entre eux est supérieur à tous les autres (**superlatif**).
*This is **the most fascinating** show I've ever seen.*
C'est le spectacle le plus fascinant que j'aie jamais vu.

2 Après un superlatif, on trouve *in* + **lieu** ou **groupe de personnes**. On rencontre *of* dans les autres cas.
*the best student **in** the class* : le meilleur étudiant de la classe
mais *the worst summer **of** my life* : le pire été de ma vie

Quand on compare **deux éléments**, on utilise plutôt *the more* ou *the* + **adjectif** + *-er*.
*Chuck is **the nicer** brother **of** the two.*
Chuck est le plus sympa des deux frères.

3 Pour la **formation** des superlatifs *(the happiest, the most intelligent)* et les **modifications orthographiques**, reportez-vous au tableau 25 (→ p. 188).

4 Les adjectifs qui ont un comparatif irrégulier ont aussi un **superlatif irrégulier**.

good/well →	*better* →	*the best* (le meilleur)
bad →	*worse* →	*the worst* (le pire/le plus mauvais)
far →	*farther/further* →	*the farthest/the furthest* (le plus loin)

Le superlatif de *old* est *the eldest* lorsqu'on se réfère à un membre de la famille.
Fred is the eldest of four children. Fred est l'aîné de quatre enfants.

5 *The least* + **adjectif** (superlatif d'infériorité) correspond à « le moins » + adjectif.
This is the least attractive city I've ever visited.
C'est la ville la moins attirante que j'aie jamais visitée.

6 *Best*, *least* et *most* peuvent être utilisés pour modifier un verbe.
What I like best is walking.   *Do you know what hurts (the) most?*
Ce que j'aime le mieux, c'est marcher.   Tu sais ce qui fait le plus mal ?

À noter

most of them (la plupart d'entre eux)/*most of the time* (la plupart du temps)

1 Repérez les superlatifs. Écoutez l'enregistrement sur le site puis lisez le texte le plus vite possible ! **B**

An email from Patricia to Jerry

Patricia

This place has some of the most beautiful beaches in the world. It has the whitest sand you can imagine and the bluest waves. It's so much nicer than Hawaii. Also, most restaurants in the area serve excellent fish. It's actually the best fish I've ever eaten. If you like fresh fish, it's the place to be! It's even fresher than the fish we ate in Honolulu. I know a fisherman who owns a restaurant. He serves fish right after he's caught it. So, it's the freshest fish ever!

Jerry

Wow! You sound much more enthusiastic than when you visited Acapulco! I can't wait to come and see you. I'll make sure I bring my funkiest swimming trunks and my most expensive suntan lotion.

Patricia

Oops, did I forget to mention that it's in Alaska?

2 Mettez au superlatif les adjectifs donnés entre parenthèses. **B**

1. The (famous) ...... playhouse in the world was Shakespeare's Globe. Built on Bankside in London in 1599 it was the theatre for which he wrote his (great) ...... plays.
2. The (good) ...... things in life are free.
3. He boasted about being the (clever) ...... person in the class.
4. The (early) ...... mechanically-propelled passenger vehicle was completed in Paris in 1769 by N.J. Cugnot.
5. It's one of the (bad) ...... oil spills *(marées noires)* in history.
6. One of the (comprehensive) ...... present-day encyclopaedias is the *Encyclopaedia Britannica*.
7. The (short) ...... place name in the world is the French village of Y.
8. William Thomson was the (young) ...... undergraduate ever: he was ten when he entered Glasgow University in 1834.
9. The world's (wealthy) ...... woman was probably Princess Wilhemina, with a fortune of over $550,000,000.
10. Harrods is one of the (well-known) ...... department stores in the world.

3 Employez les adjectifs donnés au comparatif ou au superlatif. (→ fiche 55) **B**

1. It's (good) ...... whisky I've ever tasted.
2. As he grew (old) ...... , he became (cautious) ....
3. At (senior) ...... level, civil servants *(les fonctionnaires)* advise ministers.
4. What's (long) ...... river in Europe?
5. Flying is (pleasant) ...... means of travelling than travelling by train.
6. Teaching should be one of (gratifying) ...... jobs.
7. English is (widely spread and written) ...... than any other language.
8. How slow you are! Try to be a little (quick) ....

4 Traduisez. **A** **B**

1. Elle a les meilleures notes de la classe.
2. Tu as moins de travail que moi en ce moment.
3. Nous avons moins de dépenses *(expenses)* cette année.
4. C'est le plus facile des deux.
5. Ce que j'aime le mieux dans ce film, c'est la fin.

Pour maîtriser les pronoms personnels sujets *(I…)* et compléments *(me…)*, les déterminants possessifs *(my…)* et les pronoms possessifs *(mine…)*, reportez-vous au tableau 26 → **p. 188**.

A

Les pronoms personnels

1 On emploie le pronom **complément** après *It's/It was*, comme après « C'est… ».

*"Who works here?" "It's **me**./It's **him**./It's **them**."*
« Qui travaille ici ? – C'est moi./C'est lui./C'est eux. »

2 Pour dire « Moi, je… », « Eux, ils… », il suffit en anglais d'**accentuer** le pronom personnel sujet à l'oral (on le **souligne** à l'écrit).

He never agrees with anyone.
Lui, il n'est jamais d'accord avec personne.

3 Dans les coordinations du type « Jacques et moi » + verbe, on emploie un pronom personnel **sujet** en anglais.

My brothers and I went to Las Vegas last month. [*and me* est très oral]
Mes frères et moi sommes allés à Las Vegas le mois dernier.

B

Les déterminants et les pronoms possessifs

1 *My/your/his*… sont appelés des **déterminants** car ils peuvent prendre la place de l'article *the* et **possessifs** parce qu'ils expriment souvent un rapport de possession ou d'appartenance. En français, on accorde le déterminant possessif avec le nom. En anglais, **le déterminant possessif s'accorde avec le possesseur**.

français	anglais
nom masculin → son (bureau)	possesseur masculin → *his (office/suitcase)*
nom féminin → sa (valise)	possesseur féminin → *her (office/suitcase)*

2 En anglais, on utilise le déterminant possessif devant **les parties du corps et les vêtements**. En français, on préfère l'article défini.

Don't put your hands in your pockets!
Ne mets pas les mains dans les poches !

3 Après un déterminant possessif au pluriel, on emploie généralement un nom au pluriel. En français, on préfère le singulier.

Open your books and raise your hands before speaking!
Ouvrez votre livre (vos livres) et levez la main avant de parler !

4 En français, on utilise « le, la, les » pour former les **pronoms possessifs**. En anglais, **on n'utilise pas *the***.

*What's your favourite colour? **Mine** is blue. **Yours** must be red.*
Quelle est ta couleur préférée ? La mienne, c'est le bleu. La tienne doit être le rouge.

• Pour traduire « **un de ses…** » + nom, on a recours à la construction *a* + **nom** + *of* + **pronom possessif** : un de mes amis → *a friend of mine*.

• Avec *this/that* + **nom** + *of* + **pronom possessif** et *no* + **nom** + *of* + **pronom possessif**, on ajoute une touche d'ironie et souvent de distance.

It's that girlfriend of yours on the phone again!
C'est encore ta copine au téléphone !

He's no friend of mine.
Ce n'est pas mon ami (du tout).

1 Remplacez le groupe de mots soulignés par un pronom personnel. **A**

  1. <u>My boyfriend and I</u> will soon call you.
  2. I can't imagine living without <u>my friends</u>.
  3. The driver stood beside <u>the car</u>.
  4. I am sure it was not <u>John</u> who left that message.
  5. <u>People</u> thought he had disappeared.
  6. Look at <u>this cat</u>!
  7. Is <u>the U.S.A.</u> still regarded as the land of opportunities?
  8. <u>The police</u> tried to drive the crowd away.
  9. She is as tall as <u>her father</u>.
10. "Who sent this mail?" "It's <u>Kate</u>."

2 Remplacez le génitif ou la construction avec *of* par un déterminant possessif. **B**

  1. Rosemary's baby was born on January 1st 2010.
  2. Can't you tell me a little bit more about William's friends?
  3. I have forgotten the name of the book.
  4. The children's parents attended the meeting.
  5. Susan's ambition is to climb Mount McKinley.
  6. My boyfriend's house was badly damaged by the tempest.
  7. The library of this school is well-stocked.
  8. From the late 1940s Europe's colonies won independence.
  9. The favourite sport of the English is football.
10. London's Tate Modern is a modern art gallery.

3 Traduisez. **A** **B**

  1. Ils ont oublié de prendre leur passeport.
  2. La peinture est fraîche. Ne mets pas les mains sur le mur.
  3. Est-ce que tous les élèves ont apporté leur livre ?
  4. Elles ont changé d'avis *(change one's mind)*.
  5. Est-ce qu'elle se teint les cheveux *(dye one's hair)*.

4 Transformez les phrases afin de produire un énoncé comprenant un pronom possessif. **B**

This book does not belong to me. ➜ *This book is not mine.*

  1. Is he one of their friends?
  2. It's not his fault. *(It's no…)*
  3. This house became her house in 2010.
  4. I'd love to change the wallpaper but the place doesn't belong to us.
  5. What belongs to me belongs to you.

Les pronoms réfléchis/
Les pronoms réciproques

Les pronoms **réfléchis** et les pronoms **réciproques** sont très différents en anglais. En français, « se » + verbe peut être réfléchi ou réciproque.

Ils se sont regardés.

*They looked at **themselves**.*	*They looked at **each other**.*
pronom réfléchi	pronom réciproque
sous-entendu : dans un miroir	mutuellement

A Les pronoms réfléchis *(myself, yourself, herself...)*

> *myself • yourself • himself, herself, itself • ourselves • yourselves • themselves*
> *yourself* = une personne • *yourselves* = plusieurs personnes

1 On parle d'« image réfléchie » lorsqu'on voit sa propre image dans un miroir. Un pronom **réfléchi** est un pronom qui renvoie à une personne **déjà mentionnée**.

*He was looking at **himself** in the mirror.*
Il se regardait dans le miroir.

2 Très souvent le pronom réfléchi en *-self/-selves* se traduit par « se » (+ verbe).

burn oneself : se brûler	*look at oneself :* se regarder	*cut oneself :* se couper
clean oneself : se nettoyer	*talk to oneself :* se parler	*dry oneself :* se sécher

3 De nombreux verbes **pronominaux français** (« se » + verbe) sont employés sans pronom réfléchi en anglais.

concentrate : se concentrer	*relax :* se détendre	*feel :* se sentir
dress : s'habiller	*wake up :* se réveiller	*get ready :* se préparer

4 Après une **préposition de lieu** (*on, about…*), on emploie le pronom **personnel complément** et non le pronom réfléchi. Comparez.

*I haven't got any money **on me**.*	*They only depend **on themselves**.*
Je n'ai pas d'argent sur moi.	Elles ne dépendent que d'elles-mêmes.

5 On utilise parfois un pronom réfléchi pour signifier « cette personne/cet objet et pas un(e) autre ». Il a alors **valeur d'insistance** et se traduit par « moi-même, toi-même, lui-même… » La préposition **by** + pronom réfléchi a le sens de « seul ».

*Do it **yourself**.*	*I was **by myself** (ou on my own) when it happened.*
Fais-le toi-même.	J'étais seul(e) quand ça s'est produit.

B Les pronoms réciproques : *each other/one another*

1 Les pronoms **réciproques** expriment l'idée de « **mutuellement** ». On utilise indifféremment *each other* et *one another*, qui sont **invariables**.

*Romeo and Juliet **loved each other** (ou one another).*
Roméo et Juliette s'aimaient.

2 Certains verbes anglais incluent d'eux-mêmes l'idée de réciprocité. On ne les emploie donc **pas** avec *each other/one another*.

fight : se battre	*kiss :* s'embrasser	*meet :* se rencontrer
gather : se rassembler	*marry :* se marier	*part :* se séparer

1 Employez un pronom réfléchi. **A**

1. I won't help him. He can do it ....
2. Did you hurt ...... ?
3. Did they enjoy ...... ?
4. What about you two? Have you helped ...... ?
5. We had to convince ...... to do it rapidly.

EMPLOYER

2 Complétez les phrases suivantes à l'aide d'un pronom personnel complément (→ **fiche 57**), d'un pronom réfléchi ou d'un pronom réciproque. **A B**

1. Look at ...... ! He looks quite pleased with ...... , doesn't he?
2. They enjoy being together: they seem to be very fond of ....
3. "Where's your passport?" "Just a minute, I'm sure I've got it about ...... somewhere."
4. Those two girls shouldn't be so selfish: they ought to help ....
5. One makes more friends by being ...... than by putting on airs *(en prenant de grands airs)*.
6. "Don't worry about ...." "But she is all by ...... , she must feel lonely."
7. The two candidates were fair play and respected ....
8. Look in front of ...... !
9. He banged his head into the door and knocked ...... out.
10. This self-made man became a millionaire by ....

3 Traduisez les phrases suivantes en réfléchissant bien auparavant à la valeur de « se » en français (exercice de synthèse). **A B**

1. Ça s'est passé très vite.
2. Elles se sont disputées et ne se parlent plus.
3. Quand il est seul, il se parle.
4. « Où est-elle ? – Elle se prépare. »
5. Le dimanche, ils ne font rien, ils se détendent.
6. Il se rendit compte qu'il était trop tard.
7. Ils se sont rencontrés en 1999.
8. Ces gens se haïssent. Ne les invite pas ensemble.
9. Elle s'est dit que le plus tôt serait le mieux.
10. Ils se tenaient par la main.

4 Justifiez l'emploi du pronom réfléchi puis traduisez la légende de la photo. **A**

How do you see yourself?

59 « On »/One

One never knows.
Can you give me one?

« On » se traduit parfois par *one* mais il existe de nombreuses autres possibilités.

Comment traduire « on » ?

1 « On » exprime une **généralité** → *one* (langue recherchée) ou **you**.
On ne sait jamais. *One never knows./You never know.*

2 « On » ne fait référence à **aucune personne précise** → *someone/somebody* ou **passif**.
« On dit que… »/« On pense que… » se traduisent à l'aide d'un **passif**.
On m'a volé mon portable. *Someone has stolen my mobile phone./My mobile phone has been stolen.*
On dit qu'il y a des blessés. *It is said that some people have been injured.*

3 « On » est l'équivalent de « **nous** » à l'oral → **we**.
On va écrire au maire. *We're going to write to the mayor.*

4 « On » désigne un **groupe auquel le locuteur n'appartient pas** → *they/people*.
On boit beaucoup de thé en Chine. *They drink/People drink a lot of tea in China.*

One

One exprime toujours un lien à l'unité. Certaines de ses valeurs recoupent la valeur de « un/une » en français, mais pas toutes.

1 *One* **numéral** (un/une) s'emploie seul ou suivi d'un nom.
*There was **one** Canadian among the guests.*
Il y avait un Canadien parmi les invités.
*We've got two English teachers. **One** is Irish and the other South African.*
Nous avons deux profs d'anglais. L'un est irlandais et l'autre sud-africain.
Retenez *one day* : un (certain) jour, *one morning* : un (certain) matin.

2 *One* permet de **reprendre un nom dénombrable sauf après un génitif**.
*She's got so many video games, I'm sure she can lend you **one**.*
Elle a tellement de jeux vidéo que je suis sûr qu'elle peut t'en prêter un.
The video game is not hers. It's Sarah's. [et non ~~Sarah's one~~]
Le jeu vidéo n'est pas à elle. C'est celui de Sarah.

Retenez *the one who/that* = celui (celle) qui ; *the ones who/that* = ceux (celles) qui ; *the other one* = l'autre ; *the other ones* = les autres.

À noter

On ne dit pas ~~the one(s) + of~~ + nom mais *that/those* + *of* + nom.
*My task is more difficult than **that of** my colleagues.*
Ma tâche est plus ardue que **celle de** mes collègues.

3 La reprise peut s'effectuer à l'aide d'un **adjectif** + *one(s)*.
*I want to buy a house, **a large one** with a large garden.*
Je veux acheter une maison, une grande (maison) avec un grand jardin.
*She bought me lots of pink roses and **some blue ones**, too.*
Elle m'a offert plein de roses roses et aussi quelques bleues.

1 Justifiez l'emploi de *one* dans ce slogan. Proposez une traduction. **B**

2 Traduisez en français. **A**

1. One should not put the cart before the horse.
2. Ten years ago, this illness was unknown.
3. Often, you don't have any choice.
4. In a shop: "Are you being helped?"
5. A notice on the door of a restaurant: "Dishpeople wanted."
6. You wouldn't think she was so unhappy.
7. They say he is cured.
8. I was given an hour to make a decision.
9. He is alleged to have hidden the truth.
10. We've decided to go together.

3 Traduisez en anglais. **A**

1. En Chine, on mange avec des baguettes *(chopsticks)*.
2. On dit que quatre personnes ont été blessées.
3. On aurait pu changer la date.
4. On vous donnera des renseignements plus tard.
5. On a laissé ce paquet pour vous.
6. On doit laisser sa clef à la réception.
7. On m'a dit d'attendre.
8. On ne peut pas penser à tout.
9. On n'a pas grand-chose à vous dire.
10. À cette époque, on n'avait pas d'ordinateur.

4 Complétez les phrases suivantes avec *one, ones* ou *Ø*. **B**

1. No, not those. I'd rather have the other ....
2. "Whose CD is this?" "Don't know; anyway, it's not Helen's ...... but it might be her brother's ...."
3. "Do I need to write a long letter?" "No, just a short ...... is required."
4. "I don't know which flowers to choose." "Why don't you buy the white ...... ?"
5. "I haven't got a ticket." "Don't worry, I can manage to get you ...."
6. "I've got an idea!" "Too late! His was a better ...."
7. You've made a serious mistake and a couple of minor ....
8. He can borrow his father's car but not his mother's ....
9. Has he actually read every ...... of Dickens's novels?
10. When I want to read a novel, I write .... *(Benjamin Disraeli)*

Préfixes et suffixes

undervalue = préfixe *under-* + *value*
valuable = *value* + suffixe *-able*

Les préfixes et les suffixes s'ajoutent à un élément de base. De nombreux mots combinent à la fois un préfixe et un suffixe.
un-   break   -able → *unbreakable* (incassable)

A Les préfixes

Les préfixes s'ajoutent à gauche (au début) de certains noms, adjectifs, verbes ou adverbes pour former de nouveaux mots de la même catégorie grammaticale (tableau 41 → **p. 197**).

estimate (verbe) : estimer → *underestimate* (verbe) : sous-estimer

B Les suffixes

1 Les suffixes s'ajoutent à droite (à la fin) de certains noms, adjectifs, verbes ou adverbes pour former de nouveaux mots pouvant appartenir à une autre catégorie grammaticale.

-able/-ible	*wash* (verbe) →	*washable* (adjectif)
-ence	*exist* (verbe) →	*existence* (nom)
-ian	*music* (nom) →	*musician* (nom)
-ion	*delete* (verbe) →	*deletion* (nom)
-ism	*consumer* (nom) →	*consumerism* (nom)
-ity	*stupid* (adjectif) →	*stupidity* (nom)

2 Voici quelques autres suffixes.

-al (action de)	*arrive* (verbe) : arriver →	*arrival* (**nom**) : arrivée
-dom (condition, statut)	*free* (adjectif) : libre →	*freedom* (**nom**) : liberté
-ful (qui a les qualités de)	*care* (nom) : soin →	*careful* (**adjectif**) : prudent
-hood (statut)	*likely* (adjectif) : probable →	*likelihood* (**nom**) : probabilité
-ish (qui a les qualités négatives de)	*child* (nom) : enfant →	*childish* (**adjectif**) : puéril
-less (qui n'a pas les qualités de)	*harm* (nom) : mal →	*harmless* (**adjectif**) inoffensif
-ness (état/condition)	*sad* (adjectif) : triste →	*sadness* (**nom**) : tristesse
-ship (fait d'être)	*friend* (nom) : ami(e) →	*friendship* (**nom**) : amitié
-y (qui a la qualité de)	*noise* (nom) : bruit →	*noisy* (**adjectif**) : bruyant

Certains suffixes déplacent l'accent sur la syllabe qui précède (→ **fiche 80, B3**).
Les suffixes *-less* et *-ful* ne peuvent s'ajouter qu'à un nom pour former un adjectif.

3 Certains adjectifs ont pour suffixe *-ic* et d'autres *-ical*. Dans certains cas, on trouve *-ic* et *-ical* avec un même sens. Dans quelques cas, on trouve *-ic* et *-ical* avec un sens un peu différent.

fanatic / fanatical : fanatique   *symbolic/symbolical :* symbolique

economic : qui appartient au domaine de l'économie
economic growth : la croissance économique

economical : qui fait faire des économies
an economical little car : une petite voiture économique

4 Le suffixe *-ly* est le suffixe par excellence des adverbes. Il s'ajoute aux adjectifs. Attention aux modifications orthographiques.

clever (astucieux) → *cleverly* (astucieusement)   *easy* (facile) → *easily* (facilement)
probable (probable) → *probably* (probablement)

Certains adjectifs se terminent en *-ly : friendly* (amical)/*cowardly* (lâche). On ne peut pas former d'adverbe à partir de ces adjectifs. Il faut utiliser une périphrase : *in a friendly way* (amicalement)/ *in a cowardly way* (lâchement).

1 Choisissez un préfixe dans la liste ci-dessous et ajoutez-le aux mots proposés : *re- • dis- • ir- • fore- • out- • mis- • over- • up- • un- • under-.* **A**

1. Nobody can ......see how things will turn out.
2. This book was sold out but it's being ......printed.
3. They got lost: they were ......led by their guide.
4. His company keeps him dreadfully ......worked.
5. You should read more English if you want to ......grade your skills.
6. Children need an ......let for their energy.
7. The train service was ......organized by the strike.
8. It sounded all so ......real to me: I thought I was dreaming.
9. The ......privileged are denied the rights of a society because of their low economic status.
10. This remark made no sense: it was completely ......relevant.

2 Repérez la catégorie grammaticale à laquelle appartiennent les mots suivants : adjectif ou nom ? **B**

hopeful • forgetfulness • fatherhood • useless • reddish • partnership • weakness

3 Les mots suivants sont-ils anglais. Pourquoi ? **B**

funniless → non : impossibilté de former un adjectif avec adjectif + *less*

forgetless • aimless • happiless • penniless • hopeful

4 Complétez les phrases en employant un mot de la même racine que celui qui est indiqué entre parenthèses (exercice de synthèse). **A** **B**

1. This pub refuses (admit) ...... to anyone under 16.
2. Dorothea Lange was an outstanding (photograph) ....
3. His only fault is his (lazy) ....
4. Such (care) ...... is (forgive) ....
5. Thousands of meteorites fall every year, (usual) ...... (harm) .... *(Employez deux adverbes.)*
6. "A horse! A horse! My (king) ...... for a horse!" *(William Shakespeare,* Richard III, *1591)*
7. "Love is the (wise) ...... of the fool and the folly of the wise." *(Samuel Johnson)*
8. "A thing of beauty is a joy for ever
   Its (love) ...... increases; it will never
   Pass into (nothing) ...." *(John Keats)*
9. "(know) ...... is of two kinds. We know a subject ourselves, or we know where we can find (inform) ...... upon it." *(Samuel Johnson)*

5 Traduisez. **A** **B**

1. La situation économique s'est améliorée.
2. Cette publicité a été interdite aux États-Unis.
3. Il est passionné de photographie.
4. Cette photographie a été prise en 1915.
5. La publicité nous conditionne tous plus ou moins.
6. Cette fille est un bourreau de travail.
7. L'atmosphère était électrique.

L'ordre des mots dans la négation et l'interrogation

What do you want?
Who wants some more?

A La négation et l'interrogation : structures

1 Pour nier et pour interroger en anglais, il faut toujours utiliser un auxiliaire *(have, be, do)* ou un modal *(may, can, will, must...)*. Les formes contractées sont très fréquentes, notamment à l'oral (tableaux 1 à 7 ➜ **p. 176-179**).

négation	interrogation
sujet + **auxiliaire** + *not* + verbe	**auxiliaire** + sujet + verbe + ?
*I **have** not finished my breakfast.*	***Have** you finished your breakfast?*
*Mike **is** not laughing.*	***Is** Mike laughing?*
*He **did** not work in London.*	***Did** he work in London?*
*Mum **will** not be there.*	***Will** Mum be there?*

2 Les prépositions se placent habituellement à la fin de la question.

*Who did you talk **to**?*
À qui as-tu parlé ?

*What are you driving **at**?*
Où voulez-vous en venir ?

B Questions commençant par un mot interrogatif

1 Quand une question commence par un mot interrogatif, on a l'ordre : interrogatif + auxiliaire + sujet + verbe.

interrogatif	auxiliaire	sujet	verbe
Where	*did*	*you*	*go?*
What	*have*	*you*	*done?*
How	*are*	*you*	*doing this?*
Who	*will*	*you*	*invite?*

2 Lorsque le mot interrogatif est sujet de la phrase, on n'utilise pas l'auxiliaire *do*. On trouve l'ordre : interrogatif sujet + verbe.

interrogatif sujet	verbe
Who	*wants some tea?*
What	*happened?*

3 Les interrogatives indirectes suivent l'ordre de la phrase affirmative (➜ **p. 150**).

> *À noter*
>
> *Whose* interrogatif sert à demander à qui appartient quelque chose.
> *Whose video game is it?/Whose is this video game?* À qui appartient ce jeu vidéo ?

C Phrases interro-négatives

Certaines phrases combinent interrogation et négation. Elles sont interro-négatives. Lorsqu'on pose ces questions, on s'attend à une réponse positive.

Isn't Peter Irish?
Peter n'est-il pas irlandais ?

Don't you like the sea?
Tu n'aimes pas la mer ?

Didn't they say hello?
Ils n'ont pas dil bonjour ?

> *À noter*
>
> Il ne peut y avoir **qu'une négation** dans une phrase. Lorsqu'on emploie un mot négatif comme *never, nobody, nothing, nowhere*, le verbe est donc à la forme **affirmative**.
>
> *I have never met her.*
> Je ne l'ai jamais rencontrée.
>
> *He said nothing.*
> Il n'a rien dit.

1 Rétablissez la séparation entre les mots, la ponctuation et les lettres majuscules dans le dialogue suivant. 🅰 🅱

Two schoolmates on the phone...

Joe

hibrianthisisjoeI'mterriblysorryyoufailedyourexamIjustdon'tunderstandit'sreallyunfairyouseemedthe bestinourclassit'sreallytoughluckbutdon'tdespairI'msureit'llbeallrightnexttimeIhopeyou'renottaking ittoohardyourparentsmustbesoworriedaboutyouminewouldbetooIwouldbedevastatedifIwereyouany wayIwantyoutoknowthatthewholeclassreallyfeelsconcernedaboutyouifthere'sanythingwecandojust letusknowhowannoyingreallyitmusthavecomeasashocktoyouyouofallpeopleit'sreallytoomuch

Brian

actuallyjoeyou'reallmistakenIactuallypassedmyexamIwasn'tonthelistbecausemyschoolreportwasso brilliantthattheexaminersdecidedthatIdidn'thavetotakethetestsyoumustberelievednow

Joe

whatbutthat'sunfairthat'sdisgusting

2 Écrivez des phrases cohérentes à partir des éléments donnés. 🅰 🅱

1. some more ice cream/may/?/I/have
2. allowed/we/are not/./to smoke/here
3. you/need/do/?/my passport
4. personally/./take/a/I/view/different
5. your age/don't/you/./at all/look
6. like/taste/?/does/it/what
7. from here/how far/it/?/is
8. explain/let me/./what/means/that
9. wish/how/you'd confide/in me/!/I
10. in mind/you/have/do/?/still/the address

3 Posez la question portant sur le groupe de mots soulignés. 🅰 🅱 🅲

1. <u>No</u>, I'm afraid we didn't sleep well: there was too much noise.
2. I had to write <u>two</u> essays this week.
3. <u>Three</u> of us went to his party.
4. Last night? Nothing special, <u>I just watched one of those silly soaps on TV</u>.
5. <u>Susan</u> did it!
6. It happened <u>two minutes ago</u>.
7. <u>He was very upset and broke two plates</u> when I told him I would not come.
8. She is <u>tall, very attractive, with green eyes</u>.
9. <u>She's far better</u>, I think.
10. He couldn't help <u>hearing what they said</u>.
11. It's <u>Laura's</u> video game.

Verbe + verbe en -*ing*

I love watching you.
We hate travelling.

Seuls les verbes *let*, *help*, *make* et *have* peuvent être suivis de la **base verbale** *(you **make** me **laugh**)*. Dans les autres cas, lorsque deux verbes se suivent, le second se présente soit sous la forme V-*ing*, soit sous la forme *to* + verbe.

A Valeur de V-*ing*

Avec V-*ing*, le locuteur parle d'une expérience **déjà** vécue, d'une action **déjà** commencée ou d'un projet **déjà** envisagé.

expérience déjà vécue	action déjà commencée	projet envisagé
*I love **watching** you.*	*Stop **lying**!*	*He is considering **moving**.*
J'adore te regarder.	Arrête de mentir !	Il envisage de déménager.

B Principaux verbes ou expressions suivis de V-*ing*

1 Verbes qui s'appuient sur une expérience vécue : *acknowledge* (reconnaître), *can't bear* (ne pas supporter), *enjoy* (prendre plaisir à), *miss* (s'ennuyer de), *spend time* (passer du temps à), *be worth* (valoir la peine de) (tableau 27 → **p. 189**).
*This idea is worth **considering**.*
Cette idée vaut la peine d'être méditée.

2 Verbes qui décrivent une action déjà commencée : *finish* (finir), *give up* (cesser de, abandonner), *keep on* (continuer à), *stop* (arrêter) (tableau 27 → **p. 189**).
*The lecturer stopped **talking** when there was no one left.*
Le conférencier s'est arrêté de parler quand il n'y a plus eu personne.

3 Verbes qui signalent du déjà envisagé : *avoid* (éviter), *consider* (envisager), *involve* (impliquer), *prevent* (empêcher), *suggest* (suggérer) (tableau 27 → **p. 189**).
*Can you imagine **spending** ten years of your life with him?*
Peux-tu imaginer de passer dix ans de ta vie avec lui ?

• Les verbes *acknowledge* / *admit* / *appreciate* / *imagine* / *suggest* peuvent également être suivis de *that* + proposition.

C Verbes de perception

Les verbes de perception comme *feel* (ressentir), *hear* (entendre), *listen* (écouter), *notice* (remarquer), *see* (voir), *watch* (regarder) sont suivis soit de V-*ing*, soit de la base verbale. Avec V-*ing*, on se focalise sur un **moment** de l'action. Avec la **base verbale**, l'action est perçue dans sa **globalité**. Si l'action est interrompue, on préfère logiquement employer V-*ing*.
I saw the lady cross the street/crossing the street.
J'ai vu la dame traverser la rue/pendant qu'elle traversait la rue.
[Je l'ai vue traverser entièrement la rue./Je l'ai vue dans l'action de traverser.]

À noter

Les verbes *start* / *begin* (commencer), *continue* (continuer) et *intend* (avoir l'intention de) sont suivis soit de V-*ing*, soit de *to* + verbe.
I started learning/to learn English when I was seven.
J'ai commencé à apprendre l'anglais quand j'avais sept ans.

1 Réagissez aux dialogues en employant V + V-*ing*. **A** **B**

1. "He's certainly the cutest guy I've ever met."
   She enjoyed ......
2. "It was fantastic. One of the best films I've ever seen."
   She thinks this film is worth ......
3. "True. Let's forget our quarrel." "You're right. We have to think positive."
   They finally stopped ......
4. "So, we can offer you the job. You're taking it, aren't you?" "Well, I still want to think about it."
   He considered ...... but he did not feel quite sure.
5. "You'll have to get up at five." "Don't worry. It's fine with me."
   He doesn't mind ......
6. "I grant you! I saw him yesterday."
   He acknowledged ......
7. "You told her!" "No, I didn't."
   He denied ......
8. "I don't know why I blew up like that. It was very silly of me."
   He regrets ......
9. "You did leave at 8, then." "That's right."
   They admitted ......
10. "We could go to the restaurant for a change?"
    She suggested ......

2 Traduisez les phrases suivantes. **A** **B**

1. Arrête de te plaindre !
2. Il ne supporte pas d'attendre.
3. Elle n'a fait que *(keep on)* pleurer toute la nuit.
4. Ils détestent arriver en avance.
5. La gare est loin. Il a vraiment suggéré d'y aller à pied ?
6. Inutile de l'appeler. Je le vois demain.
7. Quand a-t-elle renoncé à jouer du piano ?
8. Je n'ai pas très envie de *(not fancy)* passer mes vacances dans une ville.
9. Il passe tout son temps à surfer sur le net.
10. Mon chat peut regarder la pluie tomber pendant des heures.

3 Complétez les phrases en employant le verbe donné
entre parenthèses à la forme en -*ing* ou précédé de *to*. **B** **C**

1. I couldn't help (overhear) what they said.
2. Would you mind (accompany) her?
3. Did he manage (get) to the airport in time?
4. Have you ever considered (live) abroad?
5. He refused point blank (discuss) the matter.
6. I enjoy (not have) to work on Saturdays.
7. I fail (understand) what this letter means.
8. They will certainly agree (come) back later.
9. Have you really decided (not answer)?
10. I prefer (drive) to (be driven).

63 Les propositions en V-*ing*

> *I love reading in bed.*
> *Reading in bed is my favourite activity.*

Les propositions en V -*ing* sont soit complément, soit sujet.

> *I love reading magazines.*
> [proposition en V-*ing* complément]
> J'adore lire des magazines.

> *Reading magazines is my husband's favourite activity.*
> [proposition en V-*ing* sujet]
> Lire des magazines est l'activité préférée de mon mari.

A Présence d'un sujet dans la proposition en V-*ing*

1 Si la proposition en V-*ing* a un sujet, il peut être sous la forme complément *(John, him, her son)* ou au génitif *(John's, his, her son's)*. La forme complément est plus fréquente, surtout à l'oral.

> *I don't mind **him (John) going out with Sarah**.*
> [proposition en V-*ing*]

> *I don't mind **his (John's) going out with Sarah**.*
> Cela ne me dérange pas qu'il (que John) sorte avec Sarah.

> *Mrs Spike can't understand **her son/her son's** behaving like that.*
> Mrs Spike ne comprend pas que son fils agisse comme ça.

2 Lorsque la proposition en V-*ing* est sujet du verbe de la proposition principale, on préfère employer le génitif.

> *Ken's (His) marrying Barbie didn't surprise anyone.* [*Him marrying* est très oral.]
> [proposition sujet]
> Le fait que Ken épouse Barbie n'a surpris personne.

B Préposition + proposition en V-*ing*

1 On emploie V-*ing* après les prépositions, **y compris après *to* quand *to* est préposition** (tableau 28 ➜ **p. 189**).

> *We look forward **to seeing** you soon.*
> Nous nous réjouissons de vous voir bientôt.

> *She left **without saying** goodbye.*
> Elle est partie sans dire au revoir.

2 Quand on emploie un nom ou un pronom après la préposition, il apparaît soit sous la forme complément *(Ken, him)*, surtout à l'oral, soit au génitif *(Ken's, his)*.

> *I was angry at **Ken/him** (ou **Ken's/his**) marrying Barbie.*
> J'étais en colère que Ken épouse Barbie.

C Expression de la cause ou de la simultanéité

Certaines propositions en V-*ing* expriment la cause ou la simultanéité. Elles ne sont pas remplaçables par un nom.

> *Having eaten more than usual, I felt sick.* [cause]
> Comme j'avais mangé plus que d'habitude, j'avais mal au cœur.

> *Hilary was sitting at the dressing table, brushing her hair.* [simultanéité]
> Hilary était assise à sa coiffeuse et se brossait les cheveux.

1 Reformulez les phrases en employant
la préposition indiquée entre parenthèses. **A B**

1. We walked for three hours, then we stopped to let the others catch up with us. (after)
2. She always has a cup of hot milk, then she goes to bed. (before)
3. He left the room, but he did not say goodbye. (without)
4. She burst into tears when she read the letter. (on)
5. Do your homework, don't play that stupid game! (instead of)
6. He managed to translate the whole text and he never used a dictionary. (without)
7. She annoyed me because she contradicted him all the time. (by)
8. He was heavily fined because he exceeded the speed limit. (for)
9. He closed the door, then he spoke. (after)
10. You surprised us all because you refused so bluntly. (by)

2 Reformulez les segments soulignés à l'aide d'une proposition en V-*ing*. **A B**

1. He won't approve of the fact that his daughter comes back home so late.
2. She was amazed at the fact that he forgot to call her.
3. Do you mind the fact that I sit here?
4. They worry about the fact that they will never see her again.
5. She is not used to the fact that she has to drive on the left.
6. He resented the fact that she was unjustly accused.
7. He could not bear the fact that he was kept standing at the door.
8. He was furious at the fact that she refused to lend him ten pounds.
9. I regret the fact that you have to leave so early.
10. We were not happy about the fact that we left him alone.

3 Traduisez en anglais. **A B C**

1. Cela ne vaut pas la peine de s'inquiéter.
2. Il préfère surfer sur le net que de regarder la télévision.
3. On ne peut pas faire d'omelette sans casser des œufs.
4. Après un certain temps, je me suis habituée à vivre seule.
5. Après avoir perdu du temps à nous disputer, nous nous sommes mis d'accord pour passer nos vacances en Grèce.
6. Je n'aime pas trop *(be keen on)* nager. Si on faisait une partie de tennis à la place ?
7. Je ne tiens pas *(be keen on)* à ce qu'il vienne.
8. Elle tient *(insist on)* à être prévenue.
9. Maintenant qu'il est à la retraite, il s'est mis à *(take to)* rester au lit jusqu'à midi.
10. Téléphoner en conduisant est dangereux.

Verbe + *to* + verbe

Avec (verbe +) *to* + verbe, on dit que quelque chose est encore à réaliser.

A Verbe (+ complément) + *to* + verbe

1 Certains verbes comme ***agree*** (décider), ***choose*** (choisir de), ***decide*** (décider de) sont suivis de **to + verbe** (tableau 29 → **p. 190**). Parmi ces verbes, *agree*, *decide*, *hope* et *swear* peuvent également être suivis de *that* + proposition.

I've decided to take the job.   *I agree that I should know that.*
J'ai décidé d'accepter cet emploi.   Je suis d'accord que je devrais savoir ça.

2 Certains verbes comme ***ask*** (demander), ***expect*** (s'attendre à), ***want*** (vouloir), ***prefer*** (préférer), ***beg*** (demander) peuvent se construire de deux façons (tableau 30 → **p. 190**).

verbe + *to* + verbe	verbe + complément + *to* + verbe
He wanted to apologize.	*He wanted me to apologize.*
Il voulait s'excuser.	Il voulait que je m'excuse.
[*he* sujet de *want* et de *apologize*]	[*he* sujet de *want* mais pas de *apologize*]

Ask, ***expect*** et ***promise*** peuvent être suivis de *that* + proposition. Il ne faut surtout pas utiliser *that* + proposition après *want*.

3 ***Wait*** exige *for* devant le complément. ***Help*** se construit avec ou sans *to*.

*I'm waiting **for** the phone **to** ring.*   *The steward helped me **(to)** carry my bag.*
J'attends que le téléphone sonne.   Le steward m'a aidé à porter mon sac.
[Jamais *that* + proposition après *wait*.]

B Verbes nécessitant un complément avant *to* + verbe

1 Certains verbes comme ***allow*** (autoriser), ***remind*** (rappeler qqch. à qqn), ***order*** (ordonner) nécessitent un **complément** avant *to* + verbe (tableau 31 → **p. 190**). Ces verbes s'emploient aussi au passif. On a alors **sujet + verbe au passif + *to* + verbe**.

My parents encouraged my brother to go to college. [*my brother* obligatoire]
Mes parents ont encouragé mon frère à aller à l'université.

We were advised not to fly with Cheap Airways. [passif]
On nous a conseillé de ne pas voyager avec Cheap Airways.

2 ***Advise***, ***allow***, ***encourage*** et ***recommend*** peuvent aussi être suivis de V-*ing* quand il n'y a qu'un sujet dans la phrase.

I recommend taking the subway. It's faster.
Je recommande de prendre le métro. C'est plus rapide.

À noter

Certains verbes comme ***like/love*** (aimer), ***forget*** (oublier), ***stop*** (arrêter), ***try*** (essayer), ***regret*** (regretter) sont suivis **soit de *to* + verbe, soit de V-*ing***.

Avec ***to* + verbe**, on parle d'un événement **envisagé**, avec **V-*ing***, d'une expérience déjà **réalisée**.

*Remember **to lock** the door.*   *I remember **locking** it.*
N'oublie pas de fermer la porte à clé.   Je me souviens de l'avoir fermée.

Attention : ***would like***, ***would love*** et ***would prefer*** sont toujours suivis de ***to*** + verbe.

*I'd **like to talk** to you in private.*
J'aimerais vous parler en privé.

1 Réagissez au dialogue en employant verbe + complément sous la forme d'un pronom + *to* + verbe. **A B**

1. "Arthur, you must keep quiet." She wants ......
2. "Please, Isabel, don't let me down." He begged ......
3. "I'm very disappointed. They could have played better." This supporter expected ......
4. "Please, would you stop using your mobile phone? We are going to take off." The steward asked ......
5. "Yes, Flora, I won't do it again. I swear it." He promised ......

2 Traduisez les phrases suivantes. **A B**

1. Elle veut qu'on rentre avant minuit.
2. Il préfère que je ne l'appelle pas après dix heures.
3. Ce professeur n'autorise pas qu'on se serve du dictionnaire en classe.
4. Je ne m'attendais pas à ce qu'il accepte.
5. Est-ce qu'on t'a rappelé de prendre ton passeport ?
6. Il voulait qu'on appelle l'hôpital d'abord.
7. Il voulait que personne ne le reconnaisse.
8. Veux-tu que je parte maintenant ?
9. J'attends qu'il m'appelle avant de lui écrire.
10. On lui a ordonné de se taire.

3 Justifiez l'emploi de la construction en V + *-ing* après *stop*. **B**

4 Complétez les phrases en employant le verbe donné suivi de V + *-ing* ou *to* + V. Écoutez l'enregistrement sur le site, corrigez vos éventuelles erreurs et relisez les phrases à voix haute. **B**

1. "Do you remember (post) ...... the letter?" "Yes, I remember it quite clearly."
2. "Did you remember (post) ...... the letter?" "It's still in my bag! I'm so sorry!"
3. Would you like (leave) ...... a message?
4. I don't like (leave) ...... messages on answer phones.
5. I wish you'd stop (tease) ...... your sister!
6. They stopped (take) ...... a few pictures of the landscape.
7. It's tasteless, yet I've tried (put) ...... some red pepper in it.
8. He tried (make) ...... me believe that he was Australian.
9. Please don't forget (feed) ...... the cat before you go.
10. I'll never forget (swim) ...... in the Gulf of Bengal at midnight in February.

65 *Make, have, get*

> The teacher made us laugh.
> We had the roof repaired last week.

Make, *have* et *get* sont associés à l'expression de la **cause** (« faire faire » en français).

A Make

1 *Make* est le plus employé. La structure est *make* + **nom/pronom** + **base verbale** (verbe sans *to*). Au passif, on emploie *be made to*... (*to* obligatoire après *made*).

*The film will **make the entire world cry**, I'm sure.*
Le film fera pleurer le monde entier, j'en suis sûre.
[ordre différent en français : **faire + verbe + complément**]

*We were **made to** wait for hours.*
On nous a fait attendre des heures.

2 « Se faire entendre/obéir/respecter/détester » → *make* + **pronom réfléchi** (*myself, yourself*...) + **participe passé** (*heard, obeyed, respected, hated*).

*I can **make myself understood** in German.*
J'arrive à me faire comprendre en allemand.

B Have et get

1 *Have* + **nom/pronom** + **base verbale** exprime la cause. *Have* est surtout utilisé pour un ordre ou une consigne.

The management had us sign ten documents.
La direction nous a fait signer dix documents.

2 *Have* s'emploie surtout dans la structure *have* + **nom/pronom** + **participe passé**. On l'utilise pour signaler que l'on fait faire quelque chose **par quelqu'un d'autre**. Le participe passé a un sens **passif**.

Our neighbours had their roof repaired.
Nos voisins ont fait réparer leur toit.

3 On trouve *get* + **nom/pronom** + *to* + **verbe** pour exprimer une idée d'effort ou de persuasion. On rencontre aussi la structure *get* + **nom/pronom** + **participe passé**.

*If only she could **get Mike to** dance!*   *I must **get** my TV **mended**.*
Si seulement elle pouvait faire danser Mike !   Il faut que je fasse réparer ma télévision.

C Make/have/get : synthèse

	sens actif : faire faire qqch. à qqn Je lui ai fait nettoyer ma chambre.	**sens passif : faire faire qqch. par qqn** J'ai fait nettoyer ma chambre (par qqn).
make	*I made him clean my bedroom.*	
have	*I had him clean my bedroom.*	*I **had** my bedroom **cleaned**.*
get	*I got him to clean my bedroom.*	*I **got** my bedroom **cleaned**.*

Quand « **faire** » + **verbe** n'exprime pas une contrainte, on ne le traduit pas par *make* :

faire attendre qqn → *keep sb waiting*   faire chanter qqn → *blackmail sb*
faire cuire qqch. → *cook sth*   faire démarrer qqch. → *start sth*
faire entrer/sortir qqn → *let sb in/out*   faire savoir qqch. à qqn → *let sb know sth*
faire visiter un endroit à qqn → *show sb round a place*

1 Repérez la structure causative. Traduisez le message en français. **A**

2 Complétez les phrases en employant *make (made)* ou *have (had)*. **A B**

1. I don't think he could hear me very well: he ...... me repeat the message five times!
2. The traffic warden ...... their car removed and it cost them a fortune.
3. He's so funny! He often ...... me laugh.
4. Unfortunately, he never ...... his novel published.
5. That's very difficult. Why don't you ...... it done by a specialist?
6. Please be very discreet, I won't ...... it repeated.
7. I am exhausted: they ...... us wait for hours.
8. I'll ...... them do it whether they like it or not.
9. Look at that old tree. It can be dangerous. We must ...... it cut.
10. I've got tickets for the concert: it ...... my friends choke with envy.

3 Complétez en employant la forme verbale appropriée. **A B**

1. He can't speak English: he couldn't make himself (understand) ...... when he travelled in India.
2. Can't you make him (do) ...... it for you?
3. Do you clean the windows or do you have them (clean) ...... ?
4. How often do you have your car (service) ...... ?
5. What made you (believe) ...... he was so young?
6. During the holidays I have my mail (forward) ...... by a neighbour.
7. To prove his point he made me (read) ...... the letter again.
8. Some English people have their milk (deliver) ...... at the door in the morning.
9. He finally had his proposal (accept) ....
10. They were made (pay) ...... for the broken windows.

4 Traduisez. **A B C**

1. Fais sortir le chien.
2. Ils l'ont obligée à parler.
   [Employez le passif.]
3. J'ai fait monter les bagages.
4. Ne me fais pas chanter.
5. « Tu devrais lui écrire. – Tu ne peux pas m'obliger ! »
6. Je lui ferai savoir que tu ne peux pas venir.
7. Ce matin, il n'a pas pu faire démarrer sa moto.
8. Désolée de vous avoir fait attendre.

66 Les relatives (1)

The customers who/that complain are always the same.

Les pronoms relatifs de l'anglais sont **who, whom, which, whose, that**. On trouve aussi le **relatif zéro (Ø)**. Le choix du pronom relatif dépend de la nature de la proposition relative, de l'antécédent et de la fonction du pronom.

A Fonctionnement

1 Une proposition relative **se greffe sur** un groupe nominal (son « antécédent »).

*The amount of money **that they spend on their children** is impressive.*
La quantité d'argent qu'ils dépensent pour leurs enfants est impressionnante.

2 Un pronom relatif peut être **sujet**, **complément** ou **génitif**.

*The woman **who** wears a black skirt is our head.* [*who* sujet de *wears*]
La femme qui porte une jupe noire est notre directrice.

*The money **that** they spend on their children is impressive.* [*that* complément de *spend*]

*He's the man **whose** wife owns a restaurant.* [*whose* génitif]
C'est l'homme dont la femme possède un restaurant.

B Les propositions relatives déterminatives et appositives

1 Les propositions relatives **déterminatives** apportent une **information essentielle** pour identifier l'antécédent.

The woman who wears a black skirt is our head.
[La relative permet de savoir de quelle femme on parle.]

The Japanese who speak fluent English are lucky.
Les Japonais qui parlent couramment l'anglais ont de la chance.
[La relative identifie un sous-groupe de Japonais, ceux qui parlent anglais.]

2 Les propositions **appositives** apportent un **simple complément d'information**. Elles sont en apposition (juxtaposées à l'antécédent et placées entre virgules).

The woman, who had never been on a plane, refused to fasten her seat belt.
La femme, qui n'était jamais montée dans un avion, a refusé d'attacher sa ceinture.

C Les pronoms relatifs sujet

Il en existe trois : **who**, **which** et **that**. Avec **who**, l'**antécédent** est un être **humain** ; avec **which**, il est **non humain**. Avec **that**, l'antécédent peut être **humain** ou **non humain** mais *that* ne s'emploie que dans les relatives déterminatives.

relative déterminative	relative appositive
who [humain]	*who* [humain]
which [non humain]	*which* [non humain]
that	attention : *that* exclu

The trains which/that use this line run with electricity.
Les trains qui utilisent cette voie fonctionnent à l'électricité.
[déterminative]

It's hard for the Japanese, who don't speak a European language, to learn English.
Il est difficile pour les Japonais, qui ne parlent pas une langue européenne, d'apprendre l'anglais. [appositive]

1 Repérez les propositions relatives, soulignez l'antécédent du pronom relatif, repérez sa fonction. **A**

1. "What is a book? Everything or nothing. The eye that sees it is all." *(Ralph Waldo Emerson)*
2. "Do your bit to save humanity from lapsing back into barbarity by reading all the novels you can." *(Richard Hughes)*
3. "When I get hold of a book I particularly admire, I am so enthusiastic that I loan it to someone who never brings it back." *(Edgar Whatson Howe)*
4. "I have never started a poem yet whose end I knew. Writing is discovering." *(Robert Frost)*
5. "Not the poem which we have read, but that to which we return, with the greatest pleasure, possesses the genuine power, and claims the name of essential poetry." *(Samuel Taylor Coleridge)*

2 Repérez les propositions relatives déterminatives.
Dans quelles phrases peut-on remplacer le relatif employé par *that* ?
Relisez les phrases à voix haute puis écoutez-les sur le site. (→ **fiche 78**). **B**

1. We lived on 2nd Avenue and 18th Street, which was then considered uptown.
2. He wore old-fashioned glasses which made him look very serious.
3. The head of the family was Grandpa Charlie, who I was named after.
4. If there's one thing America worships more than a celebrity, it's a celebrity who makes a come-back.
5. He told me about his wife and children, who lived in New York City.

3 Greffez la proposition relative donnée entre parenthèses sur un élément de la phrase. **A B C**

1. My friend's daughter has passed the exam with honours (, who is only 19).
2. The book has become a best seller (which I told you about a month ago).
3. Have you found the CD (Ø you were looking for)?
4. The 2011 storm blew down many trees (, which nobody expected).
5. Some of the postcards have not arrived yet (that I sent from India a month ago).

4 Employez *who* ou *which* dans les phrases suivantes. **C**

1. I have a neighbour ...... has a daughter of fifteen.
2. She lived in Kent with her husband ...... was a doctor.
3. She hoped to avoid the snow ...... was forecast.
4. He wants a flat ...... wouldn't be too far from the centre.
5. I've met very few people ...... don't like her.

5 Traduisez les phrases suivantes. **B C**

1. Mon frère qui vit à San Diego viendra en France cet été.
2. Mon frère, qui vit à San Diego, viendra en France cet été.
3. Elle portait des vêtements sombres qui la vieillissaient.
4. Elle portait des vêtements sombres, ce qui déplaisait à son petit ami.
5. Cette toile, qui a été peinte en 1980, coûte une fortune.

A Les pronoms relatifs complément

relative déterminative	relative appositive
who [humain]	*who* [humain]
which [non humain]	*which* [non humain]
that/Ø [le plus fréquent]	attention : *Ø* et *that* exclus ici

The people Ø/who/that they arrested were innocent tourists.
Les gens qu'ils ont arrêtés étaient d'innocents touristes.
[déterminative, *Ø/who/that* complément, antécédent humain]

*My children, **who you wouldn't recognize**, call me every day!*
Mes enfants, que vous ne reconnaîtriez pas, me téléphonent tous les jours !
[appositive, *who* complément, antécédent humain]

À la place de *who* complément, on trouve aussi **whom** (très formel).

B Préposition dans la relative

Lorsqu'une proposition relative inclut une **préposition**, la relative est le plus souvent **déterminative** et le **relatif** utilisé est **complément** (*who/which/that* et surtout *Ø*). La préposition se place généralement **à la fin** de la relative.

*He's the guy Ø I was telling you **about**.*
C'est le gars dont je te parlais.
[*who* ou *that* possible, *whom* rare]

*I'll show you the college Ø I studied **in**.*
Je vais te montrer l'université dans laquelle j'ai étudié.
[*which* ou *that* possible]

La structure « préposition + pronom relatif + proposition relative » est très formelle.

*I'll show you the college **in which** I studied.* [préposition + *that* impossible]

C *Whose* : pronom relatif au génitif

1 *Whose* s'emploie avec un **antécédent humain** ou **non humain**. Ce pronom relatif porte la marque du génitif (**-s**).

*He's the man **whose wife** owns the best restaurant in L.A.*
C'est l'homme dont la femme possède le meilleur restaurant de L.A.

• Quand l'antécédent est non humain, on trouve aussi **nom + of which**.

*She saw a play **whose name** I don't remember.*
*She saw a play **the name of which** I don't remember.*
Elle a vu une pièce dont j'ai oublié le nom.

2 *Whose* se traduit par « **dont** », mais « **dont** » ne se traduit **pas toujours** par *whose*. Pour la synthèse des **traductions de « dont »**, reportez-vous au tableau 32 (➜ **p. 191**)

À noter

tout ce qui : *all that/***tout ce que** : *all that/all Ø* [**surtout pas** ~~all what~~.]
tout ce que j'ai dit : *all Ø I said*
celui/celle, ceux/celles + pronom relatif : *the one/the ones*
celui/celle que je veux : *the one Ø I want*

1 Employez un pronom relatif dans les phrases suivantes (exercice de synthèse).

1. I have read many of the articles ...... he has published in magazines.
2. I'll take you along to a friend of mine ...... will give you a meal.
3. There's little ...... we can do.
4. She found him sympathetic, a man ...... genuinely wanted to help.
5. It was not a question to ...... she gave much thought.
6. The first thought ...... came to my mind was that I would never see him again.
7. All things come to those ...... wait.
8. The people ...... I was talking to have just come back from India.
9. All ...... glitters is not gold.
10. I've met again that girl ...... name I can never remember.

2 Transformez les deux propositions indépendantes
en principale + subordonnée relative (exercice de synthèse).

You're wearing a T-shirt. I like it. → I like the T-shirt you're wearing.

1. Above the door there was a notice. The notice said: "To the boats".
2. From the window, she could see the green valley. The railway line ran through this valley.
3. Kathleen had never had to work. Her husband was very wealthy.
4. You sent me a present. Thank you very much for it.
5. The car crashed into a queue of people. Two of them were injured.
6. A man answered the phone. He said that Sandra was out.
7. This is the form. You must fill it up.
8. I wish we had a garden. I could play in that garden.
9. I had tea with a friend. I did not expect his visit.
10. I visited several flats. Most of them were too expensive.

3 Traduisez les phrases suivantes en faisant
très attention à la fonction de « dont ». **C**

1. Je te présente Helen, dont le mari travaille avec moi.
2. Je te présente l'ami dont je t'ai souvent parlé.
3. Est-ce que tu connais le peintre dont les œuvres sont exposées à la Tate Gallery en ce moment ?
4. Quel est l'animal dont tu as le plus peur ?
5. C'est un pays dont j'aime la culture.
6. Ils ont trois enfants dont deux vivent à l'étranger.
7. La maladie dont elle souffre est très rare.
8. Il possédait une propriété *(estate)* dont le jardin descendait jusqu'à *(slope down)* la rivière.
9. C'est un homme dont on ne sait rien.
10. Est-ce que vous connaissez le propriétaire de la maison dont les vitres sont cassées ?

68 | *What et which/*
What et How

What he thinks is not important.
They lied, which is not surprising.

A

What et which relatifs = « ce qui »/« ce que »

1 Le relatif *what* contient son antécédent : il correspond à *the thing that*…

*Then the mayor announced **what** everybody knew.*
Le maire annonça alors **ce que** tout le monde savait.

What, comme « ce qui/ce que », peut être employé en début de phrase pour mettre en valeur des paroles.

What I want is to be left alone.
Ce que je veux, c'est qu'on me laisse tranquille.

À noter

tout ce qui : *all that/***tout ce que :** *all that/all Ø* [**surtout pas** ~~all what~~.]

2 *Which* au sens de « ce qui/ce que » **commente une proposition** qui précède. Il est séparé de cette proposition par une virgule. ←

*Peter told us he had been to Japan, **which** was not true.*
Peter nous a dit qu'il était allé au Japon, **ce qui** n'était pas vrai.

B

Which et *what* interrogatifs

1 Avec *which*, on demande de choisir un élément à partir d'un ensemble **restreint**. Avec *what*, il n'y a pas d'ensemble restreint.

Which colour do you prefer: red or blue?   *What colour is the sky?*
Quelle couleur préfères-tu : rouge ou bleu ?   De quelle couleur est le ciel ?

2 *What* pronom (non suivi d'un nom) correspond à « qu'est-ce que… ? »
Which s'emploie avec ou sans *one(s)* et peut concerner une personne ou un objet.

What do you want?   *Which (one) do you want?*
Qu'est-ce que tu veux ?   Lequel veux-tu ?

À noter

Remarquez la différence entre *Which (one)* et *Who*.

Which (one) of you lied to her?   *Who lied to her?*
Lequel d'entre vous lui a menti ?   Qui lui a menti ?
[groupe restreint de personnes]   [pas de groupe restreint]

C

What exclamatif/*How* exclamatif

1 On trouve *What* + nom et *How* + adjectif ou adverbe. *How* + adjectif se traduit le plus souvent par « Comme c'est » + adjectif. Quand *what* est suivi d'un nom dénombrable, il s'emploie avec *a*.

What a fool!   *How foolish of him to say that!*
Quel Ø idiot !   Comme c'est idiot de sa part d'avoir dit ça !

2 *How* peut également porter sur toute une phrase.

How time flies!   *How they laughed!*
Comme le temps passe vite !   Comme ils ont ri !

Pour *How* interrogatif → tableau 33 **p. 191**.

3 *So* + adjectif et *such* + nom ont également valeur exclamative.

It's so hot!   *It's such a nice place!*
Il fait si chaud !   C'est un endroit tellement agréable !

1 Complétez les phrases suivantes à l'aide de *who, what* ou *which*. 🅰 🅱

1. I've bought two new books, I don't know ...... to read first.
2. ...... of your sisters is married?
3. He wants to know ...... day you're leaving.
4. ...... delayed you?
5. " ...... was that?" "Margaret."
6. ...... can I offer you, then?
7. ...... would you prefer: medium hot or very hot?
8. " ...... do you want to speak to?" "I want to speak to Mr Remington."
9. "We have two Remingtons here. ...... do you want?"
10. He's new in the office. He doesn't know ...... is ...... yet.

2 Complétez les phrases en employant *what* ou *which*. 🅰 🅱

1. I'm sure she knows ...... she has done.
2. This is ...... teenagers are like these days.
3. I could feel he was watching me, ... made me feel nervous.
4. He intends to leave home, ... upsets his mother.
5. He always gave ...... she asked.
6. I did ...... I could, ... was not much.
7. Show me ...... you've bought.
8. She didn't know how to use this software, ... made it difficult for her to get the job.
9. ...... I don't understand is why she is nowhere to be seen.
10. He rang her up at midnight, ... was a crazy thing to do.

3 Traduisez les phrases que vous venez de compléter. 🅰 🅱

4 Traduisez les phrases suivantes en faisant très attention à la fonction de « ce que/ce qui ». 🅰 🅱

1. Ce qu'il t'a dit est vrai.
2. Je n'ai pas compris tout ce qu'il a dit.
3. Il ne reviendra pas, ce qui m'ennuie beaucoup.
4. Il a fait tout ce qu'il a pu.
5. Elle m'a dit qu'elle n'avait pas d'argent, ce qui est faux.
6. Tu ne sais pas ce que tu veux.

5 Traduisez les phrases suivantes.
Relisez votre traduction à voix haute. Attention à l'intonation
(→ **fiche 78**). Vérifiez avec l'enregistrement disponible sur le site. 🅲

1. Comme c'est dommage qu'il soit parti !
2. Quel sale temps !
3. Comme c'est difficile !
4. Quelle bonne idée !
5. Quel renseignement intéressant !
6. J'ai remarqué comme ils étaient sérieux.
7. Comme tu es en retard !
8. Tu ne peux pas imaginer comme je l'aime.

A Les propositions subordonnées en *when*

1 Quand *when* introduit une **subordonnée à temps futur**, il est suivi du **présent** et non de *shall/will*. En français, au contraire, on peut utiliser le futur après « quand ». Le fonctionnement est identique après *while* (pendant que), *as soon as* (dès que) et *once* (une fois que).

*Come and see us **when/as soon as/once** you **are** in London.*
Venez nous voir quand/dès que/une fois que vous **serez** à Londres.

2 De même, on n'emploie **pas** *would* (conditionnel) après *when/as soon as*…

correspondances entre « quand/dès que/une fois que » et *when/as soon as/once*

« quand… » + **futur antérieur** Ce sera plus facile une fois que nous **aurons commencé**.	*when… + **present perfect*** *It'll be easier once we **have started**.*
« quand… » + **conditionnel présent** Il a promis de téléphoner dès qu'il **rentrerait**.	*when… + **prétérit*** *He promised to call as soon as he **got home**.*
« quand… » + **conditionnel passé** Il avait promis de téléphoner dès qu'il **aurait terminé**.	*when… + **past perfect*** *He had promised to call as soon as he **had finished**.*

3 Quand *when* est **interrogatif**, on emploie *shall/will* pour renvoyer à l'avenir.

*"**When will** you see her?" "I don't know **when I'll** see her."*
[*when* interrogatif]   [*when* interrogatif, proposition interrogative indirecte]
« Quand la verras-tu ? – Je ne sais pas quand je la verrai. »

B Les propositions subordonnées en *if*

1 Avec *if* (si), le fonctionnement des verbes est comparable en anglais et en français.

renvoi à l'avenir : c'est encore réalisable

*If our team **wins**, people **will** celebrate.*
if + présent   principale en *will*
Si notre équipe **gagne**, les gens feront la fête.

renvoi au non réel dans le présent : c'est peu probable

*If our team **won**, people **would** celebrate.*
if + prétérit   principale en *would*
Si notre équipe **gagnait**, les gens feraient la fête.

renvoi au non réel dans le passé : ça ne s'est pas réalisé dans le passé

*If our team **had won**, people **would have** celebrated.*
if + past perfect   principale en *would have* + participe passé
Si notre équipe **avait gagné**, les gens auraient fait la fête.

2 On rencontre *were* à toutes les personnes après *if* dans les structures *if I/he were you* (à ta place). *If I was you* est plus oral.

3 Notez les conjonctions conditionnelles *unless* (à moins que), *provided (that)/on condition (that)* (à condition que), *as long as* (tant que), *in case* (au cas où).

4 La condition s'exprime aussi à l'aide de l'inversion sujet/auxiliaire et sans *if*.

had I known (= if I had known) : si j'avais su
should they arrrive sooner (= if they arrived) : si par hasard ils arriveraient plus tôt

1 Dans quels segments du texte suivant pourrait-on remplacer *when* par *if* ? **A**

"**When** we **let** freedom ring, **when** we **let** it ring from every village and every hamlet, from every state and every city, we will be able to speed up that day **when** all of God's children, black men and white men, Jews and Gentiles, Protestants and Catholics, **will be able** to join hands and sing in the words of the old Negro Spiritual, *Free at last! Free at last! Thank God almighty, we are free at last!*"

Martin Luther King Jr., *I have a dream*, 1963.

2 Which clause expresses a condition? Does it refer to the future, to an unreal event in the present or to an unreal event in the past? **B**

3 Traduisez les phrases suivantes. **A**

1. Je te donnerai ma nouvelle adresse dès que j'arriverai.
2. Nous partirons quand tu seras prête.
3. Viendra-t-il un jour où ils seront tous libres ?
4. Quand prendra-t-il une décision ?
5. Je ne sais pas quand il prendra une décision.
6. Je me sentirai beaucoup mieux quand il aura pris une décision.
7. Tu te sentiras mieux une fois que tu auras mangé.
8. Tu m'avais dit que tu préparerais à dîner dès que tu rentrerais.
9. Nous pourrons changer de voiture quand nous aurons vendu celle-ci.
10. Nous pourrons changer de voiture quand nous gagnerons plus d'argent.

4 Employez le verbe donné entre parenthèses au temps qui convient. **B**

1. It'll be quicker if you (go) ...... by train.
2. If I (see) ...... the signal, I would have stopped.
3. If I had known he was in London, I (try) ...... to meet him.
4. I'd read if I (have) ...... more time.
5. You'd be healthier if you (take) ...... more exercise.
6. I would have enjoyed the visit if it (not rain) ...... all the time.
7. If you (speak) ...... more slowly I'll be able to understand you.
8. He wouldn't be so tired if he (not/work) ...... overtime.
9. I won't finish unless I (work) ...... all night.
10. I wouldn't worry if I (be) ...... you.

70 Because/So... that/ Though/As

They were upset because no one cared.

A   Les subordonnées de cause et de conséquence

1 Les conjonctions de cause les plus courantes sont *because* et *as* (tableau 34 → **p. 192**).

As/Because they couldn't trust him any more, they gave him the sack.
Comme/Parce qu'ils ne pouvaient plus lui faire confiance, ils l'ont renvoyé.

• Attention à l'emploi de *all the* + **comparatif** + *because (as)*… (d'autant plus **que**).

*They were **all the more upset because** (ou as) no one cared.*
Ils étaient **d'autant plus vexés que** tout le monde s'en fichait.

• Certaines propositions en V-*ing* peuvent être causales (→ **voir p. 134**).

2 Les conjonctions de conséquence les plus courantes sont *so (that)* (de sorte que), *such* + nom… *that* (tellement… que), *so* + adjectif + *that* (si… que) (tableau 34 → **p. 192**). La structure *so* + **adjectif** + *(that)* est la plus fréquente.

*It was dark, **so (that)** I didn't know where I was going.*
Il faisait sombre, **si bien que** je ne savais pas où j'allais.

*It was **so dark (that)** I didn't know where I was going.*
Il faisait **si sombre que** je ne savais pas où j'allais.

*It was **such** a boring talk **that** everybody left before the end.*
La conférence était **tellement** ennuyeuse **que** tout le monde est parti avant la fin.

B   Les subordonnées de but

1 Les conjonctions les plus courantes sont *(in order) to* + verbe (pour), *so that* + proposition/*in order that* + proposition (afin que) (tableau 34 → **p. 192**). *So that* et *in order that* sont suivies d'un modal (le plus souvent *can* ou *will*).

*She's sure they did it (in order) **to annoy** you.*
Elle est sûre qu'ils l'ont fait pour t'embêter.

*I gave him some money **so that** he **can** buy some food.*
Je lui ai donné de l'argent pour qu'il puisse s'acheter de la nourriture.

2 Attention : « pour » (but) = *to* mais « pour » (cause) = *for*.

*He was arrested **for** smuggling drugs.*
Il a été arrêté pour avoir fait passer de la drogue.

C   Les subordonnées de contraste et de manière

1 Les conjonctions de **contraste** les plus courantes sont *though*, *although*, *even though* (bien que) (tableau 34 → **p. 192**). Ne confondez pas *though* conjonction (« bien que » + proposition) et *though* adverbe (pourtant), qui se place en fin de phrase.

Though/Although I didn't vote for them, I like their policy.
Bien que je n'aie pas voté pour eux, j'aime bien leur politique.

*I like their policy. I didn't vote for them, **though**.*
J'aime bien leur politique. Et pourtant, je n'ai pas voté pour eux.

2 Les conjonctions de **manière** les plus courantes (tableau 34 → **p. 193**) sont *as/like* [à l'oral] (*as I said* : comme je l'ai dit) et *as if/as though* + prétérit (« comme si » + imparfait).

*She acts **as if** she was (ou were) the boss.*
Elle fait comme si elle était le chef.

1 Repérez le lien entre les deux
propositions : cause, conséquence ou but ? **A** **B** **C**

1. "I hate holidays because the cats always climb into my suitcases and stare at me reproachfully,
because it's hell if you take the children, but even more hellish if you leave them behind."

   Jill Cooper, *The Sunday Times.*

2. I refrained from smoking since I knew it made him sick.
3. Could you give me his mobile phone number so that I can reach him any time?
4. He hasn't given me his phone number, so I can't call him.
5. As you're staying here a short while only, let's have tea now.
6. Speak louder so that everybody can hear you.
7. He must have forgotten to invite her, because she didn't turn up.
8. As John knew the way, I asked him to come with us.
9. You can't email him, since his computer is broken.
10. She walked so fast that I couldn't keep up.

2 Employez l'une des conjonctions de
subordination suivantes dans les phrases proposées. **A** **B** **C**

whereas • as • as though • even if • though • so that • since • because • that

1. He felt ...... he had been plunged into another century.
2. I knew they were all listening, ... none of them looked at me.
3. Do ...... I say, not ...... I do.
4. I put a note beside his cereal bowl ...... he would be sure to see it.
5. She married him ...... he was extremely rich.
6. The lecture was so boring ...... we nearly fell asleep.
7. I am an early riser ...... he loves lying in *(faire la grasse matinée)*.
8. ...... you're already here, you might as well stay.
9. You'll have to come ...... you don't like it.
10. I love him all the more ...... he understands me.

3 Reliez un segment de la colonne 1 à un segment de la colonne 3
en employant l'une des expressions proposées dans la colonne 2. **A** **B** **C**

1	2	3
1. I liked the film	as if	I wasn't feeling well.
2. I went to work	because	you ask me.
3. I imagined he was English	in order to	it was too easy.
4. Don't talk to me	since	it was packed with action.
5. Every cloud has a silver lining	even though	I were a child.
6. I'll leave early	whereas	arrive on time.
7. I stopped playing	although	he is Scottish actually.
8. I will come	as	you can see.

71 Discours direct/ Discours indirect (1)

"I'll help them!"
She said she would help them.

Au discours indirect, on rapporte des paroles à l'aide d'une proposition subordonnée. De nombreux verbes permettent d'introduire du discours indirect.

discours direct	**discours indirect**
Lorraine said, "I know the solution."	*Lorraine said that she knew the solution.*
virgule après *said*/guillemets à gauche et à droite des paroles rapportées	principale *subordonnée* pas de guillemets

A Tell et say

1 *Tell* est **obligatoirement** suivi d'un nom ou d'un pronom. Attention : il n'y a pas de préposition entre *tell* et son complément.

*The guide **told the tourists/told them** that they had plenty of time.*
Le guide a dit aux touristes/leur a dit qu'ils avaient beaucoup de temps.

2 *Say* est le plus souvent suivi **directement** d'une proposition. Quand il est suivi d'un nom ou d'un pronom, **to** est **obligatoire**.

*The guide said that they had plenty of time./The guide **said to the tourists** that they had plenty of time.*

B Autres verbes introducteurs

1 *Tell* et *say* sont les verbes les plus fréquents mais d'autres sont possibles comme *admit* (admettre), *answer* (répondre), *declare* (déclarer), *mention* (mentionner), *point out* (signaler), *state* (affirmer).

2 Pour introduire une **question**, on rencontre les verbes *ask* (demander), *enquire* (se renseigner), *want to know* (vouloir savoir), *wonder* (se demander). Une question indirecte est introduite par *if* (ou plus rarement *whether*). L'**ordre des mots** est celui d'une phrase affirmative (sujet/verbe).

question directe	**question indirecte**
Do you live alone?	*Paul asked Oko if/whether she lived alone.*
Est-ce que vous habitez seule ?	Paul a demandé à Oko si elle vivait seule.

Attention à l'ordre des mots quand une question commence par un mot en *wh-*.

question directe	**question indirecte**
*Where is **your mother**?*	*He asked her where **her mother** was.*
[*where* + auxiliaire + sujet]	[*where* + **sujet** + auxiliaire]
Où est ta mère ?	Il lui a demandé où était **sa mère**.

3 Pour donner un conseil ou un ordre, on utilise *advise* (conseiller), *ask* (demander), *forbid* (interdire), *order* (ordonner), *warn* (avertir)… + **complément** + *(not) to*.

discours direct	**discours indirect**
"Don't say anything," I advised them.	*I advised them not to say anything.*
« Ne dites rien », leur ai-je conseillé.	Je leur ai conseillé de ne rien dire.

4 Le verbe *suggest* (suggérer) est suivi soit de V-*ing*, soit d'un verbe conjugué (au présent, au prétérit ou avec *should*).

Naomi suggested playing the lottery./She suggested that we played (ou we play ou we should play) the lottery.
Naomi a proposé de jouer à la loterie./Elle a suggéré que nous jouions à la loterie.

1 Employez *say* ou *tell* dans les phrases suivantes. **A**

1. I called him and ...... him I would be glad to see him whenever he wanted.
2. "Patrick?" she .... "May I come in?"
3. "That is our dream," she .... "To ...... the truth, if he were just working here, that dream would never come true."
4. He ...... that he was going back to New York and that he could wait a week for her answer.
5. "What are you ...... ? You mean you dream about going away?" "Well... Let's ...... it is a dream." "So ...... me."

2 Employez les verbes suivants au prétérit. **A** **B**

remark • enquire • want to know • wonder • suggest • confirm • ask • advise • forbid • encourage

1. He ...... when the train would arrive.
2. He ...... there was little he could do about it.
3. Her parents were very strict: they ...... her to speak to him.
4. Linda ...... that we should rent a car for the weekend.
5. She was perplexed and ...... if it would be easy to reach a compromise.
6. They ...... that they were dead certain they had never seen that man.
7. After reading my application letter carefully he ...... me to shorten the last paragraph.
8. The teacher ...... the students to look on the bright side of things and to keep going.
9. We looked a bit lost, so they kindly ...... what we wanted.
10. He took her by the hand and ...... her to marry him.

3 Transposez au discours indirect. Lisez ensuite les phrases au discours direct à voix haute puis les transpositions. Écoutez le corrigé sur le site en étant attentif à l'intonation (→ **fiche 78**). **A** **B**

1. "Do you know I'm getting married?" They asked me ......
2. "How often do you go to the museum?" She wanted to know ...... I ......
3. "Do you think he'll sign the letter?" They asked me ......
4. "Do I have to go to school this morning?" He asked me ......
5. "What is she like?" He wondered ......
6. "How much do you make?" They wanted to know ...... I ......
7. "When is he coming?" She asked him ......
8. "Why did you kill him?" She wondered ...... I ......
9. "Where did you get it?" You asked me ......
10. "How old are you?" He wanted to know ...... I ......

4 Transposez au discours indirect à l'aide d'un verbe introducteur *(advise, ask, order, recommend, suggest, tell, want...)* au passé. **B**

1. "Take my advice."
2. "Don't answer."
3. "Call the manager."
4. "Don't get worked up!"
5. "Leave me alone!"
6. "Keep your fingers crossed."
7. "Don't panic!"
8. "Let's stop beating about the bush."
9. "Why don't we go to the concert?"
10. "Don't worry, you'll manage."

Discours direct/
Discours indirect (2)

"We met her last month."
They said that they had met her the month before.

Les temps au discours indirect (principale au passé)

discours direct	discours indirect
présent	**prétérit**
"I hate driving."	*She said (that) she hated driving.*
« Je **déteste** conduire. »	Elle a dit qu'elle **détestait** conduire.
prétérit	***past perfect*** [*had* + participe passé]
"Tom went back to the States."	*She said (that) Tom had gone back to the States.*
« Tom **est retourné** aux États-Unis. »	Elle a dit que Tom **était retourné** aux États-Unis.
present perfect	***past perfect*** [*had* + participe passé]
"I've never liked poetry."	*She said (that) she'd never liked poetry.*
« Je n'**ai** jamais **aimé** la poésie. »	Elle a dit qu'elle n'**avait** jamais **aimé** la poésie.
will + verbe (emploi futur)	***would*** + verbe (instrument du conditionnel)
"They will meet at 8 p.m."	*She said (that) they would meet at 8 p.m.*
« Ils se **verront** à 8 heures. »	Elle a dit qu'ils se **verraient** à 8 heures.
impératif	***to*** + verbe
"Don't write on the tables!"	*She told them not to write on the tables.*
« **N'écrivez pas** sur les tables. »	Elle leur a dit **de ne pas écrire** sur les tables.

Si le verbe est au **présent** dans la principale, il n'y a pas de changement dans la subordonnée. De même si les propos rapportés sont toujours vrais maintenant.

She says, "I hate driving." → *She **says** (that) she **hates** driving.*
*She **said** this morning (that) she **hates** driving.* [On met en avant le fait qu'elle déteste toujours conduire.]

Les autres changements au discours indirect

1 On emploie *could* et *might* à la place de *can* et *may*. Avec *could*, *might*, *should*, *would* et *must*, il n'y a pas de changement.

*She said, "I **can** handle the job."*
→ *She said (that) she **could** handle the job.*
Elle a dit qu'elle était capable de faire le travail.

*She said, "You **must** give the judge your name."*
→ *She said (that) you **must** give the judge your name.*
Elle a dit que vous deviez donner votre nom au juge.

2 On passe de la première à la troisième personne au discours indirect.

I → *he/she*	*me* → *him/her*	*my* → *his/her*	*mine* → *his/hers*
we → *they*	*us* → *them*	*our* → *their*	*ours* → *theirs*

3 Les marqueurs temporels changent généralement.

discours direct	discours indirect
now	*then*
yesterday	*the day before*
last week/month/year	*the week/month/year before*
(three months) ago	*(three months) before*
tomorrow	*the next day*
next week/month/year	*the following week/month/year*

*She said, "I'll do it **tomorrow**."* → *She said she would do it **the following day**.*
Elle a dit qu'elle le ferait le lendemain.

1 Transposez au discours indirect. **A**

1. "I'll go along with that."
   He said ......
2. "I've left my job."
   Yesterday he told me that ......
3. "You had good reasons to react."
   They pointed out that ......
4. "If you don't help us I'll send those letters."
   He mentioned that ......
5. "I was awarded a scholarship to study at Oxford."
   He explained that ......
6. "Personally I won't buy this idea."
   She declared that ......
7. "I've never liked action-packed movies."
   She replied that ......
8. "It's bound to happen."
   You stated that ......

2 Transposez au discours indirect. Attention à l'amorce proposée. **A B**

1. At breakfast, this morning he said: "I'll be very busy today."
   Three days have passed and I remember that ......
2. I heard you say: "I've promised to meet him at the airport this evening."
   A week ago, I heard you say that ......
3. "Where will you be tomorrow," he said to her, "in case I have to ring you."
   Before leaving London, a month ago, he ......
4. "I'm sure I called you a long time ago," he explained to her.
   A week after, he explained to her ......

3 Transposez au discours direct. Relisez votre production puis
écoutez le corrigé sur le site. Attention à l'intonation (→ **fiche 78**). **A B**

Brenda told Doctor Gillian that she had really tried hard. She said she had done a lot of sport. She swore that she had been very careful with her food. She had listened to her doctor's advice and she had avoided cakes. She had been positive. She had made an effort. She asked the doctor to look at her: she was tired, depressed and she said she had lost only one pound. Doctor Gillian agreed but he asked her if she had tried their SUPERSLIM tablets. He assured her it was a new formula and that it worked wonders. Brenda said she had not tried but she promised she would. She exclaimed that she was feeling better already. She thanked the doctor.

Wilfrid Rotgé, *Bescherelle Vocabulaire Anglais*, éd. Hatier, 2008.

4 Transposez cette bande dessinée au discours indirect en choisissant avec
attention les verbes d'introduction de manière à respecter la typographie. **A B**

Les subordonnées en Ø ou *that*

I know Ø she doesn't have your e-mail address.
I know that she doesn't have your e-mail address.

Verbe + subordonnée en *Ø* ou *that*

1 À l'oral, Ø est plus fréquent que *that*.
I don't think Ø/that it's open at this time of day.
Je ne pense pas que ce soit ouvert à cette heure-ci du jour.

2 Certains verbes comme **admit** (admettre), **believe** (croire), **doubt** (douter), **know** (savoir), **think** (penser) se construisent avec Ø ou *that* **et non avec** *to* alors que leur équivalent peut se construire avec un infinitif en français.
He says (that) he's talked to the president.
Il dit qu'il a parlé au président./Il dit avoir parlé au président.

3 Après des verbes comme **answer** (répondre), **accept** (accepter), **argue** (démontrer), **object** (objecter que), on préfère **that** à Ø.
They answered that they had nothing to declare.
Ils ont répondu qu'ils n'avaient rien à déclarer.

4 Les verbes exprimant un ordre ou une demande comme **demand** (exiger), **insist** (insister), **suggest** (suggérer)… sont suivis de *that* + sujet + présent simple (ou *should*). En anglais américain, après ces verbes, on préfère la base verbale.
*We insist that Paula **reads/should read/read** the contract aloud.*
Nous insistons pour que Paula lise le contrat à voix haute.
[*read* sans **-s** peut être décrit comme un « subjonctif présent »]

5 Attention : « que » peut se traduire par **than** (après une comparaison, ➜ **p. 118**) et « ce que » se traduit par **what/which** (➜ **p. 144**). Ne les confondez pas avec **that**.

6 Quand on reprend une conjonction par « que » en français, on emploie la même conjonction (et non *that*) en anglais.
Si elle téléphone et **qu'**elle s'excuse, je lui parlerai.
If she rings and if she apologizes, then I'll talk to her.

It is + adjectif + *that*

1 *It is* + **adjectif** est suivi de *that* (plutôt que de Ø). *It is* + adjectif d'opinion *(necessary/ essential/strange/interesting/surprising...)* peut être suivi de *should*.
*It's odd/natural that they **should be**/that they **are** so nervous.*
C'est bizarre/normal qu'ils soient si tendus.

2 Avec les adjectifs *likely* et *certain*, on peut avoir deux contructions : ***it's likely/certain that*** ou **sujet personnel** + *be likely/certain to*.
Avec *be sure to* et *be bound to*, on trouve seulement la structure : sujet personnel + *be sure/ bound to* (et pas *it is sure/bound that they...*), ➜ **p. 72**.
It is likely/certain that we'll win. (We are likely/certain to win.)
Il est probable que nous gagnions./Il est sûr que nous gagnerons.
They are sure/bound to miss their plane.
Il est certain qu'ils rateront leur avion.
[Sous-entendu : *I'm sure that they'll miss their plane.* C'est le locuteur qui est sûr de quelque chose et non *they*.]

EMPLOYER

1 Complétez les phrases suivantes en employant Ø à chaque fois que c'est possible ou *that*. **A B**

1. Do you think ...... you'll have finished by tomorrow?
2. It's strange ...... Fiona shouldn't be here.
3. I must admit ...... he is a very good actor.
4. He answered ...... her argument was consistent.
5. They argued ...... the news report must be wrong.
6. It is likely ...... you'll meet his new girlfriend at the party.
7. Do you believe ...... he lied to you?
8. I suppose ...... he hasn't been very faithful to me.
9. His tone clearly suggested ...... they had reached the conclusion.
10. It's natural ...... she should be pessimistic.

2 Traduisez les phrases suivantes. **A B**

1. J'admets m'être trompée.
2. Ils m'ont suggéré de remettre mon voyage.
3. J'ai confirmé qu'on arriverait le 5.
4. Tu penses vraiment que c'est sa faute ?
5. Il a insisté pour que je vienne le voir.
6. Il est certain qu'il va accepter.
7. C'est incroyable qu'elle soit venue si vite.
8. Est-ce qu'il a répondu qu'il était d'accord ?
9. Comme il fait beau et que je n'ai rien à faire, je vais aller me promener.
10. Si tu le rencontres et que tu as le temps de lui parler, dis-lui de m'envoyer un mail.

3 Complétez les phrases avec Ø, *that*, *what* ou *than*. **A B**

1. I was devastated when I heard ...... happened to you.
2. There is no doubt ...... we're the best.
3. I suppose ...... she has high expectations.
4. Tell me ...... you'd like to drink.
5. Did you tell him ...... I won't come?
6. He likes fiction better ...... poetry.
7. It's likely ...... she'll win the tournament.
8. I'd rather stay at home ...... go shopping.
9. I can infer from ...... you're saying ...... you'd like me to understand ...... I should improve my work.
10. I want you to know ...... we all feel concerned about you.
11. We never discovered ...... made him react so abruptly.
12. Suddenly I remembered ...... I had forgotten to give him my address.
13. I'm sure ...... he didn't mean ...... he said.
14. The street is quieter on Sunday mornings ...... on weekday afternoons.
15. It's likely ...... they will arrive tomorrow morning.

Les prépositions

with my friends

Les prépositions introduisent un groupe nominal. Elles se placent **devant ce groupe nominal** sauf dans les questions (**➜ p. 130**) et les relatives (**➜ p. 140 et 142**). Pour **adjectif + préposition** et **verbe + préposition**, reportez-vous aux tableaux 22 et 36 (**➜ p. 185-186 et 194-195**).

A

Les principales prépositions

Pour connaître les prépositions de **lieu** *(across, at, over, through, under…)*, de **temps** *(at, in, on, by…)*, de **cause** *(because of…)*, de **contraste** *(contrary to…)*, de **manière** *(as, like)* et d'**argumentation** *(according to…)*, reportez-vous au tableau 35 (**➜ p. 193-194**).

• ***Across*** (à travers une surface) ≠ ***through*** (à travers un volume).

across a street (à travers une rue) **mais** *through the window* (à travers la fenêtre)

• ***In*** (statique) ≠ ***into*** (dynamique), qui se traduisent tous deux par « dans ».

The pupils were in the playground when he walked into the school.
Les élèves étaient dans la cour quand il est entré dans l'école.

• Pas d'article dans les expressions ***at*** *home*, ***at*** *work*, ***at*** *school*, ***in*** *town*.

• ***As*** (en tant que) ≠ ***like*** (comme) : *as* exprime une identité, *like* une ressemblance.

As your mother, it's my duty to tell you that.
Étant ta mère, il est de mon devoir de te dire ça.

Like your mother, I don't like what you're doing.
Comme ta mère, je n'aime pas ce que tu fais.

• ***According to*** = « selon » *(according to them* : selon eux), **mais** « selon moi » = ***to me, in my opinion***.

• ***Between*** + deux ou trois éléments ≠ ***among*** + plusieurs éléments.

B

La préposition *to* et les verbes à double complément

1 Certains verbes ont deux compléments (un COD et un COI) et présentent deux structures (avec ou sans *to*). Pour connaître ces verbes, reportez-vous au tableau 37 (**➜ p. 195**).

*Leila gave **Fred the keys**./Leila gave **the keys** [COD] **to Fred** [COI].*
Leila a donné les clés à Fred.

À noter

COI pronom ➜ ordre **COI + COD**   COD pronom ➜ ordre **COD + COI**
*Leila gave **him** [COI] the keys.*   *Leila gave **them** [COD] to Fred.*

COD et COI pronoms ➜ ordre **COD + COI**
*Leila gave **them** [COD] to **him** [COI].*

2 Certains verbes suivent le même fonctionnement, mais avec ***for*** (et non *to*). Pour connaître ces verbes, reportez-vous au tableau 38 (**➜ p. 195**).

*Randolph bought Liz a plane ticket./Randolph bought a plane ticket **for** Liz.*
Randolph a acheté un billet d'avion à Liz.

3 Certains verbes comme ***explain*** *sth to sb* (expliquer qqch. à qqn), ***announce*** *sth to sb* (annoncer qqch. à qqn), ***describe*** *sth to sb* (décrire qqch. à qqn), ***suggest*** *sth to sb* (suggérer qqch. à qqn) n'acceptent que la construction **verbe + COD + *to* + COI**.

I explained the problem to the passers-by/to them. [~~I explained them the problem.~~]
J'ai expliqué le problème aux passants./Je leur ai expliqué le problème.

1 Complétez en employant une préposition de lieu. **A**

1. Why did he move ..... the country? He wanted to get away ..... the hectic life ..... London.
2. I'm always glad to come back ..... my hometown after the holidays.
3. There was an accident ..... the crossroads last night.
4. Will you please write your name ..... the top of the page?
5. Don't come ..... the kitchen with your muddy shoes, please.
6. It was a very hot day. We all jumped ..... the swimming pool with shouts of delight.
7. He was tired of commuting every day ..... Highgate ..... Central London.
8. He asked to be transferred ..... another branch ..... the suburbs.

2 Complétez les phrases avec une préposition de temps. Vérifiez vos réponses sur le site. **A**

1. We arrived in South Australia ..... a snowy day ..... August. They often have snow there ..... summer.
2. ..... World War II, lots of children were evacuated from London to the country.
3. Did you actually wait ..... two hours?
4. They work ..... 8 ..... 5.
5. We'll have plenty of time to rest ..... the holidays.
6. ..... wet days, I take the tube, ... fine weather I walk to the office.
7. I haven't seen him ..... Christmas.
8. We'd better start ..... six, you know. He's always dead ..... time.

3 Choisissez la préposition qui convient. **A B**

1. You don't look (like/as) your brother.
2. We've had her (like/as) a teacher for two years now.
3. (Between/Among) other things, he knows how to cook.
4. I'll meet you (between/among) five and six.
5. You'll get a fine if you don't bring it back (by/Ø) Wednesday.
6. When he got back (in/to) London, he let himself (in/into) the flat and found it empty.
7. You know what? I cried (in/at) the end of the film!
8. How could we get out if the building went (in/on) fire?
9. She lived (in/on) a farm in Africa.
10. The beauty parlour is situated (at/on) the first floor of the hotel.

4 Remplacez les mots soulignés par un pronom en modifiant la structure de la phrase si nécessaire. **B**

1. I have promised a reward to <u>Fred</u>.
2. She teaches English to <u>high school kids</u>.
3. Have you told this incredible story to <u>Margaret</u>?
4. I sent a letter to <u>his parents</u> yesterday.
5. Has he shown you <u>his new computer</u>?

5 Traduisez. **B**

1. Est-ce que tu peux m'aider à lui trouver un cadeau ?
2. Je lui ai acheté un T-shirt.
3. Je le lui donnerai demain.
4. Tu veux bien aller me chercher un verre d'eau ?
5. Il nous raconte souvent des histoires drôles.

A Les principaux adverbes

1 Ils peuvent être regroupés selon leur sens : lieu, temps, fréquence, degré, ajout, liaison, manière, phrase (tableau 39 ➜ **p. 195-196**). Les adverbes de liaison *(actually, however, though…)* jouent un rôle fondamental dans l'organisation du discours.

2 *Yet* (jusqu'à présent) s'emploie surtout dans des phrases négatives et interrogatives. Ne confondez pas ***still not*** (toujours pas) et ***not yet*** (pas encore).

Have you talked about it to Brian yet?
Tu en as déjà parlé à Brian ?

*They **still don't** understand.*
Ils ne comprennent **toujours pas**.

*They **haven't** arrived **yet**.*
Ils ne sont **pas encore** arrivés.

3 *Ever* (à un moment quelconque/jamais/déjà) ≠ *never* (**ne** jamais).

Have you ever been to London?
Es-tu déjà/jamais allé à Londres ?

It's the best film I've ever seen.
C'est le meilleur film que j'aie jamais vu.

B Place des adverbes

1 Retenez l'ordre **sujet** (+ auxiliaire) + **adverbe** + <u>verbe</u>.
Toutefois, avec *be* + adjectif, l'adverbe se place après le verbe *be*.

*I **often** <u>think</u> of you.*
*He has **often** <u>talked</u> about you.*

*They are **always** <u>complaining</u>.*
*He <u>is</u> **often** sad.*

2 Dans les reprises, lorsque l'auxiliaire apparaît seul, on a l'ordre :
sujet + adverbe + auxiliaire (ou modal).

*"Do you ever watch TV?" "I **sometimes** do./I **never** can."*
« Ça t'arrive de regarder la télévision ? – Parfois./Je ne peux jamais. »

3 Dans les phrases négatives, les adverbes de fréquence se placent après la négation et les adverbes de phrase devant la négation.

*I **don't often** go out.*
Je ne sors pas souvent.

*I **probably** won't go out tonight.*
Je ne sortirai probablement pas ce soir.

4 Les adverbes de manière et de lieu se placent en fin de phrase.

*They played **very well**.*
Ils ont très bien joué.

*I wouldn't want to live **here**.*
Je n'aimerais pas habiter ici.

5 Les adverbes de degré se placent avant l'adjectif ou l'adverbe qu'ils modifient.

so nice : si gentil   *too soon* : trop tôt   *a little sweet* : un peu sucré

Attention : ***enough*** adverbe se place **après** l'adjectif ou l'adverbe qu'il modifie alors que ***enough*** quantifieur (« assez **de** ») se place **devant** le nom.

*There are **enough** musicians.*
Il y a assez de musiciens.

*We're not **good enough**.*
Nous ne sommes pas assez bons.

6 Avec les adverbes négatifs : *no sooner* (à peine), *never* (jamais)… ou restrictifs : *seldom* (rarement), *hardly* (à peine), on a adverbe + auxiliaire + sujet + verbe.

*No sooner had I hung up **than** they arrived.*
*Hardly had I hung up **when** they arrived.*
} À peine avais-je raccroché qu'ils sont arrivés.

1 Complétez les phrases à l'aide de *still*, *yet* ou *again*. **A**

1. There's ...... something we have to do.
2. He has not done his homework ....
3. You're late, ... ! It's the second time this week.
4. How dumb he is! I've explained it to him a hundred times and he ...... doesn't understand.
5. I can see he hasn't understood ...... : I'll have to explain it to him ....
6. I don't want to see him, ever ....
7. A Scotsman: "Is it ...... raining?"
8. An Englishman: "Has it ...... begun to rain?"

2 Insérez les adverbes de liaison suivants dans les phrases. **A**

actually • though • otherwise • and yet • furthermore • anyway • besides • therefore

1. I think ...... I am.
2. This book is excellent; ...... it is likely to help the students.
3. Computers are becoming easier to use, ... they're becoming cheaper.
4. I expected her to be ordinary, ... she was very attractive.
5. Button up your coat, ... you'll catch a cold.
6. It sounds very strange, ... it's true.
7. It was snowing very hard but I drove to his place ....
8. He'll probably agree. You never know, ...

3 Insérez l'adverbe indiqué entre parenthèses dans les phrases suivantes. **B**

1. He who is absent is in the wrong. (always)
2. Nothing in the world will make me talk. (ever)
3. I've told him not to do that. (often)
4. They play role games all night. (sometimes)
5. He has said he wouldn't come on Tuesday. (repeatedly)
6. She missed him but mentioned it to anyone. (occasionally) (hardly ever)
7. We visit our neighbours any more. (seldom)
8. "Can you park your car near your workplace?" "I can. (usually)"
9. He has been that way. (always)
10. She doesn't smile. (often)

4 Traduisez les phrases suivantes. **A B**

1. Elle mit soigneusement le paquet sur son bureau.
2. Il joue très bien aux échecs.
3. Tu connais certainement mon mari ?
4. Il s'arrêta finalement *(eventually)* de pleuvoir.
5. Il n'est que six heures et la nuit tombe déjà.
6. Cela m'a beaucoup plu.
7. Ce n'est pas encore l'été, cependant, il fait presque aussi chaud.
8. C'est sûr *(To be sure)*, ce n'est plus l'été, néanmoins il fait plutôt chaud.

La ponctuation

A woman, without her man, is nothing.
A woman: without her, man is nothing.

La ponctuation a plusieurs fonctions. Les signes servent à organiser le texte, à marquer les changements de locuteurs. Ils complètent parfois le sens de la phrase. Ils servent aussi à marquer les endroits où respirer lorsqu'on lit à haute voix et influencent le rythme et l'intonation.

A Le point et la virgule

1 **Le point** (*full stop* [GB] ou *period* [US]) s'emploie à la fin d'une phrase, comme en français. Il est aussi utilisé :
– après les abréviations : *Ms. Brown* (Madame ou Mademoiselle Brown) ;
– devant les décimales : *1.6* (lire *one point six*, 1 virgule 6) ;
– dans les adresses électroniques : *usatoday.com* (lire *dot com*, usatoday point com).

2 **La virgule** (*comma*) s'emploie moins en anglais qu'en français.
• Notez qu'elle s'emploie en anglais pour séparer les différents termes d'une énumération.
An audacious, extraordinary, exhilarating novel.
Un roman audacieux, extraordinaire, hilarant.
• La virgule est aussi utilisée pour marquer l'ajout d'un commentaire dans une phrase. Comparez :
His brother, who is a chemist, lives in London.
Son frère, qui est pharmacien, vit à Londres.
His brother who is a chemist lives in London.
Son frère, celui qui est pharmacien, vit à Londres.

> ### À noter
>
> Dans les dialogues, la virgule se place avant les guillemets.
> *"I don't want to leave," she said.*
> « Je ne veux pas partir », dit-elle.

B Les autres signes

1 **Le tiret long** (*dash*) est davantage utilisé en anglais qu'en français où l'on préfère la parenthèse. Il remplace parfois le point ou la virgule dans les courriels ou les SMS.
When you come in – or go out – don't forget to shut the door.
En entrant (ou en sortant) n'oubliez pas de fermer la porte.
It's OK – CU 2morrow
OK. A 2main.

Il s'utilise aussi là où le français utilise des points de suspension (phrase laissée en suspens, transcription d'une hésitation par exemple).
So – you're visiting your Mum again?
Donc… tu es revenue voir ta maman ?

2 **Le point d'exclamation** est moins utilisé en anglais qu'en français. Ne l'utiliser que pour traduire une forte émotion, la colère, la surprise.
How can people behave like that!
Comment peut-on se conduire de cette manière !
Forget them. Forget them all.
Oublie-les ! Oublie-les tous !

1 Quelle erreur de ponctuation
cette pancarte comporte-t-elle ?
Justifiez brièvement votre réponse. **A**

2 Voici le titre d'un traité sur la ponctuation : *The panda eats, shoots,
and leaves.* ou *The panda eats shoots and leaves.* Traduisez les deux phrases. **A**

3 Choisissez le signe de ponctuation qui convient. **A** **B**

1. Did you tell him you'd certainly be late   !   ?   .
2. Don't tell him how old she is   ?   .   :
3. "Everybody had a good time   .   :   ,   " she said.
4. What hurts me   – (:   what really hurts me   –)   ,   is that he didn't try.
5. Her husband   ,   Ø   :   who is nearly seventy   – Ø   ,   still works.
6. The man   Ø ,   –   who gave her such a present   ,   Ø   –   must be very rich.
7. That's the reason   ,   Ø   !   why so many people like her.
8. She went home   ,   Ø   :   because she was tired.
9. He is not only an architect   ,   Ø   !   but also a painter.
10. You can go to the party   ,   Ø   :   but please be back before midnight.

4 Ponctuez ces textes. Dans le premier, le signe ✎ vous indique l'endroit où insérer
un signe de ponctuation. Dans le second, il faut aussi rétablir les majuscules. **A** **B**

1. I only met him ten minutes ago ✎
"We believe in logistical formative alliances ✎" he's saying in a nasal ✎ droning voice ✎ "both
above and below the line ✎"
"Absolutely ✎" I reply brightly ✎ as though to say ✎ Doesn't everybody ✎
Logistical ✎ What does that mean ✎ again ✎
Oh God ✎ What if they ask me ✎
Don't be stupid ✎ Emma ✎ They won't suddenly demand ✎ "What does logistical mean ✎"
I'm fellow marketing professional ✎ aren't I ✎ Obviously I know these things ✎
And anyway ✎ if they mention it again I'll change the subject ✎ Or I'll say I'm post-logistical
or something ✎

From Can You Keep a Secret?, by Sophie Kinsella, published by Random House.
Reprinted by permission of The Random House Group Limited.

2. Monday a little before ten Uta is at the gallery already you can't get there earlier than she does
"Morning Peter" she calls from the back in her exaggerated German accent

Michael Cunningham, By Nightfall, 2010.

5 Séparez les mots puis rétablissez la ponctuation et les majuscules. **A** **B**

1. ImetMaryAnninginLymeRegiswhereshehaslivedallherlifeitwascertainlynotwhereIexpectedtolive
LondonwasofcoursespecificallyRedLionSquarewherewePhilipotsgrewup.

Tracy Chevallier, Remarkable Creatures, 2010.

2. YouaskanEnsglishmanwhat'sPrincessAnnelikeandtheEnglishmansayswellyoumustremembershe'
sstillveryyoungshe'snewtoallthisafterallshe'sonlytwentyyoucan'texpectandallyousaidwaswhat's
shelikebutthey'reveryimpressedbyherhorsemanshiptheytellyouwithgreatprideshe'sgoodenoughto
rideforEngland

Helene Hanff, 84 Charing Cross Road, 1976.

77 Groupes de souffle, mise en relief et liaisons

Alfred said his brother is stupid.
Alfred, said his brother, is stupid.

On voit bien, dans l'exemple ci-dessus, que la ponctuation a parfois beaucoup d'influence sur le sens du message. À l'oral, il existe également une ponctuation sonore.

A Les groupes de souffle ou groupes de sens

1 On accentue généralement les mots qui apportent l'information importante de la phrase. Ces mots sont très souvent en fin de phrase.

*It's **rain**ing.*   *I called my mother this **morn**ing.*   *I can **drive**.*

2 Quand la phrase est plus longue, il peut y avoir plusieurs groupes de sens et c'est la fin de chaque groupe de sens qui est accentuée.

*I never go **out** after eight **thir**ty.*   *I can swim **fast**er than your **broth**er.*

À la fin de chaque groupe de sens, le locuteur reprend sa respiration.

 3 Les groupes de sens et la ponctuation sont liés. Allez sur le site et prenez connaissance des deux scripts tout en écoutant l'enregistrement. Repérez les différences que cela entraîne concernant le sens du message.

B L'accent de phrase

C'est la mise en relief du ou des mot(s) important(s). Elle s'effectue souvent par un bref arrêt avant le segment accentué. Selon le message que l'on veut transmettre, l'accent de phrase change. Comparez :

*"Are **Paul and Mary** visiting us on Sunday?"* *"No, but Clare and Stephen are."*
*"Are Paul and Mary visiting us on **Sunday**?"* *"No, they said they'd come on Monday."*
*"Are Paul **and** Mary visiting us on Sunday?"* *"Yes, they said they'd both come."*

À noter

En français, cette mise en relief s'effectue par divers procédés.
Traductions possibles des exemples ci-dessus :
– C'est bien Paul et Mary qui viennent nous voir dimanche ?
– C'est dimanche que Paul et Mary viennent nous voir ?
– Paul et Mary viennent nous voir dimanche tous les deux ?

C Les liaisons

Tout comme en français, il existe des liaisons en anglais, même si elles sont plus discrètes.

1 **Liaison la plus courante** : son de consonne + son de voyelle.

read it • take the dog out • give it to me

2 **Liaison la plus facile pour les francophones** : mot qui se termine par -r ou le son /r/ + son de voyelle.

far away • you're absolutely right

1 Écoutez l'enregistrement sur le site en marquant les groupes de sens par des barres verticales. La ponctuation originale a été partiellement effacée.

1. I'm rooted to the spot ten yards away from the door holding the Costa coffee tray I know I shouldn't eavesdrop but I can't stop myself.

From *I've Got Your Number*, by Sophie Kinsella, published by Random House.
Reprinted by permission of The Random House Group Limited, 2012.

2. This morning she wore a pink-and-white striped dress which she had chosen and put on by herself backwards.

Kim Edwards, *The Memory Keeper's Daughter*, 2005.

2 Écoutez l'enregistrement sur le site et repérez le mot qui porte l'accent de phrase. **B**

Phrase n°	1. …	2. …	3. …	4. …	5. …

3 De combien de mots se composent les phrases enregistrées sur le site ? **C**

Phrase n°	1. …	2. …	3. …	4. …	5. …
	6. …	7. …	8. …	9. …	10. …

4 Dans les textes ci-dessous, la ponctuation originale a été partiellement effacée. Indiquez les pauses nécessaires pour respirer et mieux vous faire comprendre. Lisez-les ensuite à voix haute et comparez avec l'enregistrement. **A B**

1. I first discovered I was going deaf about twenty years ago. For some time before that I'd been aware that I was finding it increasingly difficult to hear what my students were saying, especially in seminars, with anything from twelve to twenty of them sitting round a long table.

David Lodge, *Deaf Sentence*, 2008.

2. This place is exactly like your home or mine. Expensive furniture servants everywhere boring food and unlimited drink. We can eat all our meals here get our mail read the newspapers take a nap and if we get too drunk fall into a cab we can even get a bed for the night. The only difference between an Englishman's club and his home is that there are no women in his club.

Ken Follett, *A Dangerous Fortune* Copyright 1993 by Ken Follett.

5 Dans les phrases suivantes, indiquez les possibilités de coupures qui en modifient le sens. Lisez les phrases à voix haute puis écoutez l'enregistrement. **A**

1. He gave her cat food.
2. She slipped on her new shoes.
3. Time flies like an arrow, fruit flies like a banana. *(Groucho Marx)*
4. Did Sam call her names?

6 Indiquez les liaisons que vous feriez pour lire à voix haute les phrases suivantes puis vérifiez à l'aide de l'enregistrement.

1. I only say his father is influential.
2. Park it outside.
3. What kind of problem do you have?
4. Would you turn it off, please?
5. An apple a day keeps the doctor away.
6. Can you explain it?
7. Think about it, will you?
8. Everybody laughed at her.
9. Once upon a time…

 Vous trouverez deux exercices supplémentaires sur le site.

La phrase française, contrairement à la phrase anglaise, a surtout une intonation montante. Spontanément, quand on dit « Bonjour ! », la voix monte sur « jour ». Essayez de prononcer cette phrase en descendant sur « jour » : cela paraît sec, factuel. C'est de cette façon qu'il faut prononcer **Hello** ou **Nice weather today**, en descendant sur **-lo** et sur **-day**, quitte à paraître moins enjoué qu'en français.

A Intonation descendante

1 **L'intonation de base est la suivante :** on monte jusqu'à la syllabe la plus accentuée de l'énoncé, puis on redescend.

I'm seeing John this weekend.
↗ ↘

John est l'élément le plus important de la phrase : la voix monte vers *John* puis descend.

2 **L'intonation est descendante dans :**

• les phrases affirmatives : *I love this area.*
• les phrases négatives : *We don't need anything.*
• les phrases à l'impératif : *Do it!*
• les phrases exclamatives : *What a strange couple!*
• les *tags,* qui sont des fausses questions : *It's nice, isn't?*

À noter

Cela peut surprendre, mais les questions en **wh-** ont une intonation descendante.

Where did you go?   *What's your name?*

B Intonation montante

L'intonation est montante dans...

1 Les questions en *Yes/No.*

Did you like the film?   *Have you ever been to New York?*
↗   ↗

2 Quand on n'a pas fini sa phrase (par exemple quand on réfléchit).

The problem is that... er... you know…
↗ ↗ ↗

3 Quand on fait une énumération.

They're planning to visit Brighton, Cambridge, Oxford and London.
↗ ↗ ↗ ↘

4 Quand on demande de répéter.

"He went to Chicago." "Where?"
↗

"She said she'll call you back." "What did she say?"
↗

5 Quand le *tag* est une vraie question.

You can come on Monday, can't you?
↗

1 Allez sur le site. Écoutez l'enregistrement
des dix phrases et notez leur schéma intonatif. **A** **B**

Intonation montante	Intonation descendante
phrases n° : …	phrases n° : …

2 Allez sur le site. Écoutez l'enregistrement des phrases suivantes,
notez leur schéma intonatif puis répétez en respectant bien l'intonation. **A** **B**

1. You must come.
   You must come to the party.
   You must come to the party with me.
   You must come to the party with me and join in the fun.
2. Come to tea!
   Come to tea with us!
   If you're free come to tea with us by the sea.
   Do you agree, if you're free, to come to tea with us by the sea?

EMPLOYER

3 Lisez à voix haute ce poème de Robert Service (1874-1958).
Comparez votre lecture à l'enregistrement que vous trouverez sur le site. **A** **B**

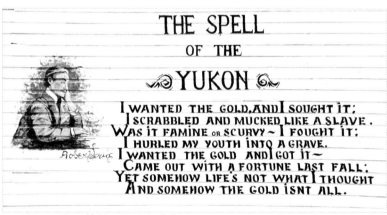

THE SPELL
OF THE
YUKON

I WANTED THE GOLD, AND I SOUGHT IT;
I SCRABBLED AND MUCKED LIKE A SLAVE.
WAS IT FAMINE OR SCURVY ~ I FOUGHT IT;
I HURLED MY YOUTH INTO A GRAVE.
I WANTED THE GOLD AND I GOT IT ~
CAME OUT WITH A FORTUNE LAST FALL;
YET SOMEHOW LIFE'S NOT WHAT I THOUGHT
AND SOMEHOW THE GOLD ISNT ALL.

scrabble : gratter, s'échiner • *muck* : (ici) trimer • *scurvy* : le scorbut • *hurl* : précipiter, jeter

4 Lisez cet extrait d'une pièce. Notez les schémas intonatifs que vous
pensez appropriés puis comparez votre lecture à l'enregistrement. **A** **B**

NORMAN: If that's the way it is. Don't talk to me. I don't care. I don't know why you're all being so unsociable. All right, I had a few drinks last night. What's wrong with that? Hasn't anyone round this table ever had a drink then? Come on, I don't believe it. You've had a drink, haven't you, Reg? Ha-ha! Caught you. You spoke.

REG: No, I didn't.

NORMAN: Ha-ha! Three to me. I've won. […] Is it too much to ask for something to eat? *(No response.)* It's too much to ask for something to eat. *(He gets up and moves down the table and takes the cereal bowl that Sarah isn't using.)* May I borrow your bowl? That's awfully nice of you. And your spoon? Thank you. Now then, what shall I have? *(Examining cereal packets.)* Puffa Puffa rice. Ah-ah… *(He returns to the top of the table, sits and fills his bowl.)* No Sunday papers. Dear, dear. Ah, well I shall have to read my morning cereal… *(He laughs.)* Cereal. Do we all get that? Apparently we don't.

Alan Ayckbourn *The Norman Conquest: Table Manners* Copyright Alan Ayckbourn (1975).

79 · L'accentuation des mots grammaticaux

*I **have to** go now.* /hæv tə/
*Do you really **have to**?* /hæv tuː/

Les mots grammaticaux ont souvent une forme pleine et une forme faible, à l'oral. La forme faible est la forme la plus courante. Ces mots sont prononcés rapidement.

A Tableau des formes faibles et des formes pleines

mot grammatical	forme faible	forme pleine	mot grammatical	forme faible	forme pleine
am	/əm/	/æm/	is	/z/	/ɪz/
and	/ənd/	/ænd/	must	/məst/	/mʌst/
are	/əʳ/	/ɑːʳ/	not	/nt/	/nɒt/
as	/əz/	/æz/	of	/əv/	/ɒv/
at	/ət/	/æt/	shall	/ʃəl/	/ʃæl/
but	/bət/	/bʌt/	should	/ʃəd/	/ʃʊd/
can	/kən/	/kæn/	some	/səm/	/sʌm/
could	/kəd/	/kʊd/	than	/ðən/	/ðæn/ (rare)
do	/də/	/duː/	that	/ðət/	/ðæt/
does	/dəz/	/dʌz/	there	/ðəʳ/	/ðeəʳ/
for	/fəʳ/	/fɔːʳ/	to	/tə/	/tuː/
from	/frəm/	/frɒm/	was	/wəz/	/wɒz/
had	/həd/ ou /d/	/hæd/	were	/wəʳ/	/wɜːʳ/
has	/həz/ ou /z/	/hæz/	will	/l/	/wɪl/
have	/həv/ ou /v/	/hæv/	would	/wəd/	/wʊd/

B Commentaire du tableau

1 On emploie la forme pleine quand le mot est en fin d'énoncé ou quand il est accentué pour créer un contraste (emploi emphatique).

What are you looking for? /fɔːʳ/ et non /fəʳ/   *I'll let you know when I can.* /kæn/ et non /kən/

2 *That* **démonstratif** n'a pas de forme faible et se prononce toujours /ðæt/. *That* **relatif** et *that* **conjonction** sont presque systématiquement prononcés /ðət/ (forme faible).

3 La forme faible de ***there*** ne s'emploie que quand il traduit « il y a » *(there is, there are, there was...)* ; quand *there* signifie « là-bas », on utilise la forme pleine.

4 Seules cinq prépositions ont une forme faible : ***at, for, from, of*** et ***to***. En règle générale, les **prépositions** ne sont pas accentuées, contrairement aux **particules**.

Look at /ət/ *John!   Go out* /aʊt/ *immediately or I'll call the police!*

5 ***Some*** ne se prononce /səm/ (forme faible) que lorsqu'il exprime une quantité indéterminée (« du, de la, des »). Autrement, il se prononce /sʌm/.

I need some money. = de l'argent → /səm/   *Some idiot said that...* = un imbécile → /sʌm/

6 Certains pronoms personnels et déterminants possessifs ont une forme pleine ou faible.

mot grammatical	forme faible	forme pleine
our	/ɑːʳ/	/aʊəʳ/
she	/ʃɪ/	/ʃiː/
them	/ðəm/	/ðem/
us	/əs/	/ʌs/
we	/wɪ/	/wiː/
you, your	/jə/, /jəʳ/	/juː/, /jɔːʳ/

1 Allez sur le site. Écoutez l'enregistrement. Quelle phrase entendez-vous ? **A B**

1. **a.** I did it for you.   **b.** I did it before you.
2. **a.** Look, it's gone all yellow.   **b.** Look, it's going all yellow.
3. **a.** Well, they can all bring something.   **b.** Well, they can't all bring something.
4. **a.** There isn't an earlier one, is there?   **b.** There's an earlier one, is there?
5. **a.** I'm sure you'll like it.   **b.** I'm sure you like it.
6. **a.** She came with another boyfriend.   **b.** She came without a boyfriend.

2 Écoutez attentivement ces cinq phrases sur le site
et dites combien de mots comporte chacune d'entre elles. **A B**

| Phrase n° | 1. … | 2. … | 3. … | 4. … | 5. … |

3 Dans les phrases suivantes, barrez les formes faibles.
Puis vérifiez vos réponses en écoutant l'enregistrement. **A B**

1. I am extremely sorry, but we had no choice.
2. Tell her to wait. I'll be there as soon as I can.
3. "Liz, what are you looking at? Look at me!" "I don't want to look at you!"
4. She felt like she had landed in the middle of some weird dream.
5. It has been the hottest British June for 10 years.
6. Guess what? There are more than there were at the beginning.
7. Have you seen the gift that was for my mother?

4 Lisez ces citations. Écoutez l'enregistrement
sur le site, puis lisez les phrases à voix haute. **A B**

1. There is a great deal of difference between an eager man who wants to read a book and the tired man who wants a book to read. *(G.K. Chesterton)*
2. I find television very educating. Every time somebody turns on the set, I go into the other room and read a book. *(Groucho Marx)*
3. There are painters who transform the sun into a yellow spot, but there are others who with the help of their art and their intelligence transform a yellow spot into the sun. *(Pablo Picasso)*
4. Being the richest man in the cemetery doesn't matter to me. Going to bed at night saying we've done something wonderful, that's what matters to me. *(Steve Jobs)*
5. I am fond of pigs. Dogs look up to us. Cats look down on us. Pigs treat us as equals. *(Winston Churchill)*
6. When you're drowning, you don't say "I would be incredibly pleased if someone would have the foresight to notice me drowning and come and help me," you just scream. *(John Lennon)*

5 Dans le dialogue suivant, repérez les formes faibles et les formes
pleines. Lisez à voix haute et comparez avec l'enregistrement. **A B**

"Miss Bloomwood, let me assure you. I have looked at this from all angles and there is no brilliant solution. There is no way out." Carson Low sighs. "May I give you three small pieces of advice?"
"What are they?" I say, with a flicker of hope.
"The first is, never sign any document before reading it first."
"I know that!" I cry, before I can stop myself. "What's the good of everyone telling me that now?"
"The second is – and I strongly recommend this – tell your fiancé."
"And what's the third?"
"Hope for the best."

From *Shopaholic Ties the Knot*, by Sophie Kinsella by Black Swan Book.
Reprinted by permission of The Random House Group Limited, 2012.

80 L'accentuation des mots lexicaux

Photography or photography?
Desert or desert?
Dessert or dessert?

Le rythme de la phrase anglaise est constitué d'une alternance de syllabes accentuées et non accentuées. Dans une syllabe inaccentuée, il se produit une légère réduction qui donne l'impression que les anglophones « parlent vite ». La réduction des syllabes à l'intérieur s'appelle « schwa » /ə/. D'une façon générale, les mots lexicaux portent un accent, alors que les mots grammaticaux ne sont pas accentués. Quand vous rencontrez un mot nouveau ou que vous révisez du lexique, vous devez donc repérer en même temps que sa prononciation la place de l'accent indiquée par le signe ' ou ˌ (accent secondaire).

A Le rythme

L'alternance entre syllabes fortes et faibles est bien illustrée dans les *nursery rhymes* (comptines) ou les poèmes. Vous pouvez en écouter deux exemples sur le site.

*Hum*ty *Dum*ty **sat** on a **wall**.
*Hum*ty *Dum*ty **had** a great **fall**.
All the king's **horses** and **all** the king's **men**
Couldn't put *Hum*ty to**ge**ther a**gain**.

*Hic*kory *dic*kory **dock**,
The **mouse** ran **up** the **clock**.
The **clock** struck **one**, the **mouse** ran **down**,
*Hic*kory *dic*kory **dock**.

B L'accentuation

1 Les mots d'**une seule syllabe** sont accentués sauf les mots grammaticaux (→ **fiche 79**). Dans un mot de **plus d'une syllabe**, une seule syllabe est fortement accentuée. En phonétique, elle est indiquée à l'aide d'un petit trait placé en exposant avant la syllabe ' . Il est essentiel, lorsqu'on apprend un nouveau mot de plus d'une syllabe, de se demander quelle est la syllabe accentuée du mot.

2 Il existe aussi des **accents secondaires**, notés à l'aide d'un petit trait placé en indice avant la syllabe ˌ .

3 Le tableau suivant fournit quelques points de repère sur l'accentuation. Il est très loin d'être complet. Il existe de nombreuses exceptions.

Mots de deux syllabes	• **Noms** accentués sur la 1ʳᵉ syllabe sauf si la syllabe de droite contient une diphtongue, une voyelle longue ou deux consonnes : *desert* /ˈdezət/ MAIS *dessert* /dɪˈzɜːt/
	• **Adjectifs, adverbes et verbes** comme les noms SAUF s'ils comportent un préfixe : *always*, *murder* MAIS *believe*, *repair*, *compare*
	• Un **nom préfixé** est en général accentué sur la 1ʳᵉ syllabe, MAIS le **verbe correspondant** est souvent accentué sur la 2ᵉ : *a protest* MAIS *they protest*
Mots de trois syllabes ou plus	• Le plus souvent, l'accent principal se situe sur l'avant-avant-dernière syllabe : *photography*, *Canada*, *telephone*
	• Quelques suffixes déplacent l'accent sur la syllabe qui précède : *-ion, -ian, -ual, -ial, -ic, -ics, -ity*. *information*, *mathematics*, *electricity*

1

Écoutez ces neuf mots sur le site et repérez où se situe l'accent principal. **B**

Accent sur la 1re syllabe	Accent sur la 2e syllabe	Accent sur la 3e syllabe
…	…	…

2

Écoutez l'enregistrement sur le site et reconstituez les mots
dont seule la partie accentuée a été retranscrite ci-dessous. **B**

1. Pep…… is Suze's hor…… . She rid…… him ……bout three tim…… a year, but ……ever her par…… sug…… sel…… him, she gets all ……terical. ……par…… he costs ……teen thous…… pounds a year to run. ……teen thous…… pounds. And what does he do for his mo…… ? Just stands in a sta…… and eats ap…… . I wouldn't mind being a hor…… .

The Secret Dreamworld of a Shopaholic, by Sophie Kinsella, published by Black Swan Book.
Reprinted by permission of The Random House Group Limited © Sophie Kinsella, 2000.

2. Jean…… was work…… ……dit…… in…… her hair when she heard stran…… nois…… . She stop…… and list…… . It soun…… like squeals of fright. A chill of ……xie…… pas…… through her, mak…… her shi…… . She ……tat…… , then quick…… rins…… her hair ……fore step…… out of the show…… to see what was go…… on.

Place Called Freedom by Ken Follett, 1995. A Fawcett Book published
by The Random House Publishing Group Copyright 1995 by Ken Follett.

3

Chassez l'intrus. Écoutez l'enregistrement sur le site pour corriger. **B**

1. magazine • Vietnamese • courageous • cigar
2. discover • sorry • yesterday • difficult • lemon
3. reward • concern • comment • return • demand
4. party • lovely • darling • perfect • condition

4

Écoutez l'enregistrement de ces *nursery rhymes*
en prêtant attention au rythme puis relisez-les à voix haute. **A**

Solomon Grundy

Solomon Grundy,
Born on a Monday,
Christened on Tuesday,
Married on Wednesday,
Took ill on Thursday,
Worse on Friday,
Died on Saturday,
Buried on Sunday.
This is the end
Of Solomon Grundy.

As I was going to St Ives

As I was going to St Ives,
I met a man with seven wives,
Every wife had seven sacks,
Every sack had seven cats,
Every cat had seven kits -
Kits, cats, sacks, and wives,
How many were going to St Ives?

Only one was going to St Ives.

5

Lisez ce texte. Rétablissez les mots corrects.
Allez sur le site : vous y entendrez le texte. **A** **B**

Runny's rig bomance

Runny had a firlgriend,
Her name was Sunny Bue.
He called her nots of licknames,
Like "Kitchy-Itchy-Koo,"
Sometimes he called her "Boney-Hun,"
And sometimes "Dovey Lear,"
But he only called her "Peety-Swie"
When no one else could hear.

"Runny's Rig Romance" from RUNNY BABBIT
by Shel Silverstein. © 2005 Evil Eye, LLC.
By permission of Edite Kroll Literary Agency Inc.

Les sons de l'anglais

a cheap ship trip
This is the house that Jack built.

Nous ne parlerons ici que des sons qui risquent de poser problème aux francophones pour comprendre et s'exprimer.

A Les voyelles dans les syllabes accentuées

• Il existe en anglais deux sortes de sons vocaliques : les voyelles brèves et les voyelles longues.

/ɪ/ *(big)*	son à mi-chemin entre le son /i/ de « gris » et le son /e/ de « dé »
/iː/ *(see)*	son long
/e/ *(bed)*	son à mi-chemin entre le /e/ de « blé » et le /ɛ/ de « fête »
/eɪ/ *(cake)*	On va rapidement du son /e/ vers le son /ɪ/ un peu comme dans « sommeil ».
/æ/ *(cat)*	son proche du /a/ de « patte »
/ʌ/ *(duck)*	à mi-chemin entre le /a/ de « patte » et le /ɑ/ de « pâte »
/ɒ/ *(sock)*	On ouvre la bouche comme pour le /ɑ/ de « pâte » mais on prononce un /o/.
/ɔː/ *(pork)*	son long
/əʊ/ *(coat)*	On part du son /ə/ et on va rapidement vers le son /ʊ/.
/aʊ/ *(now)*	On part du son /a/ et on va rapidement vers le son /ʊ/, un peu comme dans « Raoul ».

• Dans certaines transcriptions, on trouve le symbole /i/. On l'utilise quand on peut prononcer soit /ɪ/, soit /iː/.

B Les consonnes

En général, leur prononciation pose moins de problèmes aux francophones.

/θ/ *(thing)*	comme un /s/ mais la langue bien visible entre les dents
/ð/ *(this)*	un peu comme /z/ mais la langue bien visible entre les dents
/t/ *(tea)* /d/ *(day)*	proches du français mais la langue bien en arrière, **pas** contre les dents
/h/ *(high)*	de l'air doit sortir de la bouche
/r/ *(red)*	ressemble un peu à un /w/ mais avec la gorge plus serrée

C Les voyelles inaccentuées : le « schwa » /ə/

• C'est le son le plus faible, le plus neutre de l'anglais. C'est le son que l'on perçoit en français entre les deux « m » dans « un film muet ».

ʊ = /ə/

• C'est le son de la plupart des voyelles inaccentuées quelle que soit leur graphie. Il est essentiel de ne pas le faire correspondre à un son vocalique quelconque.

about /əˈbaʊt/
the /ðə/ *tree*
element /ˈelɪmənt/
difficult /ˈdɪfɪkəlt/

nervous /ˈnɜːvəs/
vanilla /vəˈnɪlə/
pronunciation /prəˌnʌnsiˈeɪʃən/

1 Allez sur le site. Classez les dix-huit mots que vous entendez en fonction du son de la voyelle accentuée. **A**

/e/ (bed)	/eɪ/ (cake)	/æ/ (cat)	/ʌ/ (duck)	/ɒ/ (sock)	/ɔː/ (pork)
…	…	…	…	…	…

2 Écoutez les phrases enregistrées. Trouvez le mot qui est réellement prononcé. **A B**

1. We often ran/run to school.
2. You should eat/heat it first.
3. They stopped shooting/shouting.
4. He is thirsty/thirty.
5. Why was she so angry/hungry?
6. Do you like brown bear/beer?
7. This stool/tool is broken.
8. He saw her den/then.
9. It's not far/fair.
10. Give me that bag/back!
11. The new bus/boss is cool.
12. She's allergic to bees/peas.

3 /əʊ/ (coat) ou /aʊ/ (now) ? Classez les mots suivants selon la prononciation de la voyelle accentuée puis vérifiez à l'aide de l'enregistrement. **A**

1. grow
2. though
3. nose
4. stove
5. town
6. mouse
7. don't
8. allow
9. house
10. brown
11. thousand
12. grove

/əʊ/: .... /aʊ/: ....

4 Écoutez l'enregistrement puis lisez ces textes aussi vite que possible. **A B C**

1. The sixth sick sheik's sixth sheep's sick.
2. Swan swam over the sea,
   Swim, swan, swim!
   Swan swam back again,
   Well swum, swan!
3. A proper cup of coffee from a proper copper coffee pot.
4. Mr Tongue Twister tried to train his tongue to twist and turn, and twit and twat, to learn the letter "T".

5 Écoutez les *nursery rhymes* suivantes puis lisez-les à voix haute.

1. **Attention à /iː/ !**
   If all the seas were one sea,
   What a great sea that would be!
   And if all the trees were one tree,
   What a great tree that would be!
   And if all the axes were one axe,
   What a great axe that would be!
   And if all the men were one man,
   What a great man he would be!
   And if the great man took the great axe,
   And cut down the great tree,
   And let it fall into the great sea,
   What a splish splash that would be!

2. **Attention à /ð/ !**
   Whether the weather be fine,
   Or whether the weather be not,
   Whether the weather be cold,
   Or whether the weather be hot
   We'll weather the weather
   Whatever the weather,
   Whether we like it or not!

3. **Attention à /θ/ !**
   I thought a thought.
   But the thought
   I thought wasn't the thought
   I thought I thought.

De la lettre au son

sea /iː/	*bread* /e/	*break* /eɪ/
dog /ɒ/	*dove* /əʊ/	*work* /ɜː/

Une lettre ne correspond pas toujours au même son et inversement. C'est d'ailleurs la raison de l'existence de l'alphabet phonétique. ***Bed*** /bed/ et ***said*** /sed/ ont une écriture différente mais leur voyelle se prononce de la même façon.

A · Quelques points de repère sur la graphie / phonie des consonnes

Vous voyez…	Vous entendez…	Dans quels cas ?
th avant une voyelle	/ð/ (*there*)	– à l'initiale des mots grammaticaux (*this, the, that*…) – dans certains pluriels de mots en *th* (*mouths*…) – lorsque vous voyez *the* (*breathe, southern*…)
th dans les autres cas	/θ/ (*thin*)	– à l'initiale (*think*) – lorsque le mot se termine par *th* (*breath*) – avant une consonne (*through*)
g	/g/	le plus souvent (*get, ghost*), mais aussi :
	/f/	*enough, cough*…
	/dʒ/	*gin, German*…
s	/s/	*paradise, case, grease*...
	/z/	*clumsy, lens* ⚠ *sure* /ʃʊəʳ/
c	/k/	*camera, cake*…
	/s/	*ceiling, certainly* ⚠ *ocean* /ˈəʊʃən/
ch	/tʃ/ (*choice*)	dans la plupart des cas ⚠ *Chicago* /ʃɪˈkɑːgəʊ/, *machine* /məˈʃiːn/, *chemistry* /ˈkemɪstri/
h	/h/	toujours prononcé, sauf dans *hour, heir, honest, honour* et leurs dérivés ainsi que dans les formes faibles de certains mots grammaticaux (➔ **p. 166**) ⚠ Dans les mots commençant par *ex-* (*exhibition, exhausted*…), le « h » n'est pas prononcé.
l	/l/	Dans la plupart des cas : *little, light, love*…, mais ne se prononce pas après /ɔː/ (*walk, talk*…), /ɑː/ (*half*…), /æ/ (*salmon*…) et /ʊ/ (*could*…).

B · Quelques points de repère sur la graphie / phonie des voyelles

• C'est la correspondance lettre/son qui pose le plus de problèmes. On peut cependant relever quelques phénomènes récurrents.

• a, e, i, o, u en position **accentuée** ont chacune deux prononciations caractéristiques qui changent lorsqu'elles sont suivies de la lettre r.

a	/æ/	*cat, pat, matter*…	a + r	/ɑː/	*farm, aren't*…	⚠ *war* /ɔː/ *water* /ɔː/ *said* /e/
	/eɪ/	*cake, paste, may*…		/eə/	*parent, vary*…	
e	/e/	*pet, met, better*…	e + r	/ɜː/	*were, serve*…	
	/iː/	*meet, these, seed*…		/ɪə/	*here, sphere*…	
ea	/iː/	*sea, leave, easy*…	ea + r	/ɪə/	*hear, dear, year*…	⚠ *lead* (mener) /iː/ ≠ *lead* (du plomb) /e/ *great* /eɪ/, *steak* /eɪ/, *bear* /eə/
				/ɜː/	*heard*…	
i	/ɪ/	*pig, milk, kill*…	i + r	/ɜː/	*bird, first*…	⚠ *wild* /aɪ/ mais *wilderness* /ɪ/ *live* (verbe) /ɪ/ mais *live* (adj.) /aɪ/
	/aɪ/	*bite, time, night*…		/aɪə/	*fire, wire*…	
o	/ɒ/	*dog, sorry, frost*…	o + r	/ɔː/	*horse, sword*…	⚠ *woman* /ʊ/ *women* /ɪ/
	/əʊ/	*go, stone, don't*…				
	/ʌ/	*money, other, son*…				
u	/ʌ/	*plug, study, uncle*…	u + r	/ɜː/	*occur, church*…	⚠ *hour* /aʊə/, *busy* /ɪ/
	/ʊ/	*put, butcher, cushion*…		/jʊə/	*pure, curious*…	
	/juː/	*cute*…				

• Pour conserver la brièveté de la voyelle, il faudra donc redoubler la consonne lors de la formation des formes verbales en *-ed* et *-ing* mais aussi des comparatifs et superlatifs.

big ➔ *bigger, biger* se prononcerait /aɪ/   *stop* ➔ *stopped, stoped* se prononcerait /əʊ/

1 Écoutez l'enregistrement sur le site et notez si *th* correspond à /θ/ *(thin)* ou /ð/ *(this)* ou à un autre son. **A**

then • that • tooth • moth • Thames • both • Thomas • thrill • worthy • bathe • thick • nothing

2 Écoutez l'enregistrement sur le site et barrez les mots dans lesquels le *l* n'est pas prononcé. **A**

should • shoulder • milk • yellow • calf • chalk • pleased • calm • splash • talk

3 Écoutez l'enregistrement sur le site et classez ces mots selon la prononciation de *i* : /ɪ/ ou /aɪ/ ? **B**

ice • milk • kid • write • written • kill • die • rich • island • Islington

4 Comment se prononcent les lettres *ea* dans les mots suivants : /iː/, /e/ ou /eɪ/ ? Vérifiez vos hypothèses à l'aide de l'enregistrement. **B**

wealth • cream • bread • read *(infinitif)* • great • beach • pleasant • steak • sweat-shirt • meant • break

5 Lisez ces listes de mots, chassez l'intrus puis vérifiez à l'aide de l'enregistrement. **A B**

1. hour • his • hill • hear • perhaps
2. sailor • feel • silk • old • half • silver
3. soup • group • through • shoe • fruit • doubt

6 Dictée avec aide. Écoutez l'enregistrement et complétez ce texte. **A B**

My ...... was no better off and no ...... off than anyone else we .... We were the ...... class. We were the mass at the ...... gates.
I didn't ...... to be in the teeming[1] ...... of the working class. I wanted to ...... , but not like him. I didn't want to .... I didn't want to live and ...... in the same place with ...... a week at the seaside in .... I dreamed of ....

From *Why Be Happy When You Could Be normal?,* published by Jonathan Cape. Reprinted by permission of The Random House Group Limited 2011 and Peters Fraser & Dunlop (www.petersfraserdunlop.com) on behalf of Jeanette Winterson.

1. grouillante

7 Arrivez-vous à lire le texte suivant ? L'ordre des lettres à l'intérieur des mots a été mélangé… Le cerveau humain ne lit pas chaque lettre individuellement mais le mot comme un tout ! Lisez le texte à voix haute puis écoutez l'enregistrement. **A B**

Olny srmat poelpe can raed tihs. I cdnuolt blveiee taht I cluod aulaclty uesdnatnrd waht I was rdanieg. The phaonmneal pweor of the hmuan mnid! Aoccdrnig to a rscheearch taem at Cmabrigde Uinervtisy, it deosn't mttaer in waht oredr the ltteers in a wrod are, the olny iprmoatnt tihng is taht the frist and lsat ltteer be in the rghit pclae. The rset can be a taotl mses and you can sitll raed it wouthit a porbelm. Tihs is bcuseae the huamn mnid deos not raed ervey lteter by istlef, but the wrod as a wlohe. Amzanig huh? yaeh and I awlyas tghuhot slpeling was ipmorantt! If you can raed tihs psas it on!

Vous trouverez deux exercices supplémentaires sur le site.

Les tableaux de synthèse

Le groupe verbal

1. *Be* au présent : *I am a student.*

Fiche 03

Trois formes : *am/is/are*

AFFIRMATION	NÉGATION	INTERROGATION
I am	I am not	am I?
we are	we are not	are we?
you are	you are not	are you?
they are	they are not	are they?
he/she/it is	he/she/it is not	is he/she/it?

Formes contractées extrêmement fréquentes

are not → *aren't* ■ *is not* → *isn't*
I'm not ■ *we're not* ■ *you're not* ■ *they're not* ■ *he's not/she's not/it's not*

2. *Be* au prétérit : *I was not afraid.*

Fiche 03

Deux formes : *was/were*

AFFIRMATION	NÉGATION	INTERROGATION
I was	I was not	was I?
he/she/it was	he/she/it was not	was he/she/it?
we were	we were not	were we?
you were	you were not	were you?
they were	they were not	were they?

Formes contractées extrêmement fréquentes

was not → *wasn't* ■ *were not* → *weren't*

Participe passé : *been*

They've been very kind. Ils ont été très gentils.

3. *Have* auxiliaire : *I have seen it.*

Fiche 04

Trois formes : *am/is/are*

Have auxiliaire du *present perfect*		
AFFIRMATION	NÉGATION	INTERROGATION
have/has + participe passé	have/has + not + p. p.	have/has + sujet + p. p.
I have worked	I have not worked	have I worked?
you have worked	you have not worked	have you worked?
we have worked	we have not worked	have we worked?
they have worked	they have not worked	have they worked?
he/she/it has worked	he/she/it has not worked	has he/she/it worked?

Formes contractées extrêmement fréquentes

I have → *I've* ■ *you have* → *you've* ■ *we have* → *we've* ■ *they have* → *they've*
he/she/it has → *he's/she's/it's*
have not → *haven't* ■ *has not* → *hasn't*

Have auxiliaire du *past perfect*

AFFIRMATION	NÉGATION	INTERROGATION
had + participe passé	had + not + p. p.	had + sujet + p. p.
I **had** work**ed**	I **had not** work**ed**	**had** I work**ed**?
you **had** work**ed**	you **had not** work**ed**	**had** you work**ed**?
he/she/it **had** work**ed**	he/she/it **had not** work**ed**	**had** he/she/it work**ed**?
we **had** work**ed**	we **had not** work**ed**	**had** we work**ed**?
they **had** work**ed**	they **had not** work**ed**	**had** they work**ed**?

Formes contractées extrêmement fréquentes

I had → I'd ▪ you had → you'd ▪ he/she had → he'd/she'd ▪ we had → we'd ▪ they had → they'd
had not → hadn't

Have verbe lexical : *Do you have brothers and sisters?*

Fiche **04**

Présent

AFFIRMATION	NÉGATION	INTERROGATION
have/has	do/does + not + have	do/does + sujet + have
I **have** a car	I **do not have** a car	**do** I **have** a car?
you **have** a car	you **do not have** a car	**do** you **have** a car?
we **have** a car	we **do not have** a car	**do** we **have** a car?
they **have** a car	they **do not have** a car	**do** they **have** a car?
he/she/it **has** a heart	he/she/it **does not have** a heart	**does** he/she/it **have** a heart?

Formes contractées extrêmement fréquentes

do not → don't ▪ does not → doesn't

Prétérit

AFFIRMATION	NÉGATION	INTERROGATION
had	did + not + have	did + sujet + have
I **had** time	I **did not have** time	**did** I **have** time?
you **had** time	you **did not have** time	**did** you **have** time?
he/she/it **had** time	he/she/it **did not have** time	**did** he/she/it **have** time?
we **had** time	we **did not have** time	**did** we **have** time?
they **had** time	they **did not have** time	**did** they **have** time?

Forme contractée extrêmement fréquente

did not → didn't

Participe passé : *had*

We've had plenty of time. Nous avons eu beaucoup de temps.

Have got (« avoir ») : *We've got two cars.*

Fiche **04**

AFFIRMATION	NÉGATION	INTERROGATION
have/has got	have/has + not + got	have/has + sujet + got
I **have got** a laptop	I **have not got** a laptop	**have** I **got** a laptop?
you **have got** a laptop	you **have not got** a laptop	**have** you **got** a laptop?
we **have got** a laptop	we **have not got** a laptop	**have** we **got** a laptop?
they **have got** a laptop	they **have not got** a laptop	**have** they **got** a laptop?
he/she/it **has got** long hair	he/she/it **has not got** long hair	**has** he/she/it **got** long hair?

Formes contractées extrêmement fréquentes

I have got → I've got ▪ you have got → you've got ▪ we have got → we've got ▪
they have got → they've got ▪ he/she/it has got → he's/she's/it's got
have not got → haven't got ▪ has not got → hasn't got

6 **Have to** et **have got to** (« devoir ») : *I have (got) to talk to you.*

Fiches **04** et **26**

Have to

Dans *have to*, *have* est lexical → *do/does*.

AFFIRMATION	NÉGATION	INTERROGATION
have/has to	do/does + not + have to	do/does + sujet + have to
I **have to** go now you **have to** go now we **have to** go now they **have to** go now	I **do not have to** go now you **do not have to** go now we **do not have to** go now they **do not have to** go now	**do** I **have to** go now? **do** you **have to** go now? **do** we **have to** go now? **do** they **have to** go now?
he/she/it **has to** stay here	he/she/it **does not have to** stay here	**does** he/she/it **have to** stay here?

Formes contractées extrêmement fréquentes

do not → don't ▪ does not → doesn't

Prétérit : *had to*

I had to leave. J'ai dû partir.

Renvoi à l'avenir : *will have to*

We'll have to take a taxi. On devra prendre un taxi.

Have got to

Dans *have got to*, *have* est auxiliaire → pas *do/does*.

AFFIRMATION	NÉGATION	INTERROGATION
have/has got to	have/has + not + got to	have/has + sujet + got to
I **have got to** go now you **have got to** go now we **have got to** go now they **have got to** go now	I **have not got to** go now you **have not got to** go now we **have not got to** go now they **have not got to** go now	**have** I **got to** go now? **have** you **got to** go now? **have** we **got to** go now? **have** they **got to** go now?
he/she/it **has got to** stay here	he/she/it **has not got to** stay here	**has** he/she/it **got to** stay here?

Formes contractées extrêmement fréquentes

I have got → I've got ▪ you have got → you've got ▪ we have got → we've got ▪
they have got → they've got ▪ he/she/it has got → he's/she's/it's got
have not got → haven't got ▪ has not got → hasn't got

7 Le verbe *do* : *I do crosswords every morning.*

Do **verbe lexical** : *do crosswords/exercises* (« faire des mots croisés / des exercices »).

Présent

AFFIRMATION	NÉGATION	INTERROGATION
do/does	sujet + do not/does not + do	do/does + sujet + do
I **do** crosswords	I **do not do** crosswords	**do** I **do** crosswords?
you **do** crosswords	you **do not do** crosswords	**do** you **do** crosswords?
we **do** crosswords	we **do not do** crosswords	**do** we **do** crosswords?
they **do** crosswords	they **do not do** crosswords	**do** they **do** crosswords?
he/she/it **does** exercises	he/she/it **does not do** exercises	**does** he/she/it **do** exercises?

Prétérit

AFFIRMATION	NÉGATION	INTERROGATION
did	sujet + did not + do	did + sujet + do
I **did** exercises	I **did not do** exercises	**did** I **do** exercises?
you **did** exercises	you **did not do** exercises	**did** you **do** exercises?
he/she/it **did** exercises	he/she/it **did not do** exercises	**did** he/she/it **do** exercises?
we **did** exercises	we **did not do** exercises	**did** we **do** exercises?
they **did** exercises	they **did not do** exercises	**did** they **do** exercises?

8 Présent simple : *She likes football.*

AFFIRMATION	NÉGATION	INTERROGATION
-s à la 3e pers. du sg.	do/does + not + V	do/does + sujet + V
I **play**	I **do not play**	**do** I **play**?
you **play**	you **do not play**	**do** you **play**?
we **play**	we **do not play**	**do** we **play**?
they **play**	they **do not play**	**do** they **play**?
he/she/it **plays**	he/she/it **does not play**	**does** he/she/it **play**?

Formes contractées extrêmement fréquentes

do not ➙ *don't* ▪ *does not* ➙ *doesn't*

Prononciation de la 3e personne du singulier

• /s/ après les sons /f/, /k/, /p/, /t/ : *coughs, thinks, sips, sits*
• /ɪz/ après /s/, /ʃ/, /z/, /ʒ/ : *kisses, catches, loses, manages*
• /z/ après les autres consonnes et après toutes les voyelles : *comes* /kʌmz/, *says* /sez/
Do se prononce /du/ et *does* /dʌz/.

Orthographe de la 3e personne du singulier

• **-es** après -s, -sh, -ch, -x, -z, -o : *pass* ➙ *he passes*, *rush* ➙ *she rushes*,
catch ➙ *he catches*, *fax* ➙ *she faxes*, *quiz* ➙ *he quizzes*, *do* ➙ *she does*, *go* ➙ *he goes*
• **consonne + -y** ➙ **consonne + -ies** : *carry* ➙ *she carries*, *cry* ➙ *he cries*

9 — Présent en *be* + V-*ing* : *I'm watching TV right now.* Fiche **07**

AFFIRMATION	NÉGATION	INTERROGATION
be conjugué + V-ing	be conjugué + not + V-ing	be conjugué + sujet + V-ing
I **am** work**ing** we **are** work**ing** you **are** work**ing** they **are** work**ing**	I **am not** work**ing** we **are not** work**ing** you **are not** work**ing** they **are not** work**ing**	**am** I work**ing**? **are** we work**ing**? **are** you work**ing**? **are** they work**ing**?
he/she/it **is** work**ing**	he/she/it **is not** work**ing**	**is** he/she/it work**ing**?

Formes contractées extrêmement fréquentes

I am not → *I'm not* ■ *are not* → *aren't* ou *'re not* ■ *is not* → *isn't* ou *'s not*

Orthographe

• Verbes se terminant par un –**e**, le -e disparaît : *lik**e*** → *lik**ing***.

• Verbes se terminant par un –**c**, on ajoute –**k** : *picni**c*** → *picnic**king***.

• Verbes d'une syllabe se terminant par consonne + voyelle + consonne, la dernière consonne est doublée : *s**top*** → *sto**pp**ing*, *s**tar*** → *sta**rr**ing*.

• Verbes de plus d'une syllabe dont la dernière syllabe est accentuée, la consonne est doublée : *pre**fer*** → *prefe**rr**ing*, *be**gin*** → *begi**nn**ing*.

• Verbes de plus d'une syllabe dont la dernière syllabe n'est pas accentuée, la consonne n'est pas doublée : *en**ter*** → *entering*.

• Verbes se terminant par un **-l** : en anglais britannique, le **-l** est toujours doublé mais pas en anglais américain : *dial* → *dia**ll**ing* (britannique) / *dialing* (américain).

10 — Prétérit simple : *I went to the cinema yesterday.* Fiche **09**

AFFIRMATION	NÉGATION	INTERROGATION
V + -ed	did not + V	did + sujet + V
I work**ed** you work**ed** he/she/it work**ed** we work**ed** they work**ed**	I **did not** work you **did not** work he/she/it **did not** work we **did not** work they **did not** work	**did** I **work**? **did** you **work**? **did** he/she/it **work**? **did** we **work**? **did** they **work**?

Prétérit des verbes irréguliers Fiche **19** + rabat arrière

Forme contractée extrêmement fréquente

did not → *didn't*

Prononciation de -ed

• /t/ après /f/, /k/, /s/, /ʃ/, /p/, /θ/ : *laughed, kicked, kissed, crushed, stopped, frothed*

• /ɪd/ après /t/ ou /d/ : *waited, succeeded*

• /d/ après les autres consonnes et après toutes les voyelles : *changed, called, raved, stayed*

Orthographe

• Verbes se terminant par un –**e**, on ajoute seulement –**d** : *lik**e*** → *lik**ed***, *agre**e*** → *agre**ed***.

• Verbes se terminant par un **-c**, on ajoute –**k** : *pani**c*** → *panic**ked***.

• Verbes se terminant par un –**y**, -y devient –**i** : *carr**y*** → *carr**ied***.

• Verbes d'une syllabe se terminant par consonne + voyelle + consonne, la dernière consonne est doublée : *s**top*** → *sto**pp**ed*.

• Verbes de plus d'une syllabe dont la dernière syllabe est accentuée, la consonne est doublée : pre**fer** → prefe**rr**ed.

• Verbes de plus d'une syllabe dont la dernière syllabe n'est pas accentuée, la consonne n'est pas doublée : **en**ter → entered.

• Verbes se terminant par un -**l** : en anglais britannique, le -**l** est toujours doublé mais pas en anglais américain : dial → dia**ll**ed (britannique) / dia**l**ed (américain).

11 Prétérit en be + V-ing : *I was reading the paper.*

AFFIRMATION	NÉGATION	INTERROGATION
sujet + was/were + V-ing	sujet + was/were + not + V-ing	was/were + sujet + V-ing
I **was** work**ing**	I **was not** work**ing**	**was** I work**ing**?
he/she/it **was** work**ing**	he/she/it **was not** work**ing**	**was** he/she/it work**ing**?
we **were** work**ing**	we **were not** work**ing**	**were** we work**ing**?
you **were** work**ing**	you **were not** work**ing**	**were** you work**ing**?
they **were** work**ing**	they **were not** work**ing**	**were** they work**ing**?

Formes contractées extrêmement fréquentes

was not → wasn't ■ were not → weren't

12 *Present perfect* simple : *I've won the lottery!*

Fiche **12**

AFFIRMATION	NÉGATION	INTERROGATION
have/has + participe passé	have/has + not + p. p.	have/has + sujet + p. p.
I **have** complain**ed**	I **have not** complain**ed**	**have** I complain**ed**?
you **have** complain**ed**	you **have not** complain**ed**	**have** you complain**ed**?
we **have** complain**ed**	we **have not** complain**ed**	**have** we complain**ed**?
they **have** complain**ed**	they **have not** complain**ed**	**have** they complain**ed**?
he/she/it **has** complain**ed**	he/she/it **has not** complain**ed**	**has** he/she/it complain**ed**?

Formes contractées extrêmement fréquentes

have complained → 've complained ■ has complained → 's complained
have not complained → haven't complained ou 've not complained ■
has not complained → hasn't complained ou 's not complained

13 *Present perfect* en be + V-ing : *We've been working hard!*

Fiche **14**

AFFIRMATION	NÉGATION	INTERROGATION
have/has + been + V-ing	have/has + not + been + V-ing	have/has + sujet + been + V-ing
I **have been** complain**ing**	I **have not been** complain**ing**	**have** I **been** complain**ing**?
you **have been** complain**ing**	you **have not been** complain**ing**	**have** you **been** complain**ing**?
we **have been** complain**ing**	we **have not been** complain**ing**	**have** we **been** complain**ing**?
they **have been** complain**ing**	they **have not been** complain**ing**	**have** they **been** complain**ing**?
he/she/it **has been** complain**ing**	he/she/it **has not been** complain**ing**	**has** he/she/it **been** complain**ing**?

Formes contractées extrêmement fréquentes

have been complaining → 've been complaining ■ has been complaining → 's been complaining
have not been complaining → haven't been complaining ou 've not been complaining ■
has not been complaining → hasn't been complaining ou 's not been complaining

Tableaux de synthèse **181**

14 *Past perfect* simple : *I had already told them!* Fiche **15**

AFFIRMATION	NÉGATION	INTERROGATION
had + participe passé	had + not + p. p.	had + sujet + p. p.
I **had** wish**ed** you **had** wish**ed** he/she/it **had** wish**ed** we **had** wish**ed** they **had** wished	I **had not** wish**ed** you **had not** wish**ed** he/she/it **had not** wish**ed** we **had not** wish**ed** they **had not** wished	**had** I wish**ed**? **had** you wish**ed**? **had** he/she/it wish**ed**? **had** we wish**ed**? **had** they wish**ed**?

Formes contractées extrêmement fréquentes

had → *'d* ▪ *had not* → *hadn't* ou *'d not*

15 *Past perfect* en *be* + V-*ing* : *It had been raining for days.* Fiche **16**

AFFIRMATION	NÉGATION	INTERROGATION
had + been + V-ing	had + not + been + V-ing	had + sujet + been + V-ing
I **had been** show**ing** you **had been** show**ing** he/she/it **had been** show**ing** we **had been** show**ing** they **had been** show**ing**	I **had not been** show**ing** you **had not been** show**ing** he/she/it **had not been** show**ing** we **had not been** show**ing** they **had not been** show**ing**	**had** I **been** show**ing**? **had** you **been** show**ing**? **had** he/she/it **been** show**ing**? **had** we **been** show**ing**? **had** they **been** show**ing**?

Formes contractées extrêmement fréquentes

had → *'d* ▪ *had not* → *hadn't* ou *'d not*

16 Les formes du passif : *It is eaten/It has been eaten/It had been eaten…*

Fiches **17** **18**

Présent simple

English	*is*	*spoken*	*by over a billion people.*
sujet	auxiliaire *be* au présent	verbe au participe passé	complément d'agent

L'anglais est parlé par plus d'un milliard de personnes.

Présent en *be* + V-*ing*

My car	*is being*	*washed.*
sujet	auxiliaire *be* au présent en V-*ing*	verbe au participe passé

Ma voiture est au lavage. [littéralement : ma voiture est en train d'être lavée]

Préterit simple

She	*was*	*arrested*	*by the police (for drunkenness).*
sujet	auxiliaire *be* au prétérit	verbe au participe passé	complément d'agent

Elle a été arrêtée par la police (pour ivresse).

***Present perfect* simple**

This film	*has been*	*acclaimed*	*by the critics.*
sujet	auxiliaire *be* au *present perfect*	verbe au p. p.	complément d'agent

Ce film a été salué par les critiques.

Prétérit en *be* + V-*ing*

I	*was being*	*followed.*
sujet	auxiliaire *be* au prétérit en V-*ing*	verbe au participe passé

On me suivait.

Infinitif présent : *be* + participe passé

*She can **be called** at any time*. On peut l'appeler à tout moment.

[littéralement : Elle peut être appelée à tout moment.]

Infinitif passé : *have been* + participe passé

*This essay may **have been written** by another student*. Un autre étudiant a pu écrire cet essai.

[littéralement : Cet essai a pu être écrit par un autre étudiant.]

17 Conjugaisons : synthèse

Sujet + verbe : présent

*I **know** her*. Je la connais.	On s'intéresse aux simples faits.

Sujet + *am/is/are* + V-*ing* : présent en *be* + V-*ing*

*He **is** listening*. Il écoute.	*Listen* a lieu au moment où je parle (action en cours de déroulement).

Sujet + verbe + -*ed* : prétérit

*He **died** in 1999*. Il est mort en 1999.	*Die* a eu lieu dans le passé (rupture par rapport au présent).
*I wish I **knew***. Si seulement je savais.	*Know* n'est pas vrai en ce moment (rupture par rapport au réel).

Sujet + *was*/were + V-*ing* : prétérit en *be* + V-*ing*

*She **was** dreaming when the teacher asked the question*. Elle rêvait quand le prof lui a posé la question.	*Dream* est terminé + c'était en cours de déroulement lorsque *ask* s'est produit.

Sujet + *have* + participe passé : *present perfect*

*She **has written** nine novels*. Elle a écrit neuf romans.	Résultat présent (neuf romans sont maintenant écrits).
*We**'ve had** this car **for three months***. Nous avons cette voiture depuis trois mois.	*Have this car* a commencé il y a trois mois et est encore vrai au moment où on parle. Valeur due à la combinaison *present perfect* + **for** three months.

Sujet + *have been* + V-*ing* : *present perfect* en *be* V-*ing*

*The trees are all white: it**'s been snowing***. Les arbres sont tout blancs : il a neigé.	Je vois maintenant des traces (les arbres blancs) d'une activité passée (le fait de neiger).
*She **has been living** here **for ten years***. Elle habite ici depuis dix ans.	*Live here* était vrai il y a dix ans et c'est encore vrai au moment où on parle. Valeur due à la combinaison *present perfect* + **for** ten years. Traduction par un présent.

Sujet + *had* + participe passé : *past perfect*

*I saw him on the 20th. He **had called** me the day before*. Je l'ai vu le 20. Il m'avait téléphoné la veille.	*Call* s'est produit avant *I saw him*, qui appartient déjà au passé. Traduction par un plus-que-parfait.
*I **had known** them **for twenty years** when they moved out*. Je les connaissais depuis vingt ans lorsqu'ils ont déménagé.	*I know them* était vrai quand *they moved out* s'est produit mais c'était déjà vrai vingt ans auparavant. Valeur permise par la combinaison *past perfect* + **for** *twenty years*. Traduction par un imparfait.
*I wish I **had known***. Si seulement j'avais su.	*I know* n'était pas vrai dans le passé.

Sujet + *had been* + V-*ing* : *past perfect* en *be* + V-*ing*

*The trees were all white: it **had been snowing***. Les arbres étaient tout blancs : il avait neigé.	Traces dans le passé (les arbres blancs) d'une activité antérieure (le fait de neiger).
*And then she called me! I **had been waiting** for that call **for five days***. Et puis elle m'a téléphoné ! Ça faisait cinq jours que j'attendais cet appel.	*Wait* était en cours dans le passé lorsque *call* s'est produit, mais *wait* était déjà vrai cinq jours auparavant. Valeur permise par la combinaison *past perfect* + **for** *five days*. Traduction par un imparfait.

Le groupe nominal

18 Le pluriel des noms

Fiche **36**

Formation des pluriels

• **Noms en consonne + -*y*** ➜ pluriel en -*ies*

a lady ➜ *two ladies, a country* ➜ *two countries*
mais
boy / day / guy ➜ *boys / days / guys* [voyelle + voyelle et non consonne + voyelle]

• **Noms se terminant par -*o*/-*ch*/-*s*/-*sh*/-*x*/-*z*** ➜ pluriel en -*es*

a tomato ➜ *two tomatoes, a match* ➜ *two matches, a boss* ➜ *two bosses, a brush* ➜ *two brushes, a box* ➜ *two boxes, a quiz* ➜ *two quizzes*

• **Quelques noms en -*o*** ne suivent pas la règle : *piano / photo* ➜ *pianos / photos*

• **Certains noms en -*f*** ou -*fe* ➜ pluriel en -*ves*

half ➜ *halves* (moitié), *knife* ➜ *knives* (couteau), *leaf* ➜ *leaves* (feuille), *life* ➜ *lives* (vie), *thief* ➜ *thieves* (voleur), *wife* ➜ *wives* (épouse), *wolf* ➜ *wolves* (loup)

• **Noms composés** : en général, c'est le deuxième élément du nom qui porte la marque du pluriel

a teacup ➜ *teacups* (des tasses de thé), *a grown-up* ➜ *grown-ups* (des adultes)

Prononciation du -*s* du pluriel

• /s/ après les consonnes sourdes /f/, /k/, /p/, /t/ : *cliffs, cooks, groups, cats*

• /z/ après les autres consonnes et toutes les voyelles : *bells* /belz/, *kids* /kɪds/, *bags* /bægz/, *cars* /kɑːz/, *flowers* /ˈflaʊəz/, *ideas* /aɪˈdɪəz/, *bunnies* /ˈbʌniz/

Prononciation du -*es* du pluriel

/ɪz/ après les sons /s/, /z/, /ʃ/ et /ʒ/ : *bus* ➜ *buses* /ˈbʌsɪz/, *rose* ➜ *roses* /ˈrəʊzɪz/, *brush* ➜ *brushes* /ˈbrʌʃɪz/, *peach* ➜ *peaches* /ˈpiːtʃɪz/, *garage* ➜ *garages* /ɡəˈrɑːdʒɪz/, *badge* ➜ *badges* /ˈbædʒɪz/

19   Les nombres cardinaux et ordinaux

Cardinaux		Ordinaux		Cardinaux		Ordinaux	
1	one	1st	first	11	eleven	11th	eleventh
2	two	2nd	second	12	twelve	12th	twelfth
3	three	3rd	third	13	thirteen	13th	thirteenth
4	four	4th	fourth	20	twenty	20th	twentieth
5	five	5th	fifth	21	twenty-one	21st	twenty-first
6	six	6th	sixth	22	twenty-two	22nd	twenty-second
7	seven	7th	seventh	30	thirty	30th	thirtieth
8	eight	8th	eighth	40	forty	40th	fortieth
9	nine	9th	ninth	100	a/one hundred	100th	hundredth
10	ten	10th	tenth	1,000	a/one thousand	1,000th	thousandth
				1,000,000	a/one million	1,000,000th	millionth

50 : fifty 60 : sixty 70 : seventy 80 : eighty 90 : ninety

Notez l'orthographe et la prononciation des nombres suivants : *fifth* /fɪfθ/, *eighth* /eɪtθ/, *ninth* /naɪnθ/, *twelfth* /twelfθ/, *forty* (sans *u*).

20   Les adjectifs en *-ed* et en *-ing* : *amazed/amazing*

Les adjectifs en **-ed** ont un sens **passif** ; ceux en **-ing** ont un sens **actif**.

amazed : étonné	*amazing* : étonnant
astonished : surpris	*astonishing* : surprenant
confused : dérouté	*confusing* : déroutant
disgusted : dégoûté	*disgusting* : dégoûtant
interested : intéressé	*interesting* : intéressant
amused : amusé	*amusing* : amusant
bored : qui s'ennuie	*boring* : ennuyeux
depressed : déprimé	*depressing* : déprimant
fascinated : fasciné	*fascinating* : fascinant
worried : soucieux	*worrying* : inquiétant

21   Les adjectifs composés : *dark grey/well-known*

Formation	Exemple
adjectif + adjectif	*dark grey* : gris foncé
adjectif + participe passé	*newborn* : nouveau-né
adjectif + nom + *-ed*	*narrow-minded* : étroit d'esprit, *blue-eyed* : aux yeux bleus, *long-eared* : aux longues oreilles
adjectif + verbe + *-ing*	*easy-going* : facile à vivre
adverbe + participe passé	*well-known* : bien connu
nom + verbe + *-ing*	*time-consuming* : qui prend du temps
participe + nom + *-ed*	*broken-hearted* : au cœur brisé
nom + adjectif	*navy-blue* : bleu marine

22   Les adjectifs suivis d'une <u>préposition</u> (+ complément) : *mad <u>about</u> you*

• **Adjectif +** *about*

angry (mécontent), *annoyed* (irrité), *furious* (furieux) ***about*** sth
upset (bouleversé), *worried* (soucieux), *sorry* (désolé) ***about*** sth

• **Adjectif +** *at*

bad (mauvais), *brilliant* (brillant), *clever* (doué), *excellent*, *good* (bon) **at** *sth*

• **Adjectif +** *at/by*

amazed (ébahi), *astonished* (stupéfait), *surprised* (surpris) **at/by** *sth*

• **Adjectif +** *for*

famous (célèbre), *responsible* (responsable) **for** *sth*

• **Adjectif +** *from*

different (différent), *separate* (séparé) **from** *sth*

• **Adjectif +** *in*

interested (intéressé), *disappointed* (déçu) **in** *sth/sb*

• **Adjectif +** *of*

afraid, *frightened*, *scared*, *terrified* (effrayé) **of** *sth*
aware, *conscious* (conscient) **of** *sth*

• **Adjectif +** *on*

keen (enthousiaste), *dependent* (dépendant) **on** *sth/sb*

• **Adjectif +** *to*

kind (gentil), *nice* (sympa), *polite* (poli), *rude* (impoli) **to** *sb*

• **Adjectif +** *with*

bored (qui s'ennuie), *delighted* (ravi), *disappointed* (déçu), *pleased* (heureux), *satisfied* **with** *sth*

• **Adjectif +** *with sb for sth*

angry (mécontent), *annoyed* (irrité), *furious* (furieux) **with** *sb* **for** *doing sth* → Tableau 35

---

23 Les adjectifs et noms de nationalité :
English, an Englishman/American, an American   Fiche 54

Adjectifs se terminant par -*sh* ou -*ch*

PAYS	ADJECTIF -*sh* ou -*ch*	UN... *man* ou *woman*	DES/QUELQUES... *some... people*	LES... pas de -*s* du pluriel
Britain	British	a British person	(some) British people	the British
England	English	an Englishman / Englishwoman	(some) English people	the English
France	French	a Frenchman/ Frenchwoman	(some) French people	the French
Ireland	Irish	an Irishman / Irishwoman	(some) Irish people	the Irish
Wales	Welsh	a Welshman/ Welshwoman	(some) Welsh people	the Welsh

Adjectifs se terminant par -*ese* et *Swiss* (suisse) : pas de -*s* au pluriel

PAYS	ADJECTIF EN -*ESE*	UN... -*ESE*	LES... -*ESE*
China	Chinese	a Chinese	the Chinese
Japan	Japanese	a Japanese	the Japanese
Portugal	Portuguese	a Portuguese	the Portuguese
Vietnam	Vietnamese	a Vietnamese	the Vietnamese

Fonctionnement comparable

Switzerland	Swiss	a Swiss	the Swiss

PAYS/CONTINENT	ADJECTIF EN *-AN*	UN... *-AN*	LES... *-ANS*
Africa	African	an African	the Africans
America	American	an American	the Americans
Australia	Australian	an Australian	the Australians
Canada	Canadian	a Canadian	the Canadians
Europe	European	a European	the Europeans
Germany	German	a German	the Germans
Italy	Italian	an Italian	the Italians

Fonctionnement comparable

Iraq	Iraqi	an Iraqi	the Iraqis
Israel	Israeli	an Israeli	the Israelis
Pakistan	Pakistani	a Pakistani	the Pakistanis

Adjectifs différents du nom

PAYS	ADJECTIF	UN...	LES... *-S* DU PLURIEL
Arabia	Arabic	an Arab	the Arabs
Denmark	Danish	a Dane	the Danes
Poland	Polish	a Pole	the Poles
Scotland	Scottish	a Scot	the Scots
Spain	Spanish	a Spaniard	the Spaniards/the Spanish

Notez aussi : *Jewish* (juif), *a Jew* (un juif), *the Jews* (les juifs).

24 La formation des comparatifs : *big → bigger/comfortable → more comfortable*

Fiche 55

• **Adjectifs d'une syllabe**
→ **adjectif + *-er*** : *stronger, smaller*

• **Adjectifs de deux syllabes**
→ **adjectif + *-er*** pour les adjectifs se terminant par *-er*, par *-y* ou par le son /l/ :
clever → cleverer, happy → happier, simple → simpler
→ ***more* + adjectif** pour les autres adjectifs : *more patient, more polite*

• **Adjectifs de plus de deux syllabes**
→ ***more* + adjectif** : *more intelligent, more beautiful*

À noter

Le système des comparatifs a tendance à se simplifier :
– une syllabe → comparatif en *-er* ;
– adjectifs de deux syllabes qui se terminent par *-y* → comparatif en *-er* ;
– tous les autres adjectifs : comparatif en *more* + adjectif.

• **Modifications orthographiques avec adjectif + *-er***
– *y* final devient *i* s'il est précédé d'une consonne : *pretty → prettier, easy → easier*
– doublement de la consonne finale dans les adjectifs d'une syllabe sauf si deux voyelles précèdent la consonne finale : *big → bigger/fat → fatter* **mais** *sweet → sweeter/great → greater*

25 La formation des superlatifs :
big → the biggest/comfortable → the most comfortable Fiche **56**

• **Adjectifs d'une syllabe**
→ *the* + **adjectif** + *-est* : *the strongest, the smallest*

• **Adjectifs de deux syllabes**
→ **adjectif** + *-est* pour les adjectifs se terminant par *-er*, par *-y* ou par le son /l/ :
clever → *the cleverest, happy* → *the happiest, simple* → *the simplest*
→ ***the most*** + **adjectif** pour les autres adjectifs : *the most patient, the most polite*

• **Adjectifs de plus de deux syllabes**
→ ***the most*** + **adjectif** : *the most intelligent, the most beautiful*

Le système des superlatifs a tendance à se simplifier :
– une syllabe → superlatif en *-est ;*
– adjectifs de deux syllabes qui se terminent par *-y* → superlatif en *-est ;*
– tous les autres adjectifs : superlatif en *the most* + adjectif.

Modifications orthographiques avec adjectif + *-est*
– *y* final devient *i* s'il est précédé d'une consonne : *pretty* → *the prettiest*
– doublement de la consonne finale dans les adjectifs d'une syllabe sauf si deux voyelles
précèdent la consonne finale : *big* → *the biggest*
mais *sweet* → *the sweetest/great* → *the greatest*

26 Les pronoms personnels/Les possessifs : *I, me, my, mine…* Fiche **57**

PPRONOMS PERSONNELS SUJETS	PRONOMS PERSONNELS COMPLÉMENTS	DÉTERMINANTS POSSESSIFS	PRONOMS POSSESSIFS
I	me	my *(+ nom)* = mon, ma, mes	mine = *le mien, les miens, la mienne, les miennes*
you	you	your *(+ nom)*	yours
he/she/it	him/her/it	his/her/its *(+ nom)*	his/hers/its
we	us	our *(+ nom)*	ours
they	them	their *(+ nom)*	theirs

La phrase

27 Verbes ou expressions suivis de V-*ing* : *She enjoys meeting people.*
They kept calling us. I don't mind going with you.

Verbes qui supposent une expérience vécue

acknowledge : reconnaître
admit : admettre
appreciate : apprécier
be worth : valoir la peine
can't bear : ne pas supporter
can't help : ne pas pouvoir s'empêcher de
can't stand : ne pas supporter
deny : nier/refuser
dislike : ne pas aimer
enjoy : prendre plaisir à
hate : détester
it's no good/no use : il est inutile de
miss : s'ennuyer de
spend time : passer du temps
tolerate : tolérer

Verbes qui décrivent une action ayant déjà commencé

finish : finir
give up : cesser de, abandonner
keep : ne pas arrêter de
keep on : continuer à
stop : arrêter

Verbes qui signalent du déjà envisagé

avoid : éviter
consider : envisager
contemplate : songer à
imagine : imaginer
involve : impliquer
mind : voir une objection à
prevent : empêcher
risk : risquer
suggest : suggérer

28 Verbes ou expressions suivis de to + V-*ing* : *I am used to getting up early.*

*it amounts **to doing** sth* : cela revient à faire qqch.
*be accustomed **to doing** sth* : être habitué à faire qqch.
*be addicted **to doing** sth* : s'adonner à qqch.
*be used **to doing** sth* : être habitué à faire qqch.
*get round **to doing** sth* : arriver à faire qqch.
*get used **to doing** sth* : s'habituer à faire qqch.
*look forward **to doing** sth* : avoir hâte de faire qqch.
*object **to doing** sth* : ne pas vouloir faire qqch.
*prefer doing sth **to doing** sth* : préférer faire qqch. à faire qqch.
*take **to doing** sth* : se mettre à faire qqch.

29 Verbes suivis de *to* + verbe : *Do you refuse to obey?*

Fiche **64**

agree : être d'accord
appear : sembler
choose : choisir de
consent : consentir à
decide : décider de
fail : omettre de
hope : espérer
manage : réussir à
refuse : refuser de
swear : jurer de

30 Verbes suivis soit de *to* + verbe, soit d'un complément + *to* + verbe : *I want to leave. / He wants them to leave.*

Fiche **64**

ask : demander
beg : demander, supplier
expect : s'attendre à
help : aider
intend/mean : avoir l'intention de / vouloir que
offer : proposer
prefer : préférer
promise : promettre
propose : proposer
wait : attendre
want : vouloir
wish : souhaiter

31 Verbes nécessitant un complément avant *to* + verbe : *She persuaded him to read the letter.*

Fiche **64**

advise : conseiller
allow : autoriser
compel : contraindre
encourage : encourager
force : forcer
invite : inviter
oblige : obliger à
order : ordonner
persuade : persuader
recommend : recommander
remind : rappeler qqch. à qqn
teach : enseigner
tell : dire
warn : prévenir

Whose se traduit par « dont », mais « dont » ne se traduit pas toujours par *whose*.

• **« Dont » = complément de nom → *whose***

C'est **l'homme dont** la femme possède le meilleur restaurant de Los Angeles.
*He's **the man whose** wife owns the best restaurant in Los Angeles.*
La fête se déroule dans **une maison dont** la cave a été transformée en boîte.
*The party takes place in **a house whose** basement has been converted into a club.*

• **« Dont » = complément de verbe ou d'adjectif → pronom relatif Ø**

Les villes **dont je te parle** sont toutes en Afrique.
[« dont » complète le verbe « parle »]
The cities Ø I'm telling you about are all in Africa.

Voici un bâtiment **dont** tous les New Yorkais sont **fiers**.
[« dont » complète l'adjectif « fiers »]
This is a building Ø all New Yorkers are proud of.
[À la place du pronom relatif Ø, on aurait pu avoir *which* ou *that*, mais Ø est plus fréquent.]

• **« Dont » + nombre ou quantité → quantifieur + *of whom/of which***

Nous avons beaucoup de touristes, **dont beaucoup d'Allemands/dont une majorité d'Allemands/dont la plupart sont Allemands.**
*We have many tourists, **many of whom/a majority of whom/most of whom** are German.*
Nous avons dix magasins, **dont trois** sont à Londres.
*We have ten shops, **three of which** are in London.*

• **« La façon dont » → *the way***

Tu aurais dû voir **la façon dont** elles m'ont parlé.
*You should have seen **the way** they spoke to me.*

• *How* + **adjectif**
*How **old** are you?* Quel âge as-tu ?
*How **tall** is she?* Combien mesure-t-elle ?
*How **big/small/wide/long** is it?* C'est grand/petit/large/long comment ?
*How **high** is this tower?* Quelle est la hauteur de cette tour ?
*How **far** is it?* C'est à quelle distance ?

• *How much* + **singulier/*How many* + pluriel** (combien ?)
How much is it? Combien ça coûte ?
How many pets have you got? Combien d'animaux domestiques as-tu ?

• *How often* (tous les combien ?)
How often do you go to London? Tu vas souvent à Londres ?/Tous les combien vas-tu à Londres ?

• *How long ago* (il y a combien de temps ?)
How long ago did they move out? Il y a combien de temps qu'ils ont déménagé ?

• *How long* + *present perfect* ou *past perfect* (**depuis** combien de temps ?)
How long have you been together? Depuis combien de temps êtes-vous ensemble ?

• *How long* + **prétérit** ou **présent** (**pendant** combien de temps ?)
How long did you live in Germany? Pendant combien de temps as-tu vécu en Allemagne ?
How long are you here (for)? Tu es ici pour combien de temps ?

34 Les principales conjonctions de subordination

Fiches 69 70
* **

Les conjonctions de temps*

I'll do it as soon as / when they arrive.
when *:* quand
as soon as *:* dès que
while *:* pendant que
once *:* une fois que

Les conjonctions de condition*

If I knew his number, I could ring him up.
if *:* si
as long as *:* tant que
unless *:* à moins que
in case *:* au cas où
provided (that)/on condition (that) *:* à condition que

Les conjonctions de but**

He spoke slowly so that everybody could understand.
to + verbe : pour
    I'll do it to please you. Je le ferai pour te faire plaisir.
in order to/so as to + verbe : afin de
so that + proposition : pour que
in order that + proposition : afin que

Les conjonctions de cause**

I broke it because I was angry.
because *:* parce que
inasmuch as *:* étant donné que
as *:* comme
insofar as *:* dans la mesure où
since *:* puisque
given that *:* étant donné que
for [à l'écrit] : car
all the + comparatif + **as/since/because** *:* d'autant plus + adjectif + que
    I'm all the more furious as they are my students.
    Je suis d'autant plus furieux qu'ils sont mes étudiants.

Les conjonctions de conséquence**

They were so surprised that they didn't move.
so (that) *:* de sorte que
so + adjectif + **that** *:* si… que…
such + nom + **that** *:* tellement… que…

Les conjonctions de contraste**

Though I didn't vote for them, I like their policy.
though/although/even though *:* bien que
while *:* tandis que
whereas *:* alors que
even if *:* même si
however + adjectif : tout + adjectif + que
    However rich he may be, I don't find him attractive.
    Tout riche qu'il soit, je ne le trouve pas attirant.

Do as I say!
as/like (à l'oral) : comme
As I said/Like I said… (à l'oral) : Comme je l'ai dit…
as if/as though + **prétérit** : comme si + imparfait

35 Les principales prépositions

Fiche 74 Tableaux 22 et 28

Prépositions de lieu

above : au-dessus de
across : de l'autre côté de
along : le long de
among : parmi
at : à/dans
behind : derrière
below : au-dessous de
beside : à côté de
between : entre
by : près de
close to : tout près de
down : en bas de
from (point de départ) : de
> *I'm from New York.* Je suis de New York.
in : dans
in front of : devant
inside : à l'intérieur de
into (sens dynamique) : dans
> *They went into the classroom.* Ils sont entrés dans la salle de cours.
near : près de
next to : à côté de
off : au large de/séparé de
on : sur
opposite : en face de
out of : hors de
outside : à l'extérieur de
over (sens dynamique) : par dessus/au-dessus de
> *He wore a shirt over his sweater.* Il portait une chemise par-dessus son pull.
past : devant
round : autour de
to (sens dynamique) : à/en
> *I'm going to the airport.* ≠ *I'm at the airport.*
> Je vais à l'aéroport. ≠ Je suis à l'aéroport.
towards : vers
under : sous
up : en haut de

Prépositions de temps

• *on*

on + jour de la semaine/date
> *on Sunday/on February 12*
on + moment où une action s'est produite
> *on my arrival* (à mon arrivée)

• *at*

at + heure
> *at 8 o'clock* (à 8 heures)
at + nom de fête
> *at Christmas* (à Noël)

• *in*

in + mois, saisons, années, siècles

in June (en juin), *in winter* (en hiver), *in 2011* (en 2011), *in the twentieth century* (au xxe siècle)

in + moment de la journée

in the morning (le matin), *in the afternoon* (l'après-midi) **mais** *at night* (la nuit), *during the day* (dans la journée)

in + période de temps dans l'avenir

in two months ou *in two months' time* (dans deux mois)

• *by* + heure, date, période (pas plus tard que)

by 8 (à 8 heures au plus tard)

by the end of the week (avant la fin de la semaine)

• *during* = durant (à l'intérieur d'une période de temps)

during the war (durant la guerre), *during our holidays* (durant nos vacances)

Autres prépositions

• **Prépositions de cause**

because of (à cause de) ; *owing to* (en raison de) ; *considering / given* (étant donné) ; *in view of* (vu)

• **Prépositions de contraste**

contrary to / unlike (contrairement à) ; *in spite of / despite* (malgré) ; *instead of* (au lieu de)

• **Prépositions d'argumentation**

according to (selon) ; *as for* (quant à) ; *as regards / regarding* (en ce qui concerne) ; *about* (à propos de)

« Selon » se dit *according to*, mais « selon moi » se dit *in my opinion* ou *to my mind*.

36 Quelques verbes + prépositions   Fiche 74

• **Verbe +** *about* **+ complément**

care about sth / sb (s'intéresser à qqch./bien aimer qqn), *talk about sth / sb* (parler de qqch./ qqn), *think about sth / sb* (penser à qqch./qqn)

• **Verbe +** *after* **+ complément**

look after sth / sb (s'occuper de qqch./qqn), *take after sb* (ressembler à, tenir de qqn)

• **Verbe +** *at* **+ complément**

stare at sth (regarder fixement qqch.), *laugh at sb* (se moquer de qqn), *shout at sb* (crier sur qqn)

• **Verbe +** *for* **+ complément**

ask sb for sth (demander qqch. à qqn), *blame sb for sth* (reprocher qqch. à qqn), *thank sb for sth* (remercier qqn pour qqch.), *pay for sth* (payer qqch.), *wait for sth / sb* (attendre qqch./qqn)

• **Verbe +** *from* **+ complément**

borrow sth from sb (emprunter qqch. à qqn), *buy sth from sb* (acheter qqch. à qqn), *escape from sth* (s'échapper de qqch.), *prevent sb from doing sth* (empêcher qqn de faire qqch.), *suffer from sth* (souffrir de qqch.)

• **Verbe +** *in* **+ complément**

take part in sth (participer à qqch.), *succeed in sth* (réussir dans qqch.)

• **Verbe +** *into* **+ complément**

divide into sth (diviser par qqch.), *drive into sth* (heurter qqch. avec sa voiture), *run into sb* (rencontrer qqn par hasard), *translate into English* (traduire en anglais)

• Verbe + *of* + complément

accuse sb of sth (accuser qqn de qqch.), *dream of sth/sb* (rêver de qqch./qqn),
remind sb of sth (rappeler qqch. à qqn), *think of sth/sb* (penser à qqch. /qqn)

• Verbe + *off* + complément

get off [a plane] (descendre [d'un avion])

• Verbe + *on* + complément

depend on sth/sb (dépendre de qqch./qqn), *get on(to) [a train]* (monter [dans un train]),
rely on sth/sb (compter sur qqch./qqn)

• Verbe + *to* + complément

announce sth to sb (annoncer qqch. à qqn), *belong to sb* (appartenir à qqn), *describe sth to sb*
(décrire qqch. à qqn), *suggest sth to sb* (suggérer qqch. à qqn)

• Verbe + *with* + complément

agree with sb (être d'accord avec qqn), *cover with sth* (couvrir de qqch.), *fill with sth* (remplir
de qqch.), *provide sb with sth* (fournir qqch. à qqn), *trust sb with sth* (confier qqch. à qqn)

37 Verbes qui se construisent comme *give* : Leila gave Fred the keys./Leila gave the keys <u>to</u> Fred.

Fiche **74**

bring (apporter), *feed* (nourrir), *give* (donner), *lend* (prêter), *offer* (offrir), *pay* (payer), *present*
(présenter), *promise* (promettre), *read* (lire), *sell* (vendre), *send* (envoyer), *show* (montrer),
take (apporter), *teach* (enseigner), *tell* (raconter), *write* (écrire)

38 Verbes qui se construisent comme *buy* : Randolph bought Liz a ticket. / Randolph bought a ticket <u>for</u> Liz.

Fiche **74**

book (réserver), *build* (construire), *buy* (acheter), *choose* (choisir), *cook* (cuisiner), *do* (faire),
fetch (aller chercher), *find* (trouver), *get* (obtenir), *keep* (garder), *leave* (laisser), *make* (faire),
order (commander), *play* (jouer), *reserve* (réserver), *save* (mettre de côté)

39 Les adverbes

Fiche **75**

Adverbes de lieu

above : plus haut
behind : derrière
here : ici
there : là/là-bas
upstairs : en haut

Adverbes de temps

afterwards : après/par la suite
already : déjà
eventually : finalement/en fin de compte
now : maintenant
once : autrefois
soon : bientôt
still : encore
then : alors
today : aujourd'hui
weekly : chaque semaine

Adverbes de fréquence

always : toujours
never : ne... jamais
now and then : de temps à autre
occasionally : de temps en temps
often : souvent
rarely/seldom : rarement
sometimes : parfois
usually : d'habitude

Adverbes d'ajout

also (en début de phrase) : en outre
also, too : aussi
as well : également
else : d'autre [*What else?* Quoi d'autre ?]
in addition : de plus

Adverbes de degré

a little/a bit/slightly : un peu
almost/nearly : presque
enough : assez
even : même
extremely : extrêmement
fairly : relativement
hardly/scarcely : à peine
highly : grandement
pretty : assez
quite : tout à fait/[parfois] plutôt
so : tellement
somewhat : quelque peu
too : trop
totally : totalement
utterly : complètement
very : très

Adverbes de liaison

actually : en fait
and then : ensuite
anyway : de toute façon
besides : d'ailleurs
firstly, secondly : premièrement, deuxièmement
hence : d'où
incidentally : à propos
moreover : de plus
so : ainsi
somehow : pour une raison ou pour une autre
therefore : par conséquent
thus : ainsi

Adverbes de liaison exprimant un contraste

all the same : quand même
however : cependant
nevertheless : néanmoins
otherwise : sinon
still : cependant
though **(en fin de phrase) :** pourtant
It's not difficult though. Ce n'est pourtant pas difficile.
(and) yet : (et) pourtant

Adverbes de phrase

admittedly : certes/il faut le reconnaître
certainly : certainement
clearly : de toute évidence
definitely : sans aucun doute
(un)fortunately : (mal)heureusement
frankly : franchement
hopefully : je l'espère
maybe : peut-être
naturally : naturellement
obviously : manifestement
of course : bien sûr
personally : à mon avis
probably, presumably : vraisemblablement
surely : sûrement
surprisingly : de manière surprenante

---

40 Les principales particules : *around, along…*   Fiche **02**

PARTICULE	VALEUR PRINCIPALE	EXEMPLE
about	dans différentes directions	*walk **about** :* se promener
across	à travers (espace à deux dimensions – une rue par exemple)	*walk **across** :* traverser
along	idée d'avancer le long de qqch.	*move **along** :* avancer
around/round	idée de circularité	*look **round** :* regarder autour de soi
away	idée d'éloignement	*move **away** :* s'éloigner
back	idée de retour	*come **back** :* revenir
down	mouvement vers le bas / idée de diminution	*go **down** :* descendre *turn the radio **down** :* baisser la radio
in	idée d'intérieur	*come **in** :* entrer
off	idée de séparation/ de coupure/de rejet	*take **off** :* décoller *cut **off** electricity :* couper l'électricité *be put **off** :* être rebuté

PARTICULE	VALEUR PRINCIPALE	EXEMPLE
on	mouvement vers une surface	*put (clothes)* **on** : mettre (des vêtements)
	idée de continuité/de mise en marche	*work* **on** : continuer de travailler *turn sth* **on** : allumer qqch.
out	mouvement vers l'extérieur	*move* **out** : déménager
over	mouvement au-dessus de qqch.	*lean* **over** : se pencher en avant
through	à travers (espace à trois dimensions)	*go* **through** : traverser
up	vers le haut/ idée d'achèvement	*look* **up** : lever les yeux *drink* **up** : vider son verre

41 ## Les principaux préfixes : *re- (reappear)*, *de- (deforestation)*…   Fiche **60**

PRÉFIXE	VALEUR PRINCIPALE	EXEMPLE
counter-	opposition	*counterattack* : contre-attaque
de-	idée de changement négatif	*dehumanize* : déshumaniser
dis-	négatif	*disobedient* : désobéissant *disagree* : ne pas être d'accord
fore-	vers l'avant	*foreground* : premier plan *foresee* : prévoir
il-/im-/in-/ir-	négatif	*illogical* : illogique *impolite* : impoli *incredible* : incroyable *irresponsible* : irresponsable
mis-	de manière fausse	*misbehave* : se conduire mal
out-	à l'extérieur ou dépassement	*outlive sb* : survivre à qqn *outpatient* : malade externe
over-	excès ou au-dessus	*overstate* : exagérer *overstatement* : exagération
re-	répétition	*rewrite* : récrire
un-	négatif	*unfair* : injuste *unbutton* : déboutonner
under-	au-dessous ou insuffisance	*underground* : en sous-sol *underestimate* : sous-estimer
up-	mouvement vers le haut	*up-market* : haut de gamme *uproot* : déraciner

Glossaire français-anglais des termes grammaticaux

A/B

une absence d'obligation : *a lack of obligation*
accentué (fortement) : *(heavily) stressed*
accentuer un mot/une syllabe : *stress a word/stress a syllable*
accompli : *completed*
l'accompli : *completion*
s'accorder avec : *agree with*
accusation : *accusation*
l'action est encore à réaliser : *the action has still to be completed*
une action déjà réalisée : *an already completed action*
une action habituelle/qui se répète : *a usual/repeated action*
une action imminente : *an imminent action*
une action située dans le présent/le passé/l'avenir : *an action located in the present/the past/the future*
une activité : *an activity*
un adjectif : *an adjective*
un adjectif attribut : *a predicative adjective*
un adjectif composé : *a compound adjective*
un adjectif de nationalité : *an adjective of nationality*
un adjectif épithète : *an attributive adjective*
un adjectif substantivé : *an adjective used as a noun*
un adverbe : *an adverb*
un adverbe de degré/fréquence/lieu/manière/temps : *an adverb of degree/frequency/place/manner/time*
un adverbe de liaison/de phrase : *a connecting/comment adverb*
s'ajouter à un élément de base : *be added to a base*
l'antécédent : *the antecedent*
une apposition : *an apposition*
l'aptitude du sujet : *the subject's ability*
un article : *an article*
l'article zéro : *the zero article*
l'aspect : *aspect*
autorisation : *authorization*
un auxiliaire : *an auxiliary*
l'avenir : *the future*
avoir lieu : *take place*
la base verbale : *the bare infinitive/the verbal base*
le bilan présent : *current relevance*

C/D

être capable de : *be capable of*
la capacité hypothétique : *theoretical capacity*
une catégorie : *a category*
la cause : *cause*
le certain : *certainty/the certain*
commenter qqch. (– une proposition) : *comment on sth (– on a clause)*
les comparatifs : *the comparatives*
un comparatif d'égalité : *a comparative of same degree*
un comparatif d'infériorité : *a comparative of lower degree*
un comparatif de supériorité : *a comparative of greater degree*
un complément (d'objet direct/indirect) : *a (direct/indirect) object*
le complément d'agent : *the agent*
un complément prépositionnel : *a prepositional object*
le conditionnel : *the conditional*
une conjonction : *a conjunction*
la conjugaison : *conjugation*
le connu : *known information*

des conseils/un conseil : *(some) advice/a piece of advice*
une consonne : *a consonant*
une construction infinitive : *an infinitive construction*
construire (une phrase) : *construct (a sentence)*
les contractions : *contractions*
contrainte (exercer une – sur qqn) : *pressure (put – on sb)*
correspondre à : *correspond to*
coupé du présent : *cut off from the present*
décrire une action : *describe an action*
déduction logique : *logical deduction*
défini : *definite*
désigner qqch. ou qqn : *point to/show sth or sb*
un déterminant : *a determiner*
un déterminant possessif : *a possessive determiner*
le devoir : *obligation*
le discours direct/indirect : *direct/indirect discourse*
le discours rapporté : *reported speech*
la dualité : *duality*
la durée : *duration*

E/F

emphatique (valeur –) : *emphatic (value)*
emploi américain : *American usage*
un emploi générique : *a generic use*
s'employer moins/plus que : *be less/more common than*
en cours : *in progress*
l'énonciateur : *the speaker*
un ensemble restreint : *a restricted class*
équivalent à/l'– de : *equivalent to/the equivalent of*
un événement : *an event*
une exclamation : *an exclamation*
exprimer (une généralité) : *express (generality)*
un fait brut : *a bare fact*
une fonction : *a function*
fonctionner comme : *function as*
l en V-*ing* : *the V-ing form*
la forme interrogative : *the interrogative form*
la forme négative : *the negative form*
les formes contractées : *the contracted forms*
fréquent : *common*

G/H/I

le génitif : *the genitive*
le groupe nominal/verbal : *the noun phrase/the verb phrase*
une habitude : *a habit*
hésitant : *hesitant/tentative*
une hypothèse : *a hypothesis*
l'impératif : *the imperative*
inaccompli : *uncompleted*
l'inaccompli : *incompletion*
l'infinitif : *the infinitive*
insister sur qqch. : *insist on sth*
l'interdiction : *prohibition*
interrogatif : *interrogative*
introduit par : *introduced by*
invariable : *invariable*
une inversion sujet/auxiliaire : *a subject/auxiliary inversion*
irrégulier (verbe/pluriel) : *irregular (verb/plural)*

L/M/N/O

un lien (entre passé et présent) : *a link/connection (between the past and the present)*
le locuteur : *the speaker*
un modal : *a modal*
modifier (un adjectif, un nom…) : *modify (an adjective, a noun…)*
un moment précis : *a specific moment*
un mot composé : *a compound word*
un mot interrogatif : *an interrogative word/a question word*
nécessaire : *necessary*
la négation : *negation*
un nom collectif : *a collective noun*
les noms de nationalité : *nationality nouns*
un nom dénombrable/indénombrable : *a countable noun /an uncountable noun*
le nombre/un – : *number/a –*
le non réel (l'irréel) du passé/du présent : *the hypothetical past/present*
une notion : *a notion*
nuancer sa réponse : *qualify one's answer*
l'obligation/une – : *obligation/an –*
obligatoire : *compulsory*
l'ordre des mots : *word order*
l'orthographe : *spelling*
un outil : *a tool*

P

le participe passé : *the past participle*
une particule : *an adverb particle*
le passif : *the passive*
la permission : *permission*
une phrase (négative) : *a (negative) sentence*
une phrase exclamative/interrogative : *an exclamative/ interrogative sentence*
la place de l'adjectif/adverbe dans une proposition : *the position of the adjective/adverb in a clause*
se placer avant/après qqch. : *come before/after sth*
se placer à la fin de la phrase : *come at the end of the sentence*
un pluriel régulier/irrégulier : *a regular plural/ an irregular plural*
le point de départ : *the starting point*
un point d'exclamation : *an exclamation mark*
un point de vue d'observateur : *an observer's point of view*
un point de vue dépréciatif/négatif : *a disparaging/ negative point of view*
le possessif : *the possessive*
possible : *possible*
prédire qqch. : *predict sth*
la préférence : *preference*
un préfixe : *a prefix*
une préposition : *a preposition*
le présent (simple) : *the (simple) present*
le présent en be + V-ing : *the be + V-ing present*
le présent progressif : *the present progressive/continuous*
le prétérit : *the preterit*
la probabilité : *probability*
probable : *probable*
proche de l'énonciateur : *close to the speaker*
un programme personnel/objectif : *an objective/ a personal programme/plan*
se prolonger jusqu'au moment présent : *extend into the present*

un pronom : *a pronoun*
un pronom interrogatif : *an interrogative pronoun*
un pronom personnel/possessif/relatif : *a personal/ possessive/relative pronoun*
un pronom réciproque/réfléchi : *a reciprocal/reflexive pronoun*
une proposition principale/relative/subordonnée/en V-ing : *a main/relative/subordinate/V-ing clause*

Q/R/S

un quantifieur : *a quantifier*
la quantité/une – : *quantity/a –*
le relatif zéro : *the zero relative pronoun*
relative (une proposition –) : *a relative clause*
une relative déterminative/appositive : *a defining/ non-defining relative clause*
être remplacé par : *be replaced by*
X renvoie (à un mot précédent) : *X refers back (to a previous word)*
renvoyer (au passé/au présent/à l'avenir) : *refer (to the past/present/future)*
reprendre (un nom, une phrase, un verbe) : *refer back (to a noun, a sentence, a verb)*
une reprise en so : *an answer in so*
le reproche/un – : *reproach/a –*
un résultat : *a result*
le révolu : *the past*
la rupture (par rapport au présent) : *separation (from the present)*
un sens : *a meaning*
signifier : *mean*
simultanéité : *simultaneity*
sous-entendu (un nom –) : *(an) implied (noun)*
la structure (d'une phrase) : *the structure (of a sentence)*
style soutenu : *formal style*
une subordonnée de but/cause/conséquence/ contraste/manière : *a subordinate clause of purpose/ cause/consequence/contrast/manner*
une subordonnée en zéro/that : *a zero/that subordinate clause*
un suffixe : *a suffix*
une suggestion : *a suggestion*
être suivi de : *be followed by*
le sujet : *the subject*

T/U/V

le temps (grammatical) : *tense*
le temps (qui passe) : *time*
des traces présentes d'une activité passée : *present effects of a past activity*
se traduire par : *be translated by*
une unité : *a unit*
la valeur (d'un mot) : *the value (of a word)*
un verbe (transitif/intransitif) : *a (transitive/intransitive) verb*
un verbe à double complément : *a verb with two objects*
un verbe irrégulier : *an irregular verb*
un verbe lexical : *a lexical verb*
un verbe d'état : *a stative verb*
un verbe de perception : *a verb of perception*
un verbe réfléchi : *a reflexive verb*
une vérité/condition générale : *a general truth/condition*
une virgule : *a comma*
la volonté : *will*
une voyelle : *a vowel*

Par où commencer ? (p. 6 à 8)

1. How long have you been teaching English?
2. We didn't learn (study) a lot in our book.
3. Last year, I saw a lot of movies.
4. The texts were not interesting.
5. I expect to be (get) interested in English.
6. I saw *Oliver Twist* in video.
7. I have never read a whole book in English.
8. We enjoyed this book.
9. the most interesting way to learn English
10. There were not enough grammar lessons.
11. Last year I had the book called "x".
12. I am here because I did not die during the holidays.
13. I think the best way will be to sing new songs.
14. I want to improve my English/to make progress in English.
15. I liked this book because it was illustrated.
16. I often make mistakes.
17. I enjoyed using this book.
18. I study English to be able to speak.
19. The cover of the book was purple and there was the photo of a group of students.
20. Our teacher didn't use it.
21. I would like to improve my English.
22. We did not work in English last year.
23. I'd like to go to England to study.
24. I don't remember the subjects we studied very well.
25. I expect you to… in order to pass my exam.
26. We studied the problems between the English and the Irish.
27. It is a document which deals with hooligans.
28. The book dealt with many interesting subjects.
29. I expect you to teach me all the important points.
30. I agree with this idea.
31. My hobby is tennis.
32. This book taught us phonetics.
33. We studied other things.
34. I'm interested in the U.S.A.
35. She didn't use the book all the time (for every lesson).
36. I like reading science fiction books.
37. If I had to choose…
38. It's worth trying.
39. most of the time
40. I have been studying English for four years.
41. to waste as little time as possible
42. I wish I could be a vet./I'd like to be a vet.
43. Have you been to the U.S.A.?
44. I can play the piano very well.
45. Two years ago I was a pupil in this lycée.
46. Right now I am writing answers to your stupid questions.
47. Right now I am hungry.
48. I'm afraid of speaking in class.
49. I want to pass/get my baccalauréat.
50. The baccalauréat is not an end in itself (/ the end).

01 Verbes intransitifs et verbes transitifs

1 **Verbes intransitifs :** moved - spread/stay/pay
Verbes transitifs directs : took - faced - carried - have - shot - hit - know/use - get - reward
Verbes transitifs indirects : hoped for - dealt with - pay for

2 1. answered Ø my question 2. listens to the radio 3. believes in God 4. telling Ø me - don't believe Ø you 5. remember Ø seeing 6. deals with global warming 7. talk about 8. pay for your car 9. stare at people 10. approve of my coming back 11. discriminating against these people 12. enter Ø their apartment

3 1. I'm trying to find the way out. 2. Listen to me when I'm speaking! 3. He has paid for the newspaper. 4. I need a new computer. 5. He entered the room after her. 6. I look forward to seeing you. 7. Don't touch that plug. 8. Did you enjoy your holidays? 9. He obeys nobody./He doesn't obey anybody. 10. She has not forgiven this man. 11. We feel like going to India. 12. I do not trust them.

02 Verbe + particule

1 1. *off :* particule 2. *off (his chair) :* préposition 3. *up :* particule 4. *through :* particule 5. *through (difficult times) :* préposition 6. *on (a farm) :* préposition 7. *on :* particule 8. *in (your pocket) :* préposition 9. *in :* particule 10. *in :* particule

2 1. I take back 2. taken in 3. sat up 4. make out 5. made up 6. come along 7. give in 8. give up 9. dropped in 10. keep up

3 1. You can throw it away. 2. I don't care about the expense. 3. I tried to calm her down. 4. Could you please fill in this form?/Could you please fill this form in? 5. You can rely on him. 6. I asked him to put out the lights/to put the lights out. 7. Please let him out. 8. I am sure you made it up. 9. Would you just look it over to see if there are any mistakes? 10. I had to look it up in a dictionary.

4 1. Look! Look at her! 2. Wait! Wait for me! 3. Go away! Go away from here! 4. Sit down! Sit down in this armchair! 5. Listen! Listen to this CD! 6. Come back! Come back home! 7. Go on! Go on making efforts! 8. Apologize! I apologize for my mistake. 9. Think about it! I'll think about it later on. 10. Wake up! Don't wake the dog up!/Don't wake up the dog!

03 Le verbe *be*

1 1. Il est médecin. 2. J'étais malade hier. 3. J'ai été déçu du spectacle. 4. Tu vas être en retard si tu ne te dépêches pas. 5. Il fait très froid en hiver. 6. Elle a oublié son cardigan, c'est pourquoi elle a très froid. 7. Tu plaisantes ? 8. Quelle âge a-t-elle ? 9. Où sont mes clefs ? 10. Ils n'ont pas soif.

2 1. You're early. 2. He/She is a good teacher. 3. She is always right. 4. He is not always wrong. 5. They are delighted. 6. Are you hungry? 7. It is hot. 8. Stop it! You're not funny. 9. I'm not hungry. 10. It's here.

3 1. I am - fed up! I failed my driving test again. **2.** "Is + it worth watching?" "Oh yes, it is - very interesting." **3.** "I think these paintings are - very expensive." "Yes indeed, they are + and they aren't very good, are + they?" **4.** How pale he is +! He is - going to faint! **5.** "The man was - very kind." "He was - generous." "Yes, he was +. Extremely generous."

4 1. correct **2.** correct **3.** incompatibilité de *be* + verbe ➔ *She was astonished.* **4.** incompatibilité de *be* + verbe ➔ *Was she coming?* possible ou *Did she come?* **5.** correct **6.** incompatibilité de *be* + verbe ➔ *I hurry.* ou *I am in a hurry.* **7.** correct **8.** incompatibilité de *is* + *been* ➔ *He has been sick.* **9.** correct **10.** correct.

5 1. There are thirty six pupils in this class. **3.** There were more than three hundred million Americans in 2010. **6.** There were lots of traffic jams. **7.** There was a Christmas tree. **9.** There are lovely shops in this town.

04 Le verbe *have*

1 1. Does the book have…/Has the book got… • The book doesn't have…/The book hasn't got… **2.** Does she have… • Has she got… • She doesn't have…/She hasn't got… **3.** Does your computer have…/Has your computer got… • My computer doesn't have …/My computer hasn't got… **4.** Has he dumped… • He has not dumped… **5.** Has your cat put on… • Your cat has not put on… **6.** Have they got plenty of time • They haven't got… **7.** Did Sandra have a row… • Sandra didn't have… **8.** Have your neighbours got… • Our neighbours haven't got…

2 1. Phrases 2 - 4 - 7 - 8
2. He's got/He has a lovely car. **4.** Have you got/Do you have a driving licence? **7.** They have (got) three cats **8.** She had a beautiful house.

3 1. Look! Helen has got a new sweashirt. **3.** Have you got a computer? **5.** He hasn't got an answer phone. **7.** My cat has got green eyes. **9.** We haven't got much time.

4 1. Thank you for everything you have - done. **2.** "I have + an appointment with Ms Bond at 11." "Are you sure? She went out at 9." **3.** "The bus has - gone already, Max." "It must have - gone early, unless my watch has - stopped." **4.** "Hi, John. Where have - you been?" "Where have + **you** been?" **5.** I must say I had - expected something different.

05 Le verbe *do*

1 1. he does it **2.** it does not do it **3.** did we do it? **4.** I have not done it **5.** are you doing it? **6.** they were doing it

2 1. I'll <u>do</u> my best **2.** I can <u>do</u> **3.** <u>did</u> Europe **5.** did you <u>do</u> last night

3 1. made of **2.** Make **3.** I did **4.** Does it make **5.** make **6.** to do the dishes **7.** Do nothing **8.** making a fuss **9.** to do my English **10.** only made three miles

4 *Kids don't float.* ➔ *do* auxiliaire, conjugaison de *float* au présent simple
something that does ➔ *do* de reprise, reprend *float* employé dans le segment précédent.
Do not stand here ➔ *do* est ici auxilliaire de l'impératif négatif.

06 Le présent simple

1 1. we go **2.** do you think? **3.** she does not agree **4.** he cries **5.** she washes **6.** does it change? **7.** they ask **8.** it annoys **9.** do they cost? **10.** you do not expect

2 /s/ : stops - makes - starts - talks - sits
/ɪz/ : teaches - advises
/z/ : gives - says - goes

3 1. What does she want to know? **2.** What does it reflect at night? **3.** What replaces the darkness each morning? **4.** What does the mirror make her realize? **5.** What do you think of this vision of life?

4 This poem consists of a series of statements uttered by the mirror. The mirror reflects "faithfully", without any comments. It is the impassive witness of the woman's ageing.
The use of the simple present conveys a tone which is both ironical and tragic. The terrible fish replaces the beautiful young girl slowly: it is an inescapable fact.

07 Le présent en *be* + V-*ing*

1 1. is he smiling? **2.** she's picking **3.** they are not laughing **4.** it is opening **5.** are you digging? **6.** we are hiding **7.** is it getting? **8.** she is lying **9.** are you writing? **10.** I am not complaining

2 1. Stop it! You're hurting me! **2.** Honestly I am enjoying myself! **3.** We could switch off the radio: nobody is listening. **4.** She's always showing off! **5.** She's constantly trying to be funny.

3 1. *Are you opening?* ➔ action que l'on a l'intention de réaliser/traduction possible : « Vous ouvrez, oui ou non ? »
Coming! (= I'm coming!) ➔ action que l'on a l'intention de réaliser
We're looking for three men. ➔ action en cours de déroulement
V-*ing* dans *start* + V-*ing* n'est pas un présent en *be* + V-*ing*.

08 Présent simple ou présent en *be* + V-*ing* ?

1 1. Action en cours de déroulement. *He is having a bath.*
5. Opinion dépréciative. *You're always making the same mistake.*
6. Intention. *What are you doing on Sunday?*
7. Action en cours/en ce moment. *Oh!… So you're working?*
10. Intention. Projet personnel. *I'm seriously thinking of leaving for the U.S.A.*

2 1. ➔ c - 2. ➔ g - 3. ➔ h - 4. ➔ e - 5. ➔ a - 6. ➔ f - 7. ➔ b - 8. ➔ d

3 "What's this cat doing here?" "What do cats do?" "What do you mean…" "As I do not know her name." "How do you spell…" "I spell…" "That sounds…" "Are you missing her…/Do you miss her…" "Why isn't she coming …" "She comes when she feels…" "She visits everybody. I see…"

1. **1.** I loved him. Did you love him? I did not love him.
2. I met her every day. Did you meet her every day? I did not meet her every day.
3. He spoke slowly. Did he speak slowly? He did not speak slowly.
4. You ate too much. Did you eat too much? You did not eat too much.
5. They taught English. Did they teach English? They did not teach English.
6. They agreed. Did they agree? They did not agree.
7. It cost $10. Did it cost $10? It did not cost $10.
8. They travelled. Did they travel? They did not travel.
9. He ran well. Did he run well? He did not run well.
10. He sang beautifully. Did he sing beautifully? He did not sing beautifully.
11. I thought so. Did you think so? I did not think so.
12. She felt sick. Did she feel sick? She did not feel sick.
13. He fell. Did he fall? He did not fall.
14. It rose at 6. Did it rise at 6? It did not rise at 6.
15. She cried. Did she cry? She did not cry.
16. He preferred not to come. Did he prefer not to come? He did not prefer not to come.
17. She read every day. Did she read every day? She did not read every day.
18. They drank tea. Did they drink tea? They did not drink tea.
19. He lost. Did he lose? He did not lose.
20. He chose the best. Did he choose the best? He did not choose the best.

2. /t/ : stopped - missed - walked - looked - dropped
/ɪd/ : started - patted
/d/ : opened - changed - refused

3. William Shakespeare **was born** in 1564. He **spent** his early life in Stratford-upon-Avon and **attended** the local grammar school. When he **was** 18, he **married** Ann Hathaway and **had** four children. In 1584, he **moved** to London and **became** a playwright. He **enjoyed** fame and prosperity. In 1610 he **retired** to his birthplace and **lived** as a country gentleman. He **died** in 1616.

4. **1.** have seen **2.** saw **3.** dreamed **4.** have dreamed **5.** have forgotten **6.** forgot **7.** have forgotten **8.** did you go **9.** have never been **10.** has gone

1. *Bobby felt…* : solitude classée dans le passé !
He wishes they were here/they were not extinct/they could play baseball with him/his mates could answer. He thinks: "If only I were not alone…"

2. **1.** If I knew, I would tell you. **2.** I wish he could come. **3.** It's (high) time you thought of the future. **4.** If I were younger, I would buy roller skates. **5.** Don't you wish he were here? **6.** I'd rather you didn't tell him. **7.** What would happen if he failed? **8.** He wishes he had more money. **9.** I wish we didn't have English on Saturdays. **10.** They wish they didn't have to work on Sundays.

1. **1.** were talking **2.** you were going **3.** were you doing - I was watching - I was playing **4.** he was working **5.** was talking to you **6.** was driving **7.** was going **8.** was waiting **9.** was enjoying themselves **10.** were wearing

2. **1.** you were looking - when I saw you - what were you doing? **2.** what happened - she realized - he was lying **3.** I was not sorry - I had to leave - I was not enjoying **4.** why did you lend - I was thinking **5.** I last saw - I asked him where he was going - he told me he was flying - I did not believe - there were **6.** She was wearing - she was - went - she said - Did you wish - I wished - why you lied - did I lie - you concealed - you were actually living

3. **1.** In those days, all the trains stopped at this station. **2.** "What was the weather like on that day?" "It was raining." **3.** If I changed my computer, I would ask for your opinion/advice. **4.** If you stayed a little longer, we would have time to go to the movies. **5.** "Your parents were very strict, weren't they? What happened when you were late?" **6.** The man said he was carrying out a survey. **7.** We didn't get much sleep last night: the neighbours were having a party. **8.** "What were you doing before getting/you got this job?" **9.** If I could, I would leave right now. **10.** The waiting room was full: a woman was reading a magazine, a man was staring in front of him, a little boy was biting his nails.

1. **1.** he has drunk **2.** I have not told **3.** has she left? **4.** we have not forgotten **5.** they have travelled **6.** have you watched? **7.** she has had **8.** he has not spent **9.** you have come **10.** have you thought?

2. **1.** Résultat présent. Renseigne sur mon acquis : je connais ce livre. **2.** Révolu. Indique le moment où j'ai effectué cette lecture. **3.** Résultat présent. Sont-ils maintenant au courant ? **4.** Révolu. Fait classé dans le passé. **5.** Résultat présent. Il est immobilisé en ce moment. **6.** Révolu. Moment du passé où il s'est cassé le bras.

3. **1.** Moment du passé où je l'ai appelé. **2.** Bilan présent. **3.** Bilan présent : Connais-tu l'Australie ? **4.** Moment du passé où le voyage a eu lieu. **5.** Bilan présent : je vois qqch que tu as fait. **6.** C'est lui l'auteur de ce fait passé. **7.** Bilan présent. Il n'est pas là. **8.** Fait passé.

4. **1.** I began **2.** he has gone - he left **3.** I've ever had - I felt as if I was (were) **4.** He bought - he has used - has already started - he has not read **5.** I was trying to - I put - a colleague of mine drew - and said - "I've tried but I've already lost" - "I've not tried" - I gave - it worked - I got

1. **1.** Ø **2.** « ça fait deux jours que… » → *present perfect* **3.** « ça fait combien de temps…? » → *present perfect* **4.** Ø **5.** « depuis quand… » → *present perfect* **6.** « depuis le mois dernier » → *present perfect* **7.** Ø **8.** « depuis que je sais… » → *present perfect*

2 since 1998 • for two years • since last year • since my last holidays • since I met her • for a month •. for a long time • for over two weeks • since I got married • since Tuesday

3 Demande de renseignement sur la date depuis laquelle les Gaulois sont romains ! *Since he conquered* : allusion à la date de la conquête de la Gaule. « Nous, Romains, depuis quand ? - Depuis que Jules a conquis la Gaule ! »
Mots accentués : "We **are Romans!**" "Us, **Romans**? Since when?" "Since Old Julius conquered **Gaul**! He's commented on the subject at length, hasn't he?" "Am **I** a Roman?" "Of course! Asterix is **right**. We're part of the **Roman** world!"

4 1. I haven't seen John since his wedding day. 2. I haven't spoken German for years. 3. He has not called me for two months. 4. I have not been abroad since February 2010. 5. They haven't eaten meat for a year. 6. I haven't seen her since she broke her leg.

5 1. I have known him since 1999. 2. I have known him for ten years. 3. I lived in Oxford for two years. 4. I have not seen him for ages. 5. He has been here only for a week. 6. He arrived on Sunday. He hasn't spoken to me since. 7. How long ago did he leave?/How long has it been since he left? 8. She worked in Canada for two months then she settled in the United States.

14 Le *present perfect* en *be* + V-*ing*

1 1. she has been singing 2. it has not been raining 3. have you been trying? 4. it has been getting 5. have you been smoking? 6. they have been waiting 7. he has been shopping 8. I have been eating 9. have you been doing? 10. they have not been searching

2

Moment où une action a eu lieu	4 - 5
Résultat présent d'une action passée	2
Activité dont les traces sont encore visibles	3 - 6
Action commencée dans le passé et qui continue	1 - 7

3 1. I've had enough: I've been trying to call him/her for an hour.
2. The sales are on. I've bought three pairs of shoes.
3. "You really look tired." "I've been shopping all day (long)."
4. I went shopping a lot/I bought lots of things when I was in London last summer.
5. For once, he did the cooking last night.
6. It smells very nice. Have you been cooking?
7. I haven't done any cooking for years.

4 1. You have been driving 2. He has been speaking 3. So I've killed him. 4. that car has been following us 5. Have you finished 6. They've spotted us 7. We've been thinking of a tunnel ourselves, we've even started digging one • has been holding out 8. We've come • someone has been stirring them up

15 Le *past perfect* simple

1 1. He has arranged something else. 2. He had arranged something else. 3. The lesson has already begun. 4. The lesson had already begun. 5. I've really enjoyed reading it. 6. I told him I had really enjoyed reading it.

2 1. He's always on the move: in 2011 he **visited** relatives in Australia. The year before he **had spent** a month in Philadelphia.
2. She **had lived** in Leeds for a year **when she decided** to move to London.
3. I was glad **I got** a letter from him yesterday : imagine, he **had written** to me for the first time in 2010 and I **hadn't heard** from him for a year.
4. "Will he come to the party?" "Sure, I **saw** him on Wednesday and **reminded** him not to forget but anyway, I **had already met** him on Monday and he **had said** yes."
5. Yesterday, I **was late** because I **had been** stuck in a traffic jam and yet **had got up** at six.

3 There were six - Richard Pratt was - I had been to dinner - when Richard Pratt was there - his wife had gone - clearly this was
As we sat down, I remembered - Mike had played - Pratt had replied - it was - Mike had then bet him - he could not do it - Pratt had accepted, and had won - Tonight I felt sure

16 Le *past perfect* en *be* + V-*ing*

1 1. I had been reading 2. had he been listening? 3. they had not been living 4. you had been writing 5. she had been driving 6. had they been running? 7. he had not been lying 8. she had been dreaming 9. had you been showing? 10. we had been doing

2 1. He turned round to see who had already arrived. 2. I wondered how long she had been waiting. 3. When he had cried for half an hour, he felt better. 4. I could guess she had been crying. 5. she had helped Dad to bring me up. 6. we had not seen each other for ages. 7. Somebody had been smoking in the room. 8. most of the countries which had made up 9. the shoes he had been wearing - I was glad that I had found them.

3 1. they had been playing 2. I had been waiting 3. she was speaking 4. I had been foreseeing and dreading 5. I had been working 6. While I was turning over 7. the fire was glowing - a little dog was sleeping 8. they had been living 9. was not working - was standing 10. A customer was reproaching

4 1. She suddenly woke up: she had been dreaming of him again. 2. Her/His face was sad: they had been quarrelling. 3. How long had you been waiting for his/her call? 4. He had been basking in the sun for four hours when he heard screams. 5. We were tired. We had been travelling for more than twenty-four hours.

17 Le passif : formes

1 présent simple : it is made - I am not obeyed - is he punished?
prétérit simple : she was told - they were not warned - were you forgiven?
présent en *be* + V-*ing* : it is being repaired - are you being helped?
prétérit en *be* + V-*ing* : it was being built - they were not being shown
present perfect : you have been cheated - we have not been asked - has she been accepted?
past perfect : they had been arrested - she had not been insulted - had it been heard?

infinitif présent : it can be said - it could not be proved - should he be called?

infinitif passé : she might have been killed - they must have been thrown away

② Les formes passives sont indiquées en **gras**.
1. She's been mistaken. **2.** She's made quite a few mistakes. **3.** It's **made** of plastic **4.** Ray has been playing cards for five hours. **5.** We **were not allowed** to enter – the church **is being restored**. **6.** Are you **being served**? **7.** How long have they been together? **8.** She's gone to the pub. **9.** He could have been more careful. **10.** He **could have been hurt**.

③ **1.** In some districts dogs are used to find truffles. **2.** Why wasn't the roof mended before it fell in? **3.** I was told that he was leaving France in August. **4.** He will be found guilty. **5.** My shoes had been polished. **6.** Why were tomatoes and rotten eggs thrown? **7.** Books may be kept for three weeks. **8.** What was it written with? **9.** The room is being cleaned. **10.** The date of the meeting has been changed.

④ *You'll be thrown…*
Cleopatra is threatening the architect. It is logical that "you" should be highlighted. Hence, the use of the passive voice. Besides, the source of the action is obvious; it is useless for her to mention that the slaves will do the nasty job.

18 Le passif : valeurs

① présent ou infinitif : We are told we live - He would better be described - His books are chosen - his dreams are realised - his records are played - he has - he likes - He has - He collects - some collect - abhors

prétérit : were reported - were taken - no tourists visited - the roads were used - Nessie stopped - the season opened - four people reported

infinitif : **1.** could they do **2.** could it be done **3.** will be exhibited **4.** should be opened **5.** I couldn't hear **6.** music could be heard

② **1.** The town was destroyed by a hurricane. **2.** People shouldn't be allowed to park here. **3.** He was taken for an Englishman. **4.** She was knocked down by a motorcycle. **5.** Mary will be invited but Sarah won't (be invited). **6.** Dogs must be kept on lead in this public garden. **7.** Over 100 new houses have been built in this district. **8.** Can't something be done about that? **9.** These cars are made by a Chinese firm. **10.** This could be done much more quickly by a computer.

③ **1.** She was shown the easiest way to do it. **2.** She was sent a dozen roses on her birthday. **3.** A dozen roses were sent to her on her birthday. **4.** He will be shown a recent photograph of the man. **5.** A recent photograph of the man will be shown to him. **6.** She has been told the whole story. **7.** The whole story has been told to her. **8.** Those letters must be brought to me immediately. **9.** Will he be lent enough money to finish his new house? **10.** Will enough money be lent to him to finish his new house?

19 Les verbes irréguliers

① drove ➙ drive - thrown ➙ throw - began ➙ begin - came ➙ come - let ➙ let - make ➙ make - heard ➙ hear - saw ➙ see - done ➙ do

was born ➙ be born (*acception particulière* bear ➙ borne porter, supporter) - taught ➙ teach - write ➙ wrote

② *Les verbes irréguliers de ce passage sont tous indiqués, qu'ils soient conjugués ou non :*
had flung behind ➙ fling, flung, flung
were swinging ➙ swing, swung, swung
shining ➙ shine, shone, shone
began ➙ begin, began, begun
beat ➙ beat, beat, beaten
leave ➙ leave, left, left
sat ➙ sit, sat, sat
hidden ➙ hide, hid, hidden
fallen ➙ fall, fell, fallen
felt ➙ feel, felt, felt
understand ➙ understand, understood, understood
leant ➙ lean, leant, leant

③ **1.** When **did you leave**? **2.** They **lived** in Chicago for two years, then **left** to settle in Seattle. **3.** Yesterday I **lay** in bed till eleven. **4.** He **laid** his briefcase on the desk and sat down. **5.** Lots of Irish people **fled** their country at the end of the nineteenth century. **6.** I'll help you if you're **stuck**. **7.** I was **struck** by his intelligence. **8.** I can **stroke** my cat Ophelia for hours on end. **9.** We've got the deal all **sewn** up. **10.** What she told me has **sown** seeds of doubts in my mind. **11.** One of the Dalton Brothers had tried to **saw** the bars of his cell in order to escape. **12.** There was a storm, so we **sought** shelter under a big tree. **13.** This silk jumper has **shrunk**. **14.** They have **forecast** dry spells. **15.** They were **led** to the conclusion that he had killed his wife. **16.** When I **heard** the news, I **flew** into a temper and my sister **burst** into tears. **17.** I have **rung** up several times but **got** no answer. **18.** The door **swung** open: he **came** in. **19.** He was safe now: he **felt** a great sense of relief. **20.** What happened to him? He **fell** down the stairs.

20 Les modaux (généralités) : *may/can/must/shall/will*

① **1.** « tous les jours » ➙ habitude ➙ pas de modal **2.** « pourrais » ➙ commentaire : capacité ➙ modal possible **3.** faits bruts sans commentaire **4.** « il faut que » ➙ commentaire : obligation ➙ modal possible **5.** « je dois » ➙ commentaire : obligation ➙ modal possible **6.** « il est possible que » ➙ commentaire : probabilité ➙ modal possible **7.** fait brut ➙ pas de modal **8.** « peut-être » ➙ commentaire : probabilité ➙ modal possible **9.** fait brut ➙ pas de modal **10.** « sans doute » ➙ commentaire : grande probabilité ➙ modal possible

② **1.** They **may** be here any minute now. **2.** You **must** come and see us. **3.** You **mustn't** give up hope. **4.** I **can't** go on like this. **5.** I **can** do it as well as you can. **6.** You **could** have been more careful. **7.** I **couldn't** be more careful. **8.** We **might** give them a ring. **9.** He **shouldn't** have drunk so much. **10.** He **should** have told her the truth.

③ **1.** Could he come? He could not come. **2.** Can they speak French? They cannot speak French. **3.** May she go out after 10? She may not go out after 10. **4.** Must we answer? We must not answer. **5.** Should I write to him? You should not write to him. **6.** Will she forget him? She will not forget him. **7.** Would you like to hear from him? I would not like to hear from him. **8.** Should I have told him? You should not have told him.

9. Could he have warned them? He could not have warned them. **10.** Could he run very fast if he tried? He could not run very fast if he tried.

formes contractées possibles : could not → couldn't - cannot → can't - must not → mustn't - will not → won't - should not → shouldn't - would not → wouldn't

④ **1.** impossible (présence de *to*) **2.** possible **3.** impossible (présence de *to*) **4.** possible **5.** possible **6.** impossible (pas de verbe dans les mots suivants) **7.** impossible (*made* = participe passé) **8.** possible **9.** impossible (*come* + *-ing*) **10.** possible (devant *go*) puis impossible (précédé de *to*)

21 Can/can't/could et la capacité

① **1.** he could stand… **2.** she could sing … **3.** he could speak… **4.** he couldn't come **5.** Could you call…

② **1.** we could go… **2.** you could tell her… **3.** we could watch…

③ **1.** we could have dined… **2.** he could have told her… **3.** you could have watched…

⑤ **1.** vous pouvez **2.** vous auriez pu **3.** vous ne pouviez pas **4.** vous pourriez **5.** non traduit

⑥ **1.** you could have come **2.** he could have called me **3.** I could call him **4.** he couldn't write to her **5.** Could we meet… ?

⑦ **1.** Vous pouvez parlez aux adolescents, les réprimander, parler d'eux, mais pouvez-vous vraiment parler avec eux ? **2.** Si vous n'aviez pas perdu votre passeport, vous auriez pu facilement rentrer chez vous (dans votre pays). **3.** En ce temps-là vous ne pouviez rien dire de tout cela à vos parents. **4.** Vous pourriez peut-être envoyer un courriel, ce serait plus rapide. **5.** Je vois bien qu'elle n'est pas très heureuse de son sort.

22 Can/be able to et la capacité

① **1.** Ask him, he should be able to help you. **2.** I can hardly believe it. **3.** I'm sorry I won't be able to come. **4.** She has everything money can buy. **5.** I've not been able to sleep very well recently. **6.** Don't shout, I can hear you very well. **7.** How can you possibly imagine that? **8.** Will he be able to continue his journey? **9.** I'm locked in! I can't get out! **10.** Once I've passed my test I'll be able to hire a car.

② **1.** my mother could play **2.** he was able to open the door **3.** she could beat **4.** they were able to start **5.** she could read **6.** I could see **7.** I was able to get in **8.** he was able to convince them (managed to convince them)

③ **1.** Could you help me? **2.** I couldn't forget him/her. **3.** He could have told her. **4.** He can manage alone. **5.** We couldn't find a better place. **6.** We couldn't have found a better place. **7.** I was not/have not been able to contact him. **8.** I won't be able to come. **9.** What can I do for you? **10.** He could not understand.

④ *Could* est ici le conditionnel de *can* (pourrais-je/est-ce que je pourrais). Il est en concordance avec *if it was electric*. On peut le remplacer seulement par *Would I be able to*…
Can I do this? est impossible parce que *can* est au présent. *Was I able to*… est impossible à cause de la concordance des temps. *Could I have done this* serait une capacité non réelle dans le passé alors que la petite vache peut le faire !

23 May/can/be allowed to et la permission

① **1.** You may not/cannot/are not allowed to get into the casino. **2.** People may/can/are allowed to drink Coca Cola on the premises. **3.** You may not/cannot/are not allowed to get in if you don't have a valid ID. **4.** He may not/cannot/is not allowed to film but he may/can/is allowed to take photos. **5.** People may not/cannot/are not allowed to carry a gun in the casino.

② **1.** Could I speak to Simon, please? **2.** Can I borrow your pen? **3.** May I see your passport? **4.** Can I see the picture in your passport? **5.** May I come in? **6.** Can we go now? **7.** May we go now? **8.** Could I have the bill/check, please? **9.** Can I have his/her address? **10.** Could I have the salt, please?

③ **1.** you may not park **2.** yes, you can **3.** may/may not **4.** they can't dress **5.** I could play **6.** you may not use **7.** no, you can't **8.** he can't drive (*Can't* est possible en 1 et en 3 mais il est moins formel.)

④ **1.** you may go **2.** you will not be allowed to leave **3.** she may not go out **4.** he hasn't been allowed to get **5.** to be allowed to choose **6.** you would be allowed to go **7.** he was allowed to stay up **8.** he could ask **9.** they could attend **10.** Lara was allowed to stay up
(Pour les phrases 7 et 10 : *was allowed to* est préféré à *could* pour une autorisation ponctuelle.)

24 Le quasi-certain : *must*, le quasi-certain négatif : *can't/couldn't*

① "It must be one of those Gauls…" The use of "must" corresponds to a high degree of certainty.
In the sentence reading "We must go and help…" the use of "must" corresponds to the idea of obligation.

② **1.** *must* + verbe **2.** *must have* + participe passé **3.** *must* + verbe **4.** *must* + verbe **5.** *must* + *be* + verbe-*ing* **6.** *must* + *not* + verbe **7.** *must* + *have* + participe passé **8.** *must* + verbe **9.** *must* + verbe **10.** *must* + *have* + participe passé

③ **1.** she must be upstairs **2.** he must be watching **3.** they can't know **4.** it can't be easy **5.** he must have been **6.** I must have left **7.** he can't be studying **8.** someone must have told him **9.** he can't have forgotten **10.** he can't have done it

25 Le possible : may/might/could

① **1.** « peut-être » → *may* **2.** « ce n'est possible » → *can't* **3.** « sans doute » → *must* **4.** « ça pourrait » → *might* **5.** « peut-être » → *may* **6.** « il risque » → *may/might*

② **1.** Il se pourrait qu'il y ait foule, ce serait mieux d'être en avance. **2.** Je ne vous reverrai peut-être jamais. **3.** « Je t'ai appelé ce matin mais je n'ai pas eu de réponse. - Je suis désolé(e). Je devais être dans le jardin. » **4.** « Je l'ai vu hier. - Ce n'est pas possible. Il est à l'étranger en ce moment. » **5.** Ça pourrait bien être mon frère. Il m'appelle tous les jours à 6 heures. **6.** Ça pourrait vous prendre à peu près une heure. **7.** Elle n'a peut-être pas entendu. **8.** Est-ce qu'il pourrait y avoir une autre solution ? **9.** Ils doivent être en train de déjeuner. **10.** Il doit avoir plus de 70 ans.

③ *quasi-certain = A   possible = B   quasi-certain négatif = C*
1. She can't have said that. (C) **2.** She might be in her room. (B) **3.** Rick must be playing cricket. (A) **4.** They may come back later. (B) **5.** It could happen any time. (B) **6.** James can't have done that! (C) **7.** He may have stolen the money. (B) **8.** The dog's barking. There must be someone at the gate. (A) **9.** Be careful! The road may be blocked up ahead. (B)

④ **1.** there must be **2.** there must have been **3.** I must have left it **4.** he can't be surfing **5.** I might take **6.** she might be waiting **7.** you could make **8.** he may have changed **9.** he may not enter **10.** he must be joking

⑤ **1.** he may be ill **2.** she may come **3.** he may be watching **4.** he may have seen **5.** they may have had **6.** you may have been dreaming **7.** it may not be working **8.** he may have told her **9.** he may have been listening **10.** it may have been right

26 L'obligation : *must et have to*

① **1.** We have to be **2.** We have to be **3.** You must see **4.** You have to come **5.** You have to pay **6.** You'd have to be fluent

② **1.** You must **2.** I had to show **3.** You will have to drive **4.** Do I have to leave **5.** Will he have to write **6.** Did you have to give **7.** Must you leave/Do you have to leave **8.** Did she have to be

③ **1.** You must show self-confidence. **2.** In those days, the pupils had to learn by heart. **3.** You are going to be sick: you don't have to eat so much. **4.** If you want to lose weight, you must not eat so much. **5.** He insisted so much that I've had/I had to visit him twice this week. **6.** How long did you have to wait? **7.** Why must she always complain? **8.** We'll have to leave early to avoid traffic jams. **9.** I must say she is very clever. **10.** Do I really have to meet him?

④ **1.** We don't have to wait. **2.** You must not disturb him. **3.** You don't have to shout. **4.** You don't have to wear anything special. **5.** You must not offer him another toy. **6.** We don't have to get up early. **7.** You don't have to repeat. **8.** You must not tell him. **9.** You don't have to tell him. **10.** He must not drive.

27 Would *et le conditionnel*

① **1.** I would say **2.** He had met **3.** he had known/he would have done **4.** you would stop **5.** you had stopped

② *[It] would be a good idea* → conditionnel : le tunnel n'est pas construit mais ce serait une bonne idée.

③ **1.** Would you do **2.** they would have been **3.** we would be **4.** she would never succeed **5.** Would you like **6.** she would like **7.** they would not have forgotten **8.** he would call **9.** Would they have believed you/there would be

④ **1.** You should think about it. **2.** You should have thought about it. **3.** He could write to you. **4.** He could have written to you. **5.** He might win. **6.** He might have won. **7.** If you were invited, would you come? **8.** If you had been invited, would you have come? **9.** I would like to be able to leave quickly/shortly. **10.** I would have liked to be able to leave quickly/shortly.

28 Would *et* used to/ Used to *et* be used to

①
conditionnel	caractéristique passée
2 - 3 - 5 - 7 - 8	1 - 4 - 6

1. Le vieux marin restait assis des heures à regarder les bateaux. **2.** S'il appelle, tu veux bien lui dire que je serai de retour à six heures ? **3.** S'il savait, il répondrait dès que possible. **4.** C'était un enfant très têtu qui ne faisait jamais ce qu'on lui disait. **5.** Si tu faisais des sauvegardes, tu n'aurais pas de souci à te faire pour ton ordinateur. **6.** Toute la journée, c'était un gentilhomme parfait mais la nuit il rôdait dans les rues avec des criminels. **7.** Je n'aurais jamais deviné si elle ne me l'avait pas dit. **8.** J'aimerais qu'ils arrêtent de se disputer tout le temps./S'ils voulaient bien arrêter de se disputer tout le temps !

② **1.** did he use to smoke/he used to smoke **2.** used to be **3.** my father would watch… and he would fall **4.** my grandmother would hide **5.** where did you use to live **6.** I didn't use to like

③ **2.** he used to be **3.** he used to work **5.** they used to spend

④ **1.** get used to using **2.** he used to drive **3.** she wasn't used to driving **4.** get used to living **5.** I used to have **6.** really use to eat… never get used to eating

⑤ **1.** You'll have to get used to the noise. **2.** I used to enjoy skiing. **3.** In those days, we would go the cinema every Saturday. **4.** He would never go to bed without his teddy bear. **5.** He is not used to being contradicted.

29 Should *et* ought to

① "You shouldn't have done that."
"Should" is used to give advice but the action has already been performed: the legionary has obviously been knocked out. Therefore, "do" is used in the past infinitive. The utterance "should not have done that" corresponds to a reproach (a form of regret): in the preceding frame, Obelix can be seen getting rid of the legionary who might have helped them.

② **1.** All the students should get a good mark. **2.** All the students should have got a good mark. **3.** I should have left earlier than seven. **4.** I should leave earlier than seven. **5.** Why shouldn't I have told him the truth? **6.** Why shouldn't I tell him the truth? **7.** Everything should be alright. **8.** Everything should have been alright. **9.** It should have worked. **10.** It should work.

③ **1.** You should buy this application. **2.** At this time she should be flying to New York. **3.** He insisted that we should give in this paper on Wednesday. **4.** It's surprising that he should be still here. **5.** Should I have listened to him? **6.** You should ask him. There is no reason why you should not do it. **7.** I don't think you should stay in front of that screen for so long. **8.** She should learn how to use this software.

30 Le renvoi à l'avenir : *will/ be going to*, be + V-ing

① The dog is obviously fed up with the silly trick he has had to perform hundreds of times. He has already had the idea of killing his master: it will be a case of premeditated murder!

2 1. programme personnel → be + V-*ing* → *I'm not watching* 2. indices de réussite : « elle a tout fait pour » → *going to* → *She's going to succeed* 3. action imminente → be about to → *it's about to start* 4. juste maintenant → will → *it won't be long* 5. programme personnel → be + V-*ing* → *I'm seing her tomorrow* 6. projet organisé → be to → *I am to go to the dentist's*

3 1. Will you be ready in five minutes? 2. I'm sure you'll recognize him. 3. She's coming back on Sunday. 4. "Why are you opening this bottle of wine?" "I am going to put some in the sauce." 5. "Are you washing the dishes tonight?" "No, it can wait till tomorrow." 6. "I'm taking the train at 7." "Me too. I'll give you a lift." 7. The cyclone is about to hit Florida. 8. The Queen is to visit Australia in June. 9. I'm not doing anything special for Easter this year. 10. He has bought a new CD-ROM: he is going to brush up on his English.

31 Autres emplois de *shall* et *will*

1 2. Tu veux boire quelque chose ? 3. Tu veux que je lui donne ton adresse ? 5. Ne l'appelle pas maintenant, elle est sans doute en train de regarder le match. 7. Il ne veut pas signer le document. 8. La glace fond au soleil. 9. Un garçon, c'est un garçon. 10. Il s'obstine à m'appeler quand je suis en train de préparer à dîner.

2 1. You can take my laptop, I don't think I will use it this afternoon. 2. I wonder what will happen. 3. She wondered what would happen. 4. Let's celebrate, shall we? 5. Would you mind opening the door? 6. You'll not be late, will you? 7. Shall I tell him to come back later? 8. Sometimes she was depressed, then, suddenly, she would burst into tears unexpectedly. 9. Would you do me a favour? 10. I would like to know what he was doing last night when I called.

3 1. He knows what he wants. 2. I don't want you to tell him/her. 3. Will you please leave him alone! 4. What do you want me to do about it? 5. Will you excuse me for a moment? 6. He won't get out of his room. 7. I don't want to hear about it./I won't hear about it. 8. They want to spend their holidays in Scotland. 9. My computer will not start. 10. All I want is to go straight to bed.

32 Autres expressions de la modalité

1 1. You'd better mind your own business. 2. Would you rather have dinner after or before the show? 3. I'd rather he didn't spend so much money on cigarettes. 4. I've told him we'd be late, you needn't call him. 5. Does he need to know? 6. He didn't need to be reminded about it. 7. You helped him but he didn't need help: you needn't have helped him. 8. He is not likely to succeed. 9. It was bound to happen. 10. She is likely to come tomorrow.

2 1. We'd better accept. 2. Are you going to Scotland? It's likely to rain. 3. I'd rather you came back before 8. 4. We need not hurry/don't need to hurry. 5. I'd rather he called me more often. 6. Did you really need to buy another camera? 7. He is likely to refuse. 8. Be sure to tell him./You'd better tell him. 9. He'd rather die than tell her he loves her. 10. You need not repeat what he says/is saying. 11. You're sure/bound to succeed. 12. You'd better not be late.

3 We'd better not show them how many we are, **hadn't we?** « Avec ou sans potion, on va leur montrer qui on est. - On ferait mieux de ne pas leur montrer combien on est, c'est tout ! »

33 L'impératif

1 1. Tell her. 2. Don't tell her. 3. Do tell her. 4. Let's tell her. 5. Don't wait for him. 6. Don't be so upset. 7. Do forget what I said. 8. Let's leave before six. 9. Let's not argue/Don't let's argue with them. 10. Do make sure you've closed the door.

2 Ne mettez pas votre vie en danger.
De grands crocodiles vivent ici/dans ces eaux.
• Ne vous mettez pas à l'eau.
• Empêchez les enfants de s'approcher du bord.
• Si vous nettoyez du poisson, faites-le loin de la berge et ne laissez aucun déchet sur place.

3 1. Wait for me. 2. Let's hurry. 3. Let's keep going. 4. Don't wash in hot water. 5. Do call me soon. 6. Let's forget it. 7. Look at that! 8. Let's have fun. 9. Do take care. 10. Don't shout./Don't scream.

34 Les réponses brèves

1 1. Yes, I did. 2. No, I don't. 3. No, I couldn't. 4. Yes, they will. 5. Yes, he has. 6. Yes, I really must. 7. No, she can't. 8. No, I'm not. 9. Of course, he is. 10. He did, but he doesn't any more.

2 1. I think so. 2. I don't think so. 3. I'm afraid not. 4. I hope not. 5. I hope so. 6. I'm afraid I can't. 7. I'm afraid not. 8. I don't think so.

3 1. "Would you like to come?" "Yes I would love to." 2. "Does he really go to the States every month?" "So I heard." 3. "Who told her/him?" "I did not." 4. "Can you lend me this software application?" "I'm not allowed to." 5. "To invent is to choose." "So they say." 6. "He has a new job." "So it seems." 7. "You could go on Tuesday." "I don't want to." 8. "Who trusts him/her?" "Catherine does. I don't." 9. "Who was scared?" "George was, they were not." 10. "What about leaving the motorway?" "If you want (to)./If you like."

35 Les *tags* et les reprises en *So…/Neither…*

1 1. isn't it? 2. didn't he? 3. have you? 4. won't he? 5. wasn't she? 6. don't you? 7. is it? 8. did they? 9. haven't you? 10. couldn't we?

2 1. He's got other fish to fry, hasn't he? 2. There's no telling what the future holds in store, is there? 3. Things aren't what they used to be, are they? 4. It's your move, isn't it? 5. He's not forgotten, has he? 6. He had to be operated on immediately, didn't he? 7. They are on a skiing holiday in the Alps, aren't they? 8. She'd rather have a house in the country, wouldn't she? 9. She hadn't met him before, had she? 10. There's a bus coming, isn't there?

3 1. Neither does he. 2. So does Lee Ferguson. 3. So has she. 4. So did they. 5. Neither did the judges. 6. Neither will his girlfriend. 7. So would he. 8. Neither am I. 9. So did Brian. 10. Neither does Helen.

36 Le pluriel des noms

1 rabbits • names • roots • dears • fields • woods • loaves • buns • bunnies • blackberries • lettuces • beans • radishes • frames
/s/ rabbits • roots
/ɪz/ lettuces • radishes
/z/ names • dears • fields • woods • loaves • buns • bunnies • blackberries • beans • frames

2 1. Wolves are a protected species in this region. 2. I need two boxes of matches/two match-boxes. 3. Cut it into two halves. 4. There has been a series of incidents. 5. The telephone is a means of communication. 6. Did Chaucer live in the Middle Ages? 7. Be careful, the stairs are steep! 8. Scottish sheep are often called black faces because their heads are black.

3 1. This independent school is financed by the fees paid by the parents of pupils attending it. 2. A snowboard is a wide ski resembling a wheelless skateboard. 3. All the major supermarket chains are developing a loyalty card. 4. A pharm is a place where genetically modified plants are grown to produce pharmaceutical products. 5. A power breakfast is a recognized occasion at which influential people can hold a high-level discussion.

4 1. "Yobs" are young people who behave in an offensive and violent way. 2. "Juice boxes" are small square boxes containing single portions of fruit juice. 3. "Road-kills" are animals killed by vehicles on roads. They are also people resembling such animals: helpless victims. 4. To avoid becoming "road-kills" on the digital highway, get faster modems. 5. Chocolates which contain a certain proportion of vegetable fat other than cocoa butter are called "vegelates".

37 Les dénombrables et les indénombrables

1 **Dénombrables**
pigs • environment • materials • area • house • sticks • vines • bricks • kiln • idyll • day • wolf • idea
Indénombrables
respect • harmony • straw • dung • clay • work • peace • self-determination

2 1. an apple 5. a good job 9. a good trip

3 1. He'll give you sound advice. 2. At last he has found a job. 3. She has made very fast progress. 4. They speak very beautiful French. 5. He collected 18th century furniture. 6. Some animals like fruit. 7. He never eats vegetables. 8. Such wisdom is rare. 9. He had a terrible headache. 10. He died from cancer.

4 1. What lovely weather!
2. You have too much luggage.
3. Could you give me some information, please?
4. He is not interested in politics.
5. I'd like a piece of fruit and a cup of coffee.
6. Spanish is the mother language of many Americans.
7. Where did you buy this piece of furniture?
8. This piece of news/The news did not surprise her.
9. The discovery of penicillin was a big step forward.
10. Business was excellent last month.

38 L'article zéro (ø)

1 Ø *(life)* : exprime une généralité
the street : c'est la rue représentant toutes les rues possibles (voir fiche 40 • B 3)
a dead end : une parmi l'ensemble comptable des impasses

2 1. Life was hard in those days.
3. Sea otters spend their lives in water.
5. Digital photography has revolutionized photography.

3 1. **The** turkey does not come from Ø Turkey. It gets its name from its cry "turk-turk" and is a native of Ø Mexico.
2. Henry VIII is **the** first person recorded to have dined on Ø turkey on Ø Christmas Day.
3. Ø Prince Albert made **the** Christmas Tree a part of **the** English Christmas celebrations when he married Ø Queen Victoria in 1840.
4. Ø Santa Claus is **the** name of a town in the U.S.A., more precisely in Ø Indiana. It was founded by Ø German settlers in 1852. In 1935 a giant Santa Claus statue was erected in **the** town park and dedicated to "**the** children of **the** world".
5. **The** ancient Romans held a feast for **the** god Saturn on Ø December 17. For several days **the** schools were closed, Ø war was outlawed.
6. Ø reindeer are **the** only deer in which both sexes have Ø antlers. In Ø (ou **the**) winter their hooves become concave, making them sure-footed on Ø ice.
7. Both **the** Romans and **the** Norsemen decorated their houses and temples with Ø evergreen on Ø festive occasions, Ø evergreen symbolising Ø perpetual life, especially in **the** dead days of Ø winter.
8. Was there really **a** star in **the** East that led **the** Three Wise Men to Bethlehem? Ø Modern wise men still don't know.

39 L'article *a/an*

1 a night/an important decision/an hour and a half/an old man/an honest fellow/a universe/an unknown species/an M.P./a member of Parliament/an appetizer/a hedge/an art gallery/an exam/a writer/an author/a huge mistake/a hair-cut/an international organization/an SOS call/a healthy outdoor life/a hot spring/a unique opportunity

2 Henry Ford, entrepreneur du Michigan, pense que n'importe quel Américain qui gagne un bon salaire devrait pouvoir s'offrir une automobile/il est amoureux des machines/ Jeune fermier/Lorsqu'enfin il obtient un poste d'ingénieur/ s'occuper de voitures/construisant des voitures de course/exploit qu'il accomplit

3 1. a pay channel 2. once a week 3. half a pound of flour 4. animal experiments 5. a computer scientist/for a job 6. a girl/what a name/a girl 7. friendly people 8. by cheque 9. men and women/a low voice 10. without a pair of gloves

40 L'article *the*

1 /ðə/: the hero • the hand • the highest building • the humour • the universe • the United Kingdom • the handsome man • the head
/ði/: the essential problem • the Olympics • the hour • the answer • the eye • the honourable man

② *all men* → il s'agit des hommes en général
Life/Liberty → notions (la vie, la liberté en général)
the pursuit of Happiness → *pursuit* est défini par le complément de nom *Happiness/Happiness* → notion
Governments → les gouvernements en général
Men → les hommes en général
the consent → défini par le complément de nom qui suit *(the governed)*
the governed → emploi de l'article *the* devant un adjectif substantivé

③ 1. Cats can see in the dark. 2. Everywhere man has cut down forests to cultivate the ground. 3. Is O'Hare airport far from the city of Chicago? 4. Do you like black coffee? 5. The coffee I drank after lunch was too strong. 6. He collects ancient books. 7. All the books on the top shelf are mine. 8. Like nearly all women she likes perfume. 9. Australia is approximately equal in area to the United States. 10. The Statue of Liberty stands on Liberty Island in New York Harbor.

④ 1. Since **the** Fukushima disaster Ø nuclear power has been questioned in many countries. 2. Ø charity begins at Ø home. 3. Kodiak is **the** home of famous brown bears. 4. Barack Obama was re-elected Ø President in 2012. 5. **The** new president swore on **the** Bible to respect **the** Constitution. 6. **The** Norman soldiers who arrived in Ø England in 1066 were followed soon by a flood of Ø Latin documents, offering a growing band of Ø scholars Ø access to **the** wisdom that had been accumulating on **the** continent since **the** fall of **the** Roman Empire. 7. **The** love of Ø money is **the** root of all evil. 8. Ø riches grow in Ø Hell. 9. Ø honesty is incompatible with **the** amassing of a large fortune. 10. He deserves **the** money he earns.

41 *This/That : montrer qqch. ou qqn*

① There are two reasons why the woman says "that (not this) waiter".
The woman can't see the waiter: he is far from her! Besides they may have been waiting quite a long time for their fish course and she is annoyed with him.

② 1. "This is London."
Phrase prononcée à Londres → this
Pendant la Seconde Guerre mondiale, les reportages de la BBC en provenance de Londres commençaient par : « Ici, Londres. »
2. "This town…"
Il s'agit de la ville où se trouvent les deux protagonistes.
« Cette ville n'est pas assez grande pour nous deux », s'exclama-t-il en dégainant son six coups.
3. "That's all, folks."
Phrase de conclusion.
« C'est tout pour aujourd'hui. »
4. "That's the way…"
Référence à un fait précédent.
« C'est ainsi. Pas possible d'y couper. »
5. "This royal throne…"
Proximité dans l'affectivité.
« Ce trône de rois, cette île porteuse de sceptre… Cette pierre précieuse enchâssée dans la mer d'argent. »

③ 1. This is Liza, and this/that is Jane. 2. They didn't have computers in those days. 3. This pair of jeans fits better

than that one. 4. I'd like to leave this here and collect it later. 5. What on earth is that you're wearing? 6. "But that's not red, it's orange!" "You didn't say what kind of red you wanted." "Well… a… red red. I don't see what's so difficult about that." 7. "Could you do me a favour?" "Sure." "I need someone to sign this." 8. "Is he coming back soon?" "Yes, he'll be back this Thursday." 9. These drawings are just delightful, don't you think? 10. Do you remember those people we met last August? I got a letter from them this morning.

42 *This/That : renvoyer à des paroles*

① "Don't say *that*, Charlie."
That reprend : "I'm the most useless person ever born."
"I knew I'd never be able to say *that*."
That reprend : "I'm sure that as you grow older you'll find that you have many talents."

② 1. This exercise will help you (to) master the use of *this* and *that*. 2. "What's on TV tonight?" "One of those films without beginning or end." 3. I can't stand that actor. 4. Is it that hard/difficult? 5. It's impossible to do it that fast. 6. It's up to you. 7. He has won the lottery. That's how he became a millionaire. 8. "He has passed." "That's good news." 9. This is what he said: "To leave or to stay, that's the question." 10. He refused to come. That's why I'm sad.

③ 1. I'd appreciate **it** if you could make them feel especially welcome. 2. **This** will be a special program: see how it works. 3. "Was **that** place a school?" "No, **it** was not a school, but still there were lots of children there. **It** was a 'camp' – **that** was the name the place had." 4. I haven't started going mad, if **that**'s what you're thinking.
5. "What do you mean, go to university? Which university?" "The university here, in the city, I could go as a day student. If they'd have me, **that** is."
"And how long have you had that idea? You've never said anything about **it** before."
"I was waiting for my results. There was no point in saying anything until I knew how I'd got on."
"You could have said something, though…" […]
"Don't be like **that**, Phil. I'm only thinking about **it**."
"And what about me? Don't I come into **it**? **It** does affect me as well, you know."
"I know **it** does. We shall have to talk **it** over, I'm not sure about **it** myself yet."
6. **It** was a bit different with me… He had a medal to prove **it**.
7. I told you **that** once.
8. **It** was good to get the Jaeger bit in… "**That** sounds nice, Bridie." … He had used her name. **That** was a good sign.

43 *The two/both/either/neither*

① « Tu peux nous tromper tous les deux de temps en temps, et l'un d'entre nous tout le temps, mais tu ne peux pas nous tromper tous les deux tout le temps. »
La traduction de *both the people* par « nous » rend nécessaire l'emploi de l'article *the* devant *people*. Il s'agit des personnages définis par le contexte. *Both people* serait rendu par « les deux personnes ».

② 1. both born 2. take either 3. neither can possibly know 4. Neither 5. both my parents/to lose both

3 1. neither book 2. both (of) my cats 3. both of them 4. neither of them 5. either of you 6. both (of) my children 7. neither tea nor coffee 8. neither of them 9. either of these exhibitions 10. either of them

4 1. I like neither. 2. Make up your mind: either you go or you stay. 3. I was both glad and sad to leave. 4. Their two children are very different and yet they were both brought up the same way. 5. "Which would you like?" "It's hard to say. I like them both." 6. They are both missing. 7. Must we give in both exercises tomorrow? 8. I've asked my way to two people. Neither was of any help. 9. He wants neither to eat nor to drink. 10. I can't be in both places at the same time.

44 *A lot/much/many (beaucoup)*

1 "Too much" refers to the quantity of water the plant has been drinking. The expression is generally used for a human being who drinks too much alcohol.

2 1. How **many** stars are there on the American flag? 2. He never eats **much** at breakfast. 3. There is **a lot of** work to be done. 4. Is there **much** work to be done? 5. Have you got **many** pets? 6. He spends **a lot of** money on clothes. 7. **A lot of** people/**Many** people think this was "**much** ado about nothing." 8. We had **a lot of** difficulty finding his house. 9. **A lot of** time was wasted waiting for people who arrived late. 10. I wish he wouldn't come: he is one too **many** on this trip.

46 *Each/every/all/the whole*

1

anglais	↔↔↔↔	■■■	⬯	⬬	traduction
Each of them received a present.		✔			Chacun d'entre eux a reçu un cadeau.
I expect you to tell me all the truth.			✔		Je m'attends à ce que vous me disiez toute la vérité.
I'm sick of the whole thing.				✔	J'en ai vraiment assez de tout ça.
Do you each have a book?		✔			Est-ce que vous avez chacun un livre ?
There's every chance that he will come.	✔				Il y a toutes les chances qu'il vienne.
Everybody knows that.	✔				Tout le monde sait cela.
This can happen at every moment.	✔				Ça peut arriver à tout instant.
Each and every one of us was convinced he was guilty.	✔ (every)	✔ (each)			Absolument chacun d'entre nous était convaincu de sa culpabilité.
All men are created equal.			✔		Tous les hommes sont créés égaux.
All's well that ends well.			✔		Tout est bien qui finit bien.

2 1. Is everything alright? 2. He complains all day long. 3. *The Economist* is published/issued every week. 4. Not everybody has a computer. 5. Each of you knows what happened. 6. Have you read the whole book? 7. All France/The whole of France watched the final. 8. All men are mortal. 9. It works every time. 10. Every time I see him, I think of my father. 11. Everybody/Everyone knows the truth. 12. I've already said everything/all (that) I know. 13. I've looked everywhere. I can't find them.

3 1. How much does he make? 2. How many matches have they won so far? 3. How many more people are you expecting? 4. How much does it weigh? 5. How many books can I borrow? 6. How much does he owe you? 7. How much is it? 8. How many telephone calls has he had? 9. How many emails did she get this morning?

45 *A little/a few, little/few*

1 1. a little money 2. few people 3. little butter 4. in a few minutes 5. a little water 6. little hope 7. a few ads 8. a little more pepper 9. little time 10. few are chosen 11. a few times. 12. little traffic 13. a few apples 14. a few more chairs 15. a little longer

2 1. very little maintenance 2. so few 3. so much beer 4. very few people 5. so many complaints 6. too much time 7. in very few countries 8. very much 9. too little rain 10. too few tourists 11. he has too little patience 12. so many places of interest 13. very few friends 14. very little information 15. one glass too many

3 1. He speaks too much. 2. I need a little time to think it over. 3. You'll have plenty of time for that. 4. She is lucky: she's got few problems. 5. There are still too many poachers in Africa. 6. Too much waste is dumped into the sea. 7. Very few women are heads of state. 8. How come so many people like this commercial/advert? 9. She said very little about their meeting. 10. "How many do you want?" "Just a few."

47 *Some et any*

1 C'est l'histoire de quatre personnes qui s'appelaient : Tout le Monde, Quelqu'un, N'importe qui et Personne. Il y avait un travail important à faire, et Tout le Monde était sûr que Quelqu'un le ferait. N'importe Qui aurait pu le faire, mais Personne ne le fit. Quelqu'un se fâcha car c'était l'affaire de Tout le Monde. Tout le Monde pensait que N'importe Qui pouvait le faire, mais Personne ne comprit que Tout le Monde ne le ferait pas. Il s'ensuivit que Tout le Monde en voulut à Quelqu'un lorsque Personne ne fit ce que N'importe Qui aurait pu faire.

2 Dans cette énumération, on ne s'intéresse pas à la quantité des produits que pourraient ingurgiter les ours mais à la nature des produits (hot dogs, poulet frit, peaux de pastèque) ; par contre, cette énumération fournit quelques *(some)* exemples des substances les plus dangereuses pour les ours.

3 1. some words 2. he doesn't have any money 3. having some problems 4. any more trouble 5. some cream 6. come any time 7. some very good white wine 8. any problems 9. we can't take any risks 10. some are more equal

4 1. anybody 2. anybody 3. something 4. somewhere 5. anywhere 6. anything 7. somebody 8. something/something 9. anywhere 10. anything

48 *No/no more/none/never/hardly*

1 1. n'… personne 2. n'… rien 3. ne… pas 4. n'… plus 5. n'… jamais 6. nothing 7. n't 8. nobody 9. hardly 10. never
1. I haven't seen anyone/anybody./I've seen no one/nobody.
2. There's nothing in this fridge!/There isn't anything in this fridge!
3. She's not lying.
4. He doesn't love me any more./He doesn't love me any longer./He no longer loves me.
5. You've never been to England?/Haven't you ever been to England?

2 1. I can't pay anything because I haven't got anything myself.
2. My Dad never thought anything bad.
3. She never said anything, Miss.
4. I never got any nickel.

3 1. no idea. 2. nothing against trying 3. no reason why 4. it's not 5. I do not want 6. Nobody/No one 7. no drinks, no cigarettes 8. Nowhere special 9. there's nothing 10. no longer

4 1. "I'd like some more coffee". "Sorry, there's none left". 2. I do not want anything./I want nothing. 3. There's no smoke without fire. 4. He left without saying anything. 5. You never think of anything. 6. Have you ever seen such a thing? 7. None of them agreed. 8. It's no trouble at all. 9. "Have you found/spotted any mistakes?" "None". 10. It hardly ever happens./It almost never happens.

49 *Les chiffres et les nombres*

2 fifty two/two hundred and forty seven/
eight thousand, nine hundred and fifty four/
sixty million/
ten million, six hundred and fifty thousand/
two thousand and ten/
four thousand, five hundred and ninety five/
four point five nine five/
Room number five O four/
telephone number : one O O two O one one seven O O

3 1. nineteen eighty four • in nineteen forty eight 2. in April eighteen sixty five 3. on November the twenty first sixteen twenty 4. on July the twentieth nineteen sixty nine 5. on July the fourth seventeen seventy six 6. a two hundred and twenty five ton • a hundred and fifty two feet • July the fourth seventeen seventy six • on October the twenty eighth eighteen eighty six.

4 1. Who was the first President of the United States? 2. For further information go to page 57. 3. In *Fahrenheit 451*, the firemen burn thousands of books. 4. He was born on June 17th 1946. 5. There are over 310 million Americans. 6. It's the third street on the left. 7. It's about one point five kilometers from here. 8. He's got hundreds of books in his collection. 9. He came second, I came fifteenth. 10. Read the first two paragraphs.

50 *Le génitif*

1 1. my husband's birthday 2. my sister's children 3. Britain's largest city 4. the beginning of the novel 5. the Kanes' new house 6. the lid of the box 7. the ladder of success 8. a girls' school 9. tomorrow's world 10. my parents' favourite pastime 11. a glass of milk 12. the price of butter 13. the cat's tail 14. Adam and Eve's children 15. the end of the film 16. anybody's keys 17. James's friends 18. the Simpsons' adventures 19. yesterday's paper 20. women's hats

2 1. On peut trouver deux interprétations : *Randy's* désigne le nom d'une boutique *(Randy's place/bakery)* ou *Randy* désigne le nom du fabricant. 2. *the Nation's favourite* : nom de pays + adjectif substantivé.

3 1. *women's magazines* = des magazines féminins 3. *a child's play* = un jeu d'enfant 5. *a very old girls' college* = une très ancienne université de jeunes filles 6. *an old people's home* = une maison de retraite 10. *a green lady's bike* = un vélo de femme vert

4 1. impossible 2. She was wearing his shirt. 3. impossible 4. It looks like her handwriting. 5. impossible 6. impossible 7. impossible 8. His bed was next to his parents' (their bed). 9. impossible 10. His son has married his daughter. (Le remplacement est impossible quand le génitif est classifiant.)

51 *Nom + of + nom/Noms composés*

1 1. meubles 2. piqûre 3. fromage 4. couleur 5. forêt 6. sorte de pomme 7. sorte de vacances 8. téléphone 9. littérature 10. bateau

2 1. *an election campaign* = une campagne électorale 2. *a blood donor* = un donneur de sang 3. *a horse race* = une course de chevaux 4. *a weather satellite* = un satellite météo 5. *a pocket calculator* = une calculette 6. *a race horse* = un cheval de course 7. *a welfare worker* = une assistante sociale 8. *the computer industry* = l'industrie informatique 9. *a music lover* = un mélomane

3 1. Old cars did not always have safety belts. 2. Children should sit in the car's back/the back of the car. 3. I've lost a ten-pound note. 4. There have been fewer road accidents this year. 5. You can use your credit card. 6. The government's decision has not been called into question. 7. These wine glasses are old. 8. Would you like a glass of wine? 9. Do you know the name of the street? 10. Where is the manager's office?

52 Adjectifs épithètes/Adjectifs en -*ed* et -*ing*/Adjectifs composés

1 Les adjectifs sont : *pleased/bad tempered/pretty.*
L'adjectif *bad tempered* est composé de adjectif *(bad)* + nom *(temper)* + ed.

2 1. an intrepid young woman 2. this prizewinning French writer 3. lovely thick black hair 4. an increasingly active social life 5. a beautiful new German car 6. a most interesting remark 7. this absolutely incredible story 8. a small black wooden box 9. anything special 10. the person responsible for the delay

3 1. interested 2. very boring 3. very surprised 4. feel embarrassed 5. disappointed 6. it's disgusting 7. so bored 8. it's shocking 9. in shocked silence 10. depressing

4 1. Is your car air-conditioned? 2. This jam is home made. 3. Edward Hopper is a world famous painter. 4. She only thinks of herself: she is pretty self-centred. 5. That was certainly a time-consuming task. 6. Inner cities are run-down areas. 7. How come you are so sun-tanned? 8. My boyfriend is a broad-shouldered, flat-footed man, he wears tight-fitting jeans and drives a brand new compact car.

53 Adjectifs attributs

1 1. sleeping dogs 2. he was fast asleep 3. burnt alive 4. a living soul 5. a drunken party *(une soirée bien arrosée)*

2 1. drunk with success 2. ashamed of 3. glad to hear 4. happy days 5. a satisfied customer

3 1. satisfied with 2. aware of 3. responsible for 4. afraid of 5. good at telling 6. sorry for/about 7. different from 8. furious at him for being stood up 9. amazed at/by 10. upset about

4 1. It's a very interesting piece of news. 2. Glad to have met you! 3. It's too good to be true. 4. His/Her car is navy blue. 5. He is looking for the man responsible for the accident. 6. I've got something good to offer you. 7. She lives alone. 8. *The Heart is a Lonely Hunter* is a famous novel by Carson McCullers. 9. He is furious at my lying to him/with me for lying to him. 10. It's a mere formality.

54 Adjectifs substantivés/ Adjectifs de nationalité

1 1. by the old and the handicapped 2. a blind woman 3. from the rich to give to the poor 4. for the young 5. the wounded 6. for the dead 7. the unemployed 8. this homeless person 9. the sick

2 1. About 4,000,000 **Irish people** immigrated to the U.S. between 1820 and 1940.
2. About 186,000 **Italians** immigrated to the U.S. in the sixties.
3. About 36,000 **Chinese** immigrated to the U.S. in 1995.
4. About 90,000 **Mexicans** immigrated to the U.S. in 1995.
5. About 10,000 **Norwegians** immigrated to the U.S. in the fifties.
6. About 14,000 **Poles** immigrated to the U.S. in 1990.
7. About 795,000 **French people** immigrated to the U.S. between 1820 and 1995.
8. About 660,000 **Indians** immigrated to the U.S. between 1820 and 1995.
9. About 13,000 **British people** immigrated to the U.S. in 1995.
10. About 56,000 **Eastern European**s immigrated to the U.S. in 1995.

3 1. The English and the Scots like rugby. 2. The Americans like basketball. 3. I've met a Frenchman who wants to emigrate to Australia but he does not speak English. 4. Lots of Irish people emigrated to the United States at the turn of the century. 5. Some Vietnamese speak French. 6. He is a typical Welshman. 7. Few English people feel European. 8. The Japanese drive on the left. 9. Magellan is a famous Portuguese. 10. This young man has lost his passport.

55 Les comparatifs

1 *smaller* : comparaison entre deux éléments *(my garden/ Rome)*
harder : comparaison entre deux éléments *(my pilum/your sternum)*
« Mon jardin est plus petit que Rome mais mon pilum est plus dur que votre sternum. »

2 closer • freer • more narrow-minded • more stubborn • better • quieter • livelier • more • sillier • hotter

3 1. as fast as 2. far easier than 3. for more than 4. as cheery as 5. as big as 6. the same shoes as 7. as quick as 8. as likely as 9. as red as 10. the same day as

4 1. Do you feel any better? 2. It's not as easy as it looks/ sounds. 3. I'll have the same as you. 4. The more I know him, the more I love him. 5. He earns three times as much as I do. 6. I'd like further information. 7. My elder/eldest sister was born in December. 8. "What time are we leaving?" "The sooner the better." 9. Your work is slightly better than last time. 10. They've got less and less spare time and yet they've got more and more computers.

56 Les comparatifs en *less*/ Les superlatifs

1 most beautiful • whitest • bluest • best • freshest • funkiest • most expensive.
Most restaurants signifie « la plupart des restaurants ».

2 1. the most famous • greatest 2. the best 3. the cleverest 4. the earliest 5. the worst 6. the most comprehensive 7. the shortest 8. the youngest 9. the world's wealthiest 10. the best-known

3 1. the best whisky 2. older • more cautious 3. at the most senior level 4. the longest 5. a more pleasant means 6. the most gratifying 7. more widely spread and written 8. a little quicker

4 1. She's got the best marks in the class. 2. You've got less work than me now. 3. We have fewer expenses this year. 4. It's the easier of the two. 5. What I like most/best in this film is the end.

57 Les pronoms personnels/ Les possessifs

1 1. We will soon call 2. without them 3. beside it 4. not he who 5. they thought 6. at her 7. Is it still regarded 8. They tried 9. as him 10. It's her.

2 1. Her baby 2. his friends 3. its name 4. their parents 5. her ambition 6. his house 7. its library 8. its colonies 9. their favourite sport 10. its Tate Modern

3 1. They have forgotten to take their passports. **2.** The paint is wet. Don't put your hands on the wall. **3.** Has every pupil brought their books? **4.** They have changed their minds. **5.** Does she dye her hair?

4 1. Is he a friend of theirs? **2.** It's no fault of his. **3.** This house became hers in 2010. **4.** but the place is not ours. **5.** What's mine is yours.

1 1. He can do it himself. **2.** Did you hurt yourself/yourselves? **3.** Did they enjoy themselves? **4.** Have you helped yourselves? **5.** We had to convince ourselves to do it rapidly.

2 1. Look at him • pleased with himself **2.** very fond of each other **3.** about me **4.** help each other **5.** by being oneself **6.** about her • by herself **7.** respected each other **8.** in front of you **9.** knocked himself **10.** by himself

3 1. It happened very quickly. **2.** They have quarrelled and no longer speak to each other. **3.** When he is on his own, he speaks to himself. **4.** "Where is she?" "She's getting ready." **5.** On Sundays, they do nothing. They relax. **6.** He realized it was too late. **7.** They met in 1999. **8.** Those people hate each other. Don't invite them together. **9.** She said to herself/She thought: the sooner the better. **10.** They held each other's hands.

4 Le chat se regarde lui-même dans le miroir ➜ emploi d'un pronom réfléchi.
Traduction proposée : Vous vous voyez/Tu te vois comment ?

1 Ce placard publicitaire rappelle aux habitants de Nashville (Tennessee) l'existence dans leur ville d'un organisme destiné à promouvoir la sécurité, la santé, le bien-être de tous les habitants en menant des actions pour la bonne entente entre les différents groupes ethniques.
Dans leur slogan, l'emploi de *one* met en valeur l'objectif de création d'une seule ville unissant tous ceux qui y vivent. On peut y trouver un écho de la devise des États-Unis : *E Pluribus Unum (Out of many, one)*.
Traduction proposée : « Une seule ville pour tous. »

2 1. On ne devrait pas mettre la charrue avant les bœufs. **2.** Il y a dix ans, on ne connaissait pas cette maladie. **3.** Souvent, on n'a pas le choix. **4.** Dans une boutique : « On s'occupe de vous ? » **5.** Pancarte sur la porte d'un restaurant : « On demande des plongeurs. » **6.** On ne dirait pas qu'elle est si malheureuse. **7.** On dit qu'il est guéri. **8.** On m'a donné une heure pour prendre une décision. **9.** On pense qu'il a caché la vérité. **10.** On a décidé d'y aller ensemble.

3 1. In China, they eat with chopsticks. **2.** Four people are reported/said to have been wounded. **3.** The date could have been changed. **4.** You'll be given further information later on. **5.** Somebody has brought this parcel for you. **6.** Keys must be left at the reception desk. **7.** I was told to wait. **8.** One can't think of everything. **9.** We haven't got much to say to you. **10.** In those days, they didn't have computers.

4 1. the other ones/the others **2.** Helen's Ø/her brother's Ø **3.** just a short one **4.** the white ones **5.** to get you one **6.** his was a better one **7.** a couple of minor ones **8.** his mother's Ø **9.** every one **10.** I write one

1 1. can foresee **2.** being reprinted **3.** they were misled **4.** dreadfully overworked **5.** to upgrade your skills **6.** an outlet for their energy **7.** was disorganized **8.** so unreal **9.** the underprivileged **10.** was completely irrelevant

2 *hopeful* = nom + *ful* ➜ adjectif • *forgetfulness* = adjectif + *ness* ➜ nom • *fatherhood* = nom + *hood* ➜ nom • *useless* = nom + *less* ➜ adjectif • *reddish* = nom + *ish* ➜ adjectif • *partnership* = nom + *ship* ➜ nom • *weakness* = adjectif + *ness* ➜ nom

3 *forgetless* ➜ non : impossible de former un adjectif avec verbe + *less* • *aimless* ➜ oui : nom + *less* = adjectif • *happiless* ➜ non : impossible de former un adjectif avec adjectif + *less* • *penniless* ➜ oui : nom + *less* = adjectif • *hopeful* ➜ oui : nom + *ful* = adjectif

4 1. admission **2.** an outstanding photographer **3.** his laziness **4.** Such carelessness is unforgivable. **5.** usually harmlessly **6.** My kingdom for a horse! **7.** the wisdom **8.** its loveliness • nothingness **9.** Knowledge • information

5 1. The economic situation has improved. **2.** This advert/advertisement has been banned in the United States. **3.** He is very keen on photography. **4.** This photo/photograph was taken in 1915. **5.** We are all more or less conditioned by advertising. **6.** This girl is a workaholic. **7.** The atmosphere was electric.

1 *Two schoolmates on the phone...*
Joe – Hi, Brian. This is Joe. I'm terribly sorry you failed your exam. I just don't understand. It's really unfair. You seemed the best in our class. It's really tough luck but don't despair. I'm sure it'll be all right next time. I hope you're not taking it too hard. Your parents must be so worried about you. Mine would be too. I would be devastated if I were you. Anyway, I want you to know that the whole class really feels concerned about you. If there's anything we can do, just let us know. How annoying, really. It must have come as a shock to you. You of all people! It's really too much.
Brian – Actually, Joe, you're all mistaken. I actually passed my exam. I wasn't on the list because my school report was so brilliant that the examiners decided that I didn't have to take the tests! You must be relieved now.
Joe – What?! But that's unfair. That's... disgusting!

2 1. May I have some more ice cream? **2.** We are not allowed to smoke here. **3.** Do you need my passport? **4.** Personally, I take a different view. **5.** You don't look your age at all. **6.** What does it taste like? **7.** How far is it from here? **8.** Let me explain what that means. **9.** How I wish you'd confide in me! **10.** Do you still have the address in mind?

3 1. Did you sleep well? **2.** How many essays did you have to write this week? **3.** How many of you went to his party? **4.** What did you do last night? **5.** Who did it? **6.** How long ago did it happen?/When did it happen? **7.** What happened when you told him you would not come? **8.** What does she look like?/What is she like? **9.** How is she? **10.** What couldn't he help doing? **11.** Whose video game is it?/Whose is this video game?

62 Verbe + verbe en -ing

1 1. She enjoyed meeting him. 2. She thinks this film is worth seeing. 3. They finally stopped quarrelling. 4. He considered taking the job. 5. He doesn't mind getting up at five. 6. He acknowledged seeing him yesterday. 7. He denied telling her. 8. He regrets blowing up the way he did. 9. They admitted leaving at 8. 10. She suggested going to the restaurant for a change.

2 1. Stop complaining! 2. He can't bear waiting. 3. She kept on crying all night long. 4. They hate being early. 5. The station is far away. Did he really suggest walking there? 6. It's not worth/There's no use calling him. I'm seeing him tomorrow. 7. When did she give up playing the piano? 8. I don't fancy spending my holidays in a town. 9. He spends all his time surfing on the net/the Internet. 10. My cat can spend hours watching the rain.

3 1. I couldn't help overhearing what they said. 2. Would you mind accompanying her? 3. Did he manage to get to the airport in time? 4. Have you ever considered living abroad? 5. He refused point blank to discuss the matter. 6. I enjoy not having to work on Saturdays. 7. I fail to understand what this letter means. 8. They will certainly agree to come back later. 9. Have you really decided not to answer? 10. I prefer driving to being driven.

63 Les propositions en V-ing

1 1. After walking for three hours, we stopped to let the others catch up with us. 2. She always has a cup of hot milk before going to bed. 3. He left the room without saying goodbye. 4. She burst into tears on reading the letter. 5. Do your homework instead of playing that stupid game! 6. He managed to translate the whole text without using a dictionary. 7. She annoyed me by contradicting him all the time. 8. He was heavily fined for exceeding the speed limit. 9. He spoke after closing the door. 10. You surprised us all by refusing so bluntly.

2 1. He won't approve of his daughter('s) coming back home so late. 2. She was amazed at his/him forgetting to call her. 3. Do you mind my/me sitting here? 4. They worry about never seeing her again. 5. She is not used to having to drive on the left. 6. He resented her being unjustly accused. 7. He could not bear being kept standing at the door. 8. He was furious at her refusing to lend him ten pounds. 9. I regret your/you having to leave so early. 10. We were not happy about leaving him alone.

3 1. It's not worth worrying. 2. He prefers surfing on the net to watching TV. 3. You can't make an omelette without breaking eggs. 4. After a while, I got used to living on my own/alone. 5. After wasting time quarrelling, we/finally agreed to spend our holidays in Greece. 6. I'm not very keen on swimming. What about playing tennis instead? 7. I'm not keen on his/him coming. 8. She insists on being warned. 9. Now that he has retired, he has taken to staying in bed till noon. 10. Making phone calls/Using a phone when driving is dangerous.

64 Verbe + to + verbe

1 1. She wants him to keep quiet. 2. He begged her not to let him down. 3. This supporter expected them to play better.

4. The steward asked him/her to stop using his/her mobile phone. 5. He promised her not to do it again.

2 1. She wants us to be back before midnight. 2. He prefers me not to call him after ten./He'd rather I didn't call him after ten. 3. This teacher does not allow us/the students to use a dictionary in class. 4. I didn't expect him to accept. 5. Were you reminded to take your passport? 6. He wanted us to call the hospital first. 7. He wanted nobody to recognize him./He did not want to be recognized by anyone. 8. Would you like me to leave now? 9. I will wait for him to call me before writing to him. 10. He was ordered/told to keep quiet.

3 *Stop* est suivi d'un verbe *(attack)* + *-ing* car *attack* est une action déjà réalisée. (Voilà pourquoi ils ont arrêté de nous attaquer.)

4 1. posting 2. to post 3. to leave 4. leaving 5. teasing 6. to take *(= s'arrêter pour prendre des photos)* 7. putting (try + V-ing = *tenter une expérience*) 8. to make (try + to + V = *faire un effort pour obtenir qqch.*) 9. to feed 10. swimming *(expérience passée)*

65 Make, have, get

1 *The Romans made me join the legion.*
Je n'ai que le temps de graver un mot. Les Romains m'ont fait m'engager de force dans la légion. Partons en Afrique. Adieu pour toujours.

2 1. made me repeat 2. had their car removed 3. makes me laugh 4. he never had his novel published 5. have it done 6. I won't have it repeated *(= je ne veux pas que ça soit répété)* 7. they made us wait 8. I'll make them do it 9. we must have it cut 10. it makes my friends choke

3 1. He can't speak English: he couldn't make himself understood when he travelled in India. 2. Can't you make him do it for you? 3. Do you clean the windows or do you have them cleaned? 4. How often do you have your car serviced? 5. What made you believe he was so young? 6. During the holidays I have my mail forwarded by a neighbour. 7. To prove his point he made me read the letter again. 8. Some English people have their milk delivered at the door in the morning. 9. He finally had his proposal accepted. 10. They were made to pay for the broken windows.

4 1. Let the dog out. 2. She was made to speak. 3. I had the luggage brought up. 4. Don't blackmail me! 5. "You should write to him/her." "You can't make me do it!" 6. I'll let him/her know you can't come. 7. This morning he couldn't start his motorbike. 8. Sorry for keeping you waiting.

66 Les relatives (1)

1 1. *the eye* **that sees it is** all
that a pour antécédent *the eye*/*that* sujet de *sees*
2. *by reading* **all the novels** **you can**
relatif Ø a pour antécédent *the novels*/Ø COD de *can (read)*
3. *a book* **I particularly admire**
relatif Ø a pour antécédent *a book*/Ø COD de *admire*
someone **who never brings it back**
relatif *who* a pour antécédent *someone*/*who* sujet de *brings*
4. *a poem* *yet* **whose end I knew**
relatif *whose* a pour antécédent *a poem*/*whose* génitif (complément du nom *end*)
5. *the poem* **which we have read**
relatif *which* a pour antécédent *the poem*/*which* COD de *have read*

214

that **to which we return with the greatest pleasure**
relatif *which* a pour antécédent *that/which* COI de *return (to)*

(2) Phrase 2 *which made him look very serious*
→ *that made him look very serious*
Phrase 4 *who makes a comeback*
→ *that makes a comeback*

(3) **1.** My friend's daughter, **who is only 19**, has passed the exam with honours. **2.** The book **which I told you about a month ago** has become a best seller. **3.** Have you found the CD **you were looking for**? **4.** The 2011 storm, **which nobody expected**, blew down many trees. **5.** Some of the postcards **that I sent from India a month ago** have not arrived yet.

(4) **1.** a neighbour who **2.** her husband who **3.** the snow which **4.** a flat which **5.** very few people who

(5) **1.** My brother who lives in San Diego will come to France this summer. **2.** My brother, who lives in San Diego, will come to France this summer. **3.** She was wearing dark clothes which made her look old. **4.** She was wearing dark clothes, which her boyfriend did not like. **5.** This picture, which was painted in 1980, costs a fortune.

67 Les relatives (2)

(1) **1.** the articles Ø/which/that **2.** a friend of mine who **3.** little Ø/that **4.** a man who **5.** a question to which **6.** the first thought that/which **7.** those who **8.** the people Ø/who/whom/that **9.** All that **10.** that girl whose name

(2) **1.** Above the door there was a notice which/that said "To the boats". **2.** From the window she could see the green valley through which the railway line ran. **3.** Kathleen, whose husband was very wealthy, had never had to work. **4.** Thank you very much for the present Ø/that/which you sent me. **5.** The car crashed into a queue of people, two of whom were injured. **6.** The man who answered the phone said Sandra was out. **7.** This is the form Ø/that/which you must fill up. **8.** I wish we had a garden in which I could play. **9.** I had tea with a friend whose visit I did not expect. **10.** I visited several flats, most of which were too expensive.

(3) **1.** This is Helen, whose husband works with me. **2.** This is the friend Ø/who/whom I have so often told you about. **3.** Do you know the painter whose works are exhibited at the Tate Gallery at the moment? **4.** What animal are you most scared of? **5.** It's a country whose culture I like. **6.** They have three children, two of whom live abroad. **7.** The disease Ø/which/that she suffers from is very rare. **8.** He owned an estate whose garden sloped down/stretched down to the river. **9.** He is a man Ø/who/whom we know nothing about. **10.** Do you know the owner of the house whose windows are broken?

68 What et which/What et How

(1) **1.** which to read first **2.** Which of your sisters **3.** what day **4.** What delayed you? **5.** Who was that? **6.** What can I offer you, then? **7.** Which would you prefer…? **8.** Who do you want…? **9.** Which do you want? **10.** He doesn't know who is who yet.

(2) **1.** I'm sure she knows what she has done. **2.** This is what teenagers are like these days. **3.** I could feel he was watching me, which made me feel nervous. **4.** He intends to leave home, which upsets his mother. **5.** He always gave what she asked. **6.** I did what I could, which was not much.

7. Show me what you've bought. **8.** She didn't know how to use this software, which made it difficult for her to get the job. **9.** What I don't understand is why she is nowhere to be seen. **10.** He rang her up at midnight, which was a crazy thing to do.

(3) **1.** Je suis sûr(e) qu'elle sait ce qu'elle a fait. **2.** C'est ainsi que sont les adolescents de nos jours. **3.** Je sentais qu'il me regardait, ce qui m'énervait. **4.** Il a l'intention de quitter la maison, ce qui bouleverse sa mère. **5.** Il lui donnait toujours ce qu'elle demandait. **6.** J'ai fait ce que je pouvais, et ce n'était /ce qui n'était pas grand-chose. **7.** Montre-moi ce que tu as acheté. **8.** Elle ne savait pas se servir de ce logiciel, ce qui fait qu'il lui a été difficile d'obtenir ce travail. **9.** Ce que je ne comprends pas, c'est pourquoi on ne la voit nulle part. **10.** Il l'appela à minuit, ce qui était stupide.

(4) **1.** What he told you is true. **2.** I have not understood all (that) he said. **3.** He will not come back, which makes me feel very sorry/, which worries me a lot. **4.** He has done all (that) he could. **5.** She told me she had no money, which is wrong. **6.** You don't know what you want.

(5) **1.** What a shame he left! **2.** What dreadful/bad weather! **3.** How hard/difficult it is! **4.** What a good idea! **5.** What an interesting piece of information! **6.** I noticed how serious they were. **7.** How late you are! **8.** You can't imagine how much I love him/her.

69 Les subordonnées en *when* et *if*

(1) On pourrait remplacer *when* par *if* (en passant d'un sens temporel : « lorsque… » à un sens conditionnel : « si… ») dans le segment *when we let freedom ring*, *when we let it ring*.
Le second segment comportant *when* est greffé à *that day* (*that day* **when** *all of God's children… **will be able** to join hands and sing in the words of the old Negro Spiritual…*) : il s'agit d'une proposition relative.

(2) "If you don't find it" is the conditional sentence. It refers to the future: "not find it" is still possible.

(3) **1.** I'll give you my new address as soon as I arrive. **2.** We'll go as soon as you're ready. **3.** Will a day come when they will all be free? **4.** When will he make a decision? **5.** I don't know when he will make a decision. **6.** I will feel far (much) better when he has made a decision. **7.** You'll feel better when you've had something to eat. **8.** You had told me you would fix dinner as soon as you came back. **9.** We'll be able to buy a new car when we have sold this one. **10.** We'll be able to buy a new car when we earn more money.

(4) **1.** if you go **2.** If I had seen the signal **3.** I would have tried **4.** if I had more time **5.** if you took **6.** if it had not rained **7.** If you speak more slowly **8.** if he didn't work **9.** unless I work **10.** if I were you

70 Because/So… that/Though/As

(1) **1.** lien de cause **2.** lien de cause **3.** lien de but **4.** lien de conséquence **5.** lien de cause **6.** lien de but (de façon que) **7.** lien de cause (parce que) **8.** lien de cause (comme) **9.** lien de cause (puisque) **10.** lien de conséquence (si…que)

(2) **1.** He felt **as though** he had been plunged into another century. **2.** I knew they were all listening, **though** none of them looked at me. **3.** Do **as** I say, not **as** I do. **4.** I put a note beside his cereal bowl **so that** he would be sure to see it. **5.** She married him **because** he was extremely rich. **6.** The

lecture was so boring **that** we nearly fell asleep. **7.** I am an early riser **whereas** he loves lying in. **8. Since** you're already here, you might as well stay. **9.** You'll have to come **even if** you don't like it. **10.** I love him all the more **because/as** he understands me.

3 **1.** I liked the film **even though/although** it was packed with action. **2.** I went to work **although/even though** I was not feeling well. **3.** I imagined he was English **whereas** he is Scottish actually. **4.** Don't talk to me **as if** I were a child. **5.** Every cloud has a silver lining **as** you can see. **6.** I'll leave early **in order to** arrive on time. **7.** I stopped playing **because** it was too easy. **8.** I will come **since** you ask me.

---

71 Discours direct/
Discours indirect (1)

1 **1.** told him **2.** she said **3.** she said • to tell the truth **4.** he said **5.** are you saying? • Let's say • So tell me.

2 **1.** He **wanted to know** when the train would arrive. **2.** He remarked there was little he could do about it. **3.** Her parents were very strict: they **forbade** her to speak to him. **4.** Linda **suggested** that we should rent a car for the weekend. **5.** She was perplexed and **wondered** if it would be easy to reach a compromise. **6.** They **confirmed** that they were dead certain they had never seen that man. **7.** After reading my application letter carefully he **advised** me to shorten the last paragraph. **8.** The teacher **encouraged** the students to look on the bright side of things and to keep going. **9.** We looked a bit lost, so they kindly **enquired** what we wanted. **10.** He took her by the hand and **asked** her to marry him.

3 **1.** They asked **me if/whether I** knew (s)he was getting married. **2.** She wanted to know **how often I went** to the museum. **3.** They asked me **if/whether I thought he would sign** the letter. **4.** He asked **me if he had to go** to school **that** morning. **5.** He wondered **what she was like**. **6.** They wanted to know **how much I made**. **7.** She asked him **when he was** coming. **8.** She wondered **why I had killed him**. **9.** You asked **me where I had got** (US : gotten) it. **10.** He wanted to know **how old I was**.
L'emploi des pronoms dépend du contexte. Les verbes d'introduction que vous avez choisis peuvent être différents de ceux qui sont proposés ici. Mais la transposition des temps et de la structure est obligatoirement celle qui est proposée.

4 **1.** He suggested **that I took his** advice. **2.** She told **me not to answer**. **3.** He wanted **him to call** the manager. **4.** He advised **me not to get worked up**. **5.** He wanted **me to leave him** alone. **6.** She asked **me to keep my fingers crossed**. **7.** He ordered **them not to panic**. **8.** She wanted **them to stop beating** about the bush. **9.** He suggested **going to** the concert. **10.** She recommended **her not to worry** and told **her she would manage**.

---

72 Discours direct/
Discours indirect (2)

1 **1.** He said he would go along with that. **2.** Yesterday he told me that he had left his job. **3.** They pointed out that they had had good reasons to react. **4.** He mentioned that if he didn't help them he would send those letters. **5.** He explained that he had been awarded a scholarship to study at Oxford. **6.**

She declared that personally she would not buy that idea. **7.** She replied that she had never liked action-packed movies. **8.** You stated that it was bound to happen.

2 **1.** Three days have passed and I remember that at breakfast, that morning, he had said he would be very busy that day. **2.** A week ago, I heard you say that you had promised to meet him at the airport that evening. **3.** Before leaving London, a month ago, he had asked her where she would be the next day in case he had to ring her. **4.** A week after, he explained to her that he was sure he had called her a long time before.

3 **Brenda:** I have really tried hard. I have done a lot of sport. I have been very careful with my food. I have listened to your advice. I have avoided cakes. I have been positive. I have made an effort. But look at me now: I'm tired, depressed and I've lost only one pound!
Doctor G.: Yes but have you tried our SUPERSLIM tablets? It's a new formula. It works wonders.
Brenda: No, I haven't but I will! I'm feeling better already! Thank you, Doctor.

4 *Exemple de transposition (d'autres verbes d'introduction sont possibles):* The woman said to herself that she could not. She declared that she would not. She said she must. She thought she would die if she tried. On the other hand, she felt quite sure she would die if she did not try. She decided she would. She shouted she had done it but then she asked herself what she had done. (She regretted what she had done.)

---

73 Les subordonnées en ø ou *that*

1 **1.** Do you think Ø you'll have finished by tomorrow? **2.** It's strange that Fiona shouldn't be here. **3.** I must admit Ø he's a very good actor. **4.** He answered that her argument was consistent. **5.** They argued that the news report must be wrong. **6.** It is likely that you'll meet his girlfriend at the party. **7.** Do you believe Ø he lied to you? **8.** I suppose Ø he hasn't been very faithful to me. **9.** His tone clearly suggested that they had reached a conclusion. **10.** It's natural that she should be so pessimistic.

2 **1.** I admit I was wrong. **2.** They suggested that I (should) postpone my trip. **3.** I have confirmed that we would arrive on the fifth. **4.** Do you really think it's her/his fault? **5.** He has insisted that I should visit him/come and see him. **6.** It is certain that he will accept./He is bound to accept. **7.** It's incredible that she should have come so quickly. **8.** Has he answered that he agrees? **9.** Since the weather is fine and since I've got nothing to do I'll go for a walk. **10.** If you meet him and if you've got time to speak to him, tell him to send me an e-mail.

3 **1.** I was devastated when I heard **what** happened to you. **2.** There is no doubt **that** we're the best. **3.** I suppose Ø/**that** she has high expectations. **4.** Tell me **what** you'd like to drink. **5.** Did you tell him Ø/**that** I won't come? **6.** He likes fiction better **than** poetry. **7.** It's likely **that** she'll win the tournament. **8.** I'd rather stay at home **than** go shopping. **9.** I can infer from **what** you're saying **that** you'd like me to understand **that** I should improve my work. **10.** I want you to know **that** we all feel concerned about you. **11.** We never discovered **what** made him react so abruptly **12.** I remembered Ø/**that** I had forgotten to give him my address. **13.** I'm sure Ø/**that** he didn't mean **what** he said. **14.** The street is quieter on Sunday mornings **than** on weekday afternoons. **15.** It's likely **that** they will arrive tomorrow morning.

74 Les prépositions

1. **1.** to the country • from the hectic life • in London **2.** to come back to my hometown **3.** at the crossroads **4.** on the top of the page **5.** into the kitchen **6.** we all jumped into the swimming pool **7.** from Highgate to Central London **8.** to another branch in the suburbs

2. **1.** on a snowy day • in August • in summer **2.** During World War II **3.** for two hours **4.** from 8 to 5 **5.** during the holidays **6.** on wet days • in fine weather **7.** since Christmas **8.** at six • on time

3. **1.** like your brother **2.** as a teacher **3.** among other things **4.** between five and six **5.** by Ø Wednesday **6.** to London • he let himself into the flat **7.** at the end **8.** if it went on fire **9.** on a farm **10.** on the first floor

4. **1.** I have promised him a reward. **2.** She teaches them English. **3.** Have you told her this incredible story? **4.** He sent them a letter yesterday. **5.** Has he shown it to you?

5. **1.** Can you help me find a present for him? **2.** I've bought him/her a T-shirt. **3.** I'll give it to him/her tomorrow. **4.** Can you get me a glass of water, please? **5.** He often tells us funny stories.

75 Les adverbes

1. **1.** There's still something **2.** his homework yet **3.** You're late, again! **4.** he still doesn't understand **5.** he hasn't understood yet/I'll have to explain to him again **6.** ever again **7.** Is it still raining? **8.** Has it yet begun to rain?

2. **1.** I think, **therefore** I am. **2.** This book is excellent, **besides**, it is likely to help the students. **3.** Computers are becoming easier to use, **furthermore**, they're becoming cheaper. **4.** I expected her to be ordinary, **actually** she was very attractive. **5.** Button up your coat, **otherwise** you'll catch a cold. **6.** It sounds very strange, **and yet** it is true. **7.** It was snowing very hard but I drove to his place **anyway**. **8.** He will probably agree. You never know, **though**.

3. **1.** He who is absent is **always** in the wrong. **2.** Nothing in the world will **ever** make me talk. **3.** I've **often** told him not to do that. **4.** They **sometimes** play role games all night. **5.** He has **repeatedly** said he wouldn't come on Tuesday. **6.** She **occasionally** missed him but **hardly ever** mentioned it to anyone. **7.** We **seldom** visit our neighbours any more. **8.** "Can you park your car near your workplace?" "I **usually** can." **9.** He has **always** been that way. **10.** She doesn't **often** smile.

4. **1.** She put the packet/parcel carefully on her/his desk. **2.** He plays chess beautifully/very well. **3.** Surely, you know my husband? **4.** Eventually, it stopped raining. **5.** It's only six and night is already falling. **6.** I enjoyed it very much. **7.** It's not summer yet, and yet it's nearly as warm. **8.** To be sure, it's not summer any longer, yet it's rather warm.

76 La ponctuation

1. La virgule après *no* supposerait que l'on marque un léger temps d'arrêt. Or *no* porte directement sur *smoking*. On ne peut donc pas séparer les deux mots.

2. Le panda mange, tire un coup de feu et s'en va.
Le panda mange des pousses et des feuilles.

3. **1.** Did you tell him you'd certainly be late? **2.** Don't tell him how old she is. **3.** "Everybody had a good time," she said. **4.** What hurts me – what really hurts me – is that he didn't try. **5.** Her husband, who is nearly seventy, still works. **6.** The man Ø who gave her such a present Ø must be very rich. **7.** That's the reason Ø why so many people like her. **8.** She went home Ø because she was tired. **9.** He is not only an architect Ø but also a painter. **10.** You can go to the party, but please be back before midnight.

4. **1.** I only met him ten minutes ago.
"We believe in logistical formative alliances," he's saying in a nasal, droning voice, "both above and below the line."
"Absolutely!" I reply brightly, as though to say: Doesn't everybody?
Logistical. What does that mean, again?
Oh God. What if they ask me?
Don't be stupid, Emma. They won't suddenly demand, "What does logistical mean?" I'm fellow marketing professional, aren't I? Obviously I know these things.
And anyway, if they mention it again I'll change the subject. Or I'll say I'm post-logistical or something.
2. Monday. **A** little before ten, Uta is at the gallery already. **Y**ou can't get there earlier than she does. "Morning Peter," she calls from the back in her exaggerated German accent.

5. **1.** I met Mary Anning in Lyme Regis, where she has lived all her life. It was certainly not where I expected to live. London was, of course, specifically Red Lion Square, where we Philipots grew up.
2. You ask an Englishman: "What's Princess Anne like?" and the Englishman says: "**W**ell, you must remember she's still very young, she's new to all this, after all she's only twenty, you can't expect–" **A**nd all you said was: "What's she like?" But they're very impressed by her horsemanship, they tell you with great pride: "**S**he's good enough to ride for England."

77 Groupes de souffle, mise en relief et liaisons

1. **1.** I'm rooted to the spot | ten yards away from the door | holding the Costa coffee tray | I know I shouldn't eavesdrop | but I can't stop myself.
2. This morning | she wore a pink-and-white striped dress | which she had chosen and put on by herself | backwards.

2. **1.** We can walk. It's not **that** far. **2.** Of course, you know **my** views on modern art. **3.** Actually, you can **feel** the animosity between them. **4.** I'm sure she's doing a **marvellous** job. **5.** **One** piece of good news, I've found your wallet.

3. **1.** He's an angel. *(4 mots)* **2.** I'll read it tomorrow. *(5 mots)* **3.** Anyway, I adore it. *(4 mots)* **4.** I bought it in a sale. *(6 mots)* **5.** Enough is enough. *(3 mots)* **6.** I know her mother, of course. *(6 mots)* **7.** What a pity you did not see me before you went. *(11 mots)* **8.** You know what? I'm happy. *(6 mots)* **9.** What else do you want? *(5 mots)* **10.** Half of it will be enough. *(6 mots)*

4. **1.** I first discovered I was going deaf about twenty years ago. | For some time before that | I'd been aware that I was finding it increasingly difficult to hear what my students were saying, | especially in seminars, | with anything from twelve to twenty of them sitting round a long table.

2. This place is exactly like your home or mine. | Expensive furniture | servants everywhere | boring food and unlimited drink. | We can eat all our meals here | get our mail | read the newspapers | take a nap and if we get too drunk | fall into a cab | we can even get a bed for the night. | The only difference between an Englishman's club and his home is that there are no women in his club.

⑤ **1.** He gave her | cat food.
Il lui a donné de la nourriture pour chat.
He gave her cat | food.
Il a donné de la nourriture à son chat.
2. She slipped | on her new shoes.
Elle a glissé sur ses chaussures neuves.
She slipped on | her new shoes.
Elle a enfilé ses nouvelles chaussures.
3. Time flies | like an arrow, fruit flies | like a banana.
Le temps vole comme une flèche, le fruit vole comme une banane.
Time flies | like an arrow, fruit flies like a banana.
Le temps vole comme une flèche, les drosophiles aiment une banane de temps en temps.
Time flies | like an arrow, fruit flies | like a banana.
Chronomètre les mouches comme une flèche, les droso-philes comme une banane.
Time flies | like an arrow, fruit flies like a banana.
Chronomètre les mouches comme une flèche, les droso-philes aiment une banane de temps en temps.
4. Did Sam call | her names? *Sam l'a-t-il appelée (par ses noms) ?*
Did Sam call her | names? *Sam l'a-t-il insultée ?*

⑥ **1.** I only say his father is influential.
2. Park it outside.
3. What kind of problem do you have?
4. Would you turn it off, please?
5. An apple a day keeps the doctor away.
6. Can you explain it?
7. Think about it, will you?
8. Everybody laughed at her.
9. Once upon a time…

78 L'intonation

①

Intonation montante	phrases n° : 2 - 6 - 8 - 9
Intonation descendante	phrases n° : 1 - 3 - 4 - 5 - 7 - 10

② **1.** You must come. ↘
You must come to the party. ↘
You must come to the party with me. ↘
You must come to the party with me and join in the fun. ↘
2. Come to tea! ↘
Come to tea with us! ↘
If you're free come to tea with us by the sea. ↘
Do you agree, if you're free, to come to tea with us by the sea? ↗

④ NORMAN: If that's the way it is. Don't talk to me.
I don't care. I don't know why you're all being so unsociable. All right, I had a few drinks last night.
What's wrong with that? Hasn't anyone round this table ever had a drink then? Come on, I don't believe it. You've had a drink, haven't you, Reg? Ha-ha!
Caught you. You spoke.
REG: No, I didn't.
NORMAN: Ha-ha! Three to me. I've won. […]
Is it too much to ask for something to eat?
It's too much to ask for something to eat.
May I borrow your bowl? That's awfully nice of you.
And your spoon? Thank you.
Now then, what shall I have? Puffa Puffa rice.
Ah-ah… No Sunday papers. Dear, dear.
Ah, well I shall have to read my morning cereal…
Cereal. Do we all get that? Apparently we don't.

79 L'accentuation des mots grammaticaux

① **1. b.** I did it before you. **2. b.** Look, it's going all yellow. **3. b.** Well, they can't all bring something. **4. a.** There isn't an earlier one, is there? **5. a.** I'm sure you'll like it. **6. b.** She came without a boyfriend.

② **1.** It's all right, I'll manage. *(7 mots, ou 6 si l'on écrit* alright.*)* **2.** Tell him not to be late. *(6 mots)* **3.** It's up to you. *(5 mots)* **4.** Would you like a cup of tea? *(7 mots)* **5.** How much is it? *(4 mots)*

③ **1.** I am extremely sorry, but we had no choice. **2.** Tell her to wait. I'll be there as soon as I can. **3.** "Liz, what are you looking at? Look at me!" "I don't want to look at you!" **4.** She felt like she had landed in the middle of some weird dream. **5.** It has been the hottest British June for 10 years. **6.** Guess what? There are more than there were at the beginning. **7.** Have you seen the gift that was for my mother?

⑤ *Les formes faibles sont barrées, les formes pleines sont en gras.*
"Miss Bloomwood, let me assure you. I have looked at this from all angles and there is no brilliant solution. There is no way out." Carson Low sighs. "May I give you three small pieces of advice?"
"What are they?" I say, with a flicker of hope.
"The first **is**, never sign any document before reading it first."
"I know that!" I cry, before I can stop myself. "What's the good of everyone telling me that now?"
"The second **is** – and I strongly recommend this – tell your fiancé."
"And what's the third?"
"Hope for the best."

L'accentuation des mots lexicaux

1

accent sur la 1re syllabe	hurricane • an object • difficult
accent sur la 2e syllabe	outside • forget • advantage
accent sur la 3e syllabe	information • engineer • nationality

2 1. Pepper is Suze's horse. She rides him about three times a year, but whenever her parents suggest selling him, she gets all hysterical. Apparently he costs fifteen thousand pounds a year to run. Fifteen thousand pounds. And what does he do for his money? Just stands in a stable and eats apples. I wouldn't mind being a horse.
2. Jeannie was working conditioner into her hair when she heard strange noises. She stopped and listened. It sounded like squeals of fright. A chill of anxiety passed through her, making her shiver. She hesitated, then quickly rinsed her hair before stepping out of the shower to see what was going on.

3 1. *Courageous* est accentué sur la deuxième syllabe ; les autres mots sur la dernière. 2. *Discover* est accentué sur la deuxième syllabe ; les autres mots sur la première. 3. *Comment* est accentué sur la première syllabe ; les autres mots sur la deuxième. 4. *Condition* est accentué sur la deuxième syllabe ; les autres mots sur la première.

5 Bunny's big romance
Bunny had a girlfriend,
Her name was Bunny Sue.
He called her lots of nicknames,
Like "Kitchy-Itchy-Koo,"
Sometimes he called her "Honey Bun,"
And sometimes "Lovey Dear."
But he only called "Sweety Pie"
When no one else could hear.

81

Les sons de l'anglais

1 1. better 2. taste 3. fat 4. London 5. pot 6. court 7. water 8. sausage 9. courage 10. bag 11. fate 12. breakfast 13. dead 14. day 15. docs 16. lack 17. lawn 18. watch

	mot n°
/e/ *(bed)*	1-12-13
/eɪ/ *(cake)*	2-11-14
/æ/ *(cat)*	3-10-16
/ʌ/ *(duck)*	4-9-15
/ɒ/ *(sock)*	5-8-18
/ɔː/ *(pork)*	6-7-17

2 1. ran 2. heat 3. shouting 4. thirsty 5. angry 6. beer 7. tool 8. den 9. fair 10. back 11. boss 12. peas

3 /əʊ/ (coat) : grow though nose stove don't grove
/aʊ/ (now) : town mouse allow house brown thousand

De la lettre au son

1 /θ/ (thin) : tooth • moth • both • thrill • thick • nothing
/ð/ (this) : then • that • worthy • bathe
Autre son /t/ : Thames • Thomas

2 Mots dans lesquels le « l » n'est pas prononcé : should • calf • chalk • calm • talk

3 /ɪ/ : milk • kid • written • kill • rich • Islington
/aɪ/ : ice • write • die • island

4 wealth /e/ • cream /iː/ • bread /e/ • read /iː/ • great /eɪ/ • beach /iː/ • pleasant /e/ • steak /eɪ/ • sweat-shirt /e/ • meant /e/ • break /eɪ/

5 1. L'intrus est *hour* (le « h » n'est pas prononcé).
2. L'intrus est *half* (le « l » n'est pas prononcé).
3. L'intrus est *doubt* (se prononce /aʊ/ alors que dans les autres mots on a /uː/).

6 My father was no better off and no worse off than anyone else we knew. We were the working class. We were the mass at the factory gates.
I didn't want to be in the teeming mass of the working class. I wanted to work, but not like him. I didn't want to disappear. I didn't want to live and die in the same place with only a week at the seaside in between. I dreamed of escape.

7 Only smart people can read this. I couldn't believe that I could actually understand what I was reading. The phenomenal power of the human mind! According to a research team at Cambridge University, it does not matter in what order the letters in a word are, the only important thing is that the first and last letters be in the right place. The rest can be a total mess and you can still read it without a problem. This is because the human mind does not read every letter by itself, but the word as a whole. Amazing huh? Yeah and I always thought spelling was important! If you can read this pass it on!

Index

Cet index renvoie aux numéros et aux lettres des fiches (page de gauche).
Donc 05 B = fiche 05 (Le verbe *do*), paragraphe B (*Do* auxiliaire).
Les renvois essentiels sont en **gras**.

Table des illustrations

The editor and publisher acknowledge with pleasure their indebtedness to the authors, literary executors and publishers who grant permission to reproduce their material. The publisher extends his apologies to any owner of copyright material that he has been unable to trace and whose rights may have been unwittingly infringed.

Achevé d'imprimer par G. Canale & C. S.p.A. (Italie)
Dépôt légal : 97133-4/03 - mai 2014